Grandes questões da

Ciência

Grandes questões da Ciência

organização de HARRIET SWAIN

Tradução
VERA RIBEIRO

JOSÉ OLYMPIO
EDITORA

Título original em inglês
BIG QUESTIONS IN SCIENCE

1ª edição publicada pela Jonathan Cape, 2002

Reservam-se os direitos desta edição à
EDITORA JOSÉ OLYMPIO LTDA.
Rua Argentina, 171 – 3º andar – São Cristóvão
20921-380 – Rio de Janeiro, RJ – República Federativa do Brasil
Tel.: (21) 2585-2060
Printed in Brazil / Impresso no Brasil

Atendimento e venda direta ao leitor
mdireto@record.com.br ou tel.: (21) 2585-2060

ISBN 978-85-03-01089-4

Capa: Isabella Perrotta/Hybris Design

Livro revisado segundo o novo Acordo Ortográfico da Língua Portuguesa.

CIP-BRASIL. CATALOGAÇÃO-NA-FONTE
SINDICATO NACIONAL DOS EDITORES DE LIVROS, RJ

G779 Grandes questões da ciência / organização de Harriet Swain; introdução de John Maddox; tradução Vera Ribeiro. – Rio de Janeiro: José Olympio, 2010.

Tradução de: Big questions in science
Inclui índice
ISBN 978-85-03-01089-4

1. Ciências – Miscelânea. I. Swain, Harriet.

10-0716 CDD: 500
CDU: 50

Sumário

Prefácio

"Uma palavra-chave no vocabulário dos cientistas é assombro", escreve John Polkinghorne, ex-reitor do Queens' College, em Cambridge. Para ele, essa é "a reação provocada pela maravilhosa ordem do mundo físico que se revela à nossa investigação".

Assombro é uma palavra-chave no vocabulário da maioria das pessoas; elas apenas parecem ter menos oportunidades de exercê-lo do que os cientistas. Este livro é uma tentativa de lhes dar essa oportunidade — em resposta a perguntas sobre as quais quase todos refletimos de tempos em tempos.

Trata-se realmente de grandes questões: Como começou o mundo? Que é a vida? Mas são perguntas para as quais os cientistas vêm tentando encontrar respostas — e, em alguns casos, ao que parece, chegando perto de consegui-las.

Os cientistas passam a vida fazendo perguntas. O problema é que, muitas vezes, formulam-nas a partir de contextos que o resto de nós não compreende, e as respostas que encontram podem ser muito controvertidas. Aqui, portanto, pediu-se a jornalistas que introduzissem cada indagação, dando destaque a alguns desses contextos e controvérsias subjacentes. Eles descrevem as respostas encontradas no passado e por outros pesquisadores atuais, e discutem novas áreas de investigação.

Nossos agradecimentos vão para os jornalistas e os colaboradores acadêmicos por seu trabalho de abordar temas tão vastos: para Ed FitzGerald, Sian Griffiths, Val Pearce, Tracey Tucker e Neil Turner, bem como Poppy Hampson e Will Sulkin, da Jonathan Cape.

Cabe fazer um agradecimento especial a Mandy Garner, editor de reportagens do *Times Higher Education Supplement* (THES), que fez muitos dos contatos iniciais com os autores, e a Auriol Stevens, ex-editor do THES, por facultar o tempo e o apoio que tornaram possível este livro.

Harriet Swain

Introdução

Assim como as instituições anglicanas de John Polkinghorne, a ciência é uma grande igreja. Provavelmente, existem tantas listas de vinte grandes questões da ciência quantas são as pessoas interessadas — até por força das diferentes expectativas alimentadas em relação à ciência pelos que a praticam, por um lado, e pelos não cientistas, por outro.

É notório que algumas grandes questões dos cientistas parecem limitadas aos olhos de outros mortais. Charles Darwin quebrou a cabeça com os formatos dos bicos dos tentilhões do arquipélago de Galápagos antes de fundar a teoria da evolução que tem preponderado nos últimos 150 anos. Em 1900, Max Planck partiu da busca de uma explicação para a mudança de qualidade da radiação emitida por objetos aquecidos — o calor de um calefator doméstico é perceptível, porém invisível, ao passo que o aço derretido reluz com uma coloração vermelha — e acabou lançando as bases da mecânica quântica, que foge à nossa intuição. Parte do caráter instigante da ciência está em que, repetidamente, as respostas a pequenas perguntas provocam outras muito maiores.

As vinte grandes questões que ocupam as próximas páginas têm a virtude de ser perguntas que estão na cabeça de *todos*. Afinal, todos nós queremos saber como o mundo passou a existir e como, no devido tempo (se é que isso vai acontecer), acabará. E como foi que surgiu a linguagem, singularmente humana, que nos permite discutir tudo isso?

Muitas das grandes indagações também são de ordem prática. E é bom que seja assim. Se a ciência pretende dizer-nos como teve início o universo, seria indecoroso que não tivesse nada de esclarecedor a dizer sobre como e por que nos apaixonamos, ou se (e como) a fome e a dor podem ser eliminadas.

Muitas vezes, no entanto, as soluções práticas de tais problemas são alheias à ciência propriamente dita. É o que fica claro pela exposição da Brian Heap sobre a oferta mundial de alimentos: a escassez física de alimentos é menos importante do que os sistemas tarifários mantidos pelos grandes países produtores de alimentos e do que a indiferença frequente dos governos dos países pobres com o bem-estar econômico de seus pequenos agricultores.

Em minha opinião, as décadas vindouras também estarão repletas de discussões éticas sobre a aplicação do conhecimento científico. Por exemplo, será o Prozac uma via aceitável para a busca da felicidade humana? E por quanto tempo a acolhida admiravelmente cautelosa dada por Mary Warnock à ideia de manipular o aperfeiçoamento da condição humana (p. 241) sobreviverá às demandas impacientes de uma ação mais rápida?

O projeto deste livro, que implica a abordagem de cada indagação em dois níveis, demonstra quão fugidias podem ser as respostas. As exposições jornalísticas introdutórias, que pretendem explicar as tentativas anteriores de formular — e até responder — perguntas, provam com que frequência se parte do lugar errado. Esses artigos são seguidos por tentativas de fornecer uma resposta definitiva à pergunta formulada, por parte de pessoas eminentemente qualificadas para esse trabalho. É meu palpite que a maioria dos leitores se impressionará com a modéstia e o caráter provisório com que foi executada essa parte da tarefa. Ao que parece, há pouquíssimas coisas claramente definidas.

Ninguém deve decepcionar-se com o fato de as respostas a essas grandes indagações raramente serem claras. A dúvida em relação ao que o futuro nos reserva tem sido característica da ciência, desde que Copérnico pôs o Sol, e não a Terra, no centro do universo, quinhentos anos atrás. Todas as respostas são provisórias, até serem testadas pela experiência ou invalidadas por descobertas inesperadas.

Isso não equivale a dizer que não exista uma verdade científica. No século XVII, quando Newton inferiu de sua nova "lei da gravitação" que a Terra devia ser uma esfera, ele estava certo, mas apenas como uma primeira aproximação. Logo se percebeu que o fato de a Terra não ser exatamente uma esfera, mas ser achatada nos polos, por causa de sua rotação, era compatível com a teoria newtoniana mais geral da mecânica.

O fato de, em 1917, Einstein ter inserido a lei newtoniana da gravitação num contexto filosófico mais amplo (retificando-a, nesse processo) não transformou Newton num tolo, mas provou sua genialidade. Por sua vez, as exceções (como a deflexão da luz estelar distante pelos eclipses solares) comprovaram a regra de Einstein e tornaram inteligíveis, de um modo geral, as situações em que a lei de Newton ainda prevalece.

Essa sucessão de correções ilustra o que constitui o progresso na ciência pós-copernicana. Quanto mais perspicazes as indagações, mais desafiadores são os projetos de pesquisa gerados por elas, e mais instigantes as respostas que surgem. As grandes surpresas serão as respostas a perguntas que ainda não temos agudeza suficiente para formular. A empreitada científica é um projeto inacabado, e assim permanecerá pelo tempo afora. Embora nossa compreensão do mundo tenha-se ampliado enormemente desde Copérnico, ela ainda mal começou.

Se as respostas na ciência nem sempre são claras, tampouco o são as perguntas. Para a primeira das questões formuladas neste volume, "Deus existe?", creio que jamais teremos uma resposta científica. É claro que não sou crente, ou sou até descrente (se é que esta é uma palavra mais forte), mas considero uma questão de simples lógica que a ciência não possa ter nada a dizer, num ou noutro sentido, sobre a realidade de um espírito-guia sobrenatural.

Tenho uma confissão mais polêmica a fazer: o *big bang* não me convence. Na verdade, creio que ela é uma espécie de conto de fadas. Martin Rees, que talvez seja o mais ilustre Astrônomo Real desde sir William Herschel, defende a tese oposta na página 44. Trata-se de uma tese cativante. Como descrição de como surgiu o universo, a teoria do *big bang* tem três vantagens imensas: quase que por definição, ela aponta para um universo em expansão, oferece uma explicação natural para a presença de hidrogênio pesado (deutério) e hélio no universo — sabendo-se que nenhum dos dois pode ser produzido nas estrelas, como acontece com todos os demais elementos do mundo que nos cerca — e oferece uma explicação natural para a radiação de baixa temperatura que preenche todos os cantos do universo.

Mas há alguns "senões". A simples expansão do *big bang* proporciona um universo muito menos homogêneo — muito mais grumoso — do que este em que parecemos viver. Além disso, o espaço-tempo deveria ser curvo (no sentido da teoria einsteiniana da relatividade geral), ao passo que se afigura plano. Essas dificuldades foram contornadas pela engenhosa teoria do universo inflacionário a que se refere sir Martin, mas esse recurso incorre num excesso de petições de princípio, para o meu gosto.

Não peço desculpas por este ceticismo, exceto para reconhecer que não tenho um modelo melhor do universo a propor. Além disso, as teorias científicas imperfeitas não são incomuns. O *big bang* é o modelo universalmente usado do universo no qual os cosmólogos procuram introduzir novos dados. Continuará a desempenhar esse papel, a menos que as imperfeições se multipliquem, ou até que alguém tenha uma nova ideia deslumbrante. O mesmo se aplica ao genoma humano e à questão, muito discutida nas páginas a seguir, da importância relativa da natureza e da criação no desenvolvimento dos seres humanos.

Ninguém argumenta com seriedade que somos produtos exclusivos de nossos genes. O "determinismo genético" simplista é um falso bicho-papão. Como assinalou Michael Rutter, os geneticistas e os psicólogos têm muito a dizer, assim como muito a aprender, sobre a interação entre natureza e meio. Para os geneticistas, o desafio imediato consiste em compreender geneticamente doenças como o diabetes, nas quais as pessoas herdam a susceptibilidade através de vários genes, e não de um só (como na hemofilia). Há também a tarefa de compreender em detalhe como é regulada a atividade dos genes nas células, tanto por sinais internos quanto por sinais vindos de fora. Em si mesmas, estas não são "grandes indagações", mas há pessoas que dedicarão sua vida a elas e, como sempre, algumas farão descobertas surpreendentes e subversivas. A manipulação genética, que já é quase uma ciência exata no que concerne às bactérias, terá o devido reconhecimento no que se refere às plantas e animais, por exemplo, quando as pessoas houverem aprendido a desmontar e a remontar o DNA que ocorre naturalmente.

Os psicólogos têm que escalar uma montanha mais alta. A neurociência, tal como a conhecemos, é quase que inteiramente produto do século XX, e ainda não se sabe ao certo como o cérebro nos faculta pensar — nem mesmo a tomar decisões simples, e muito menos a imaginar circunstâncias nunca experimentadas. De algum modo, porém, o cérebro é um registro integrado de toda a nossa experiência e aprendizagem — um verdadeiro repositório da cultura —, talvez encarnado, como sugere Susan Greenfield (página 92), na miríade de ligações entre os neurônios do cérebro. Especialmente pelo fato de que permanece obscuro o mecanismo da influência cerebral no restante do corpo, exceto pela influência dos hormônios sexuais no comportamento sexual, décadas se passarão até que as sedutoras hipóteses dos psicólogos evolutivos estejam tão solidamente firmadas quanto a ciência atômica.

Isso não é nenhum escândalo, mas uma ilustração do quanto a ciência é uma iniciativa permanente. Este livro menos constitui uma resposta a essas vinte grandes questões do que um guia sobre como elas poderão, no devido tempo, ser respondidas ou substituídas por outras. Sendo assim, que tipo de respostas podemos esperar no futuro?

Parece-me apenas uma questão de décadas para que disponhamos de uma história autêntica da raça humana, desde o momento em que a linhagem humana divergiu da dos Grandes Símios, há aproximadamente 4,5 milhões de anos, passando pelo *Homo erectus* (que conseguiu erguer-se), até o *Homo sapiens*, cuja utilização da linguagem provavelmente possibilitou a ocupação de toda a superfície da Terra nos últimos 125 mil anos, ou menos. Essa história será escrita por uma combinação da genética (especialmente a genética da embriologia humana) com a paleoantropologia clássica. Mais adiante, temos a perspectiva de que a árvore evolutiva da vida possa ser reconstituída em seus mínimos detalhes.

Será que isso nos dirá como a vida começou na superfície terrestre? Por si só, não. Temos amplos motivos para crer que as primeiras moléculas autorreplicadoras devem ter sido substâncias químicas muito menores do que as que estão implicadas na manutenção da vida moderna. Se bem sucedida, a busca de vida em outros planetas (que, por enquanto, é uma busca de outros planetas semelhantes ao nosso) modificaria radicalmente nossa visão do lugar que ocupamos no mundo. Mas ela ficará prejudicada enquanto não soubermos como surgiu a vida na superfície da Terra, a menos de aproximadamente 100 milhões de anos dos quatro bilhões de anos de idade do planeta.

A grande questão sobre a origem da vida é um campo de investigação muito negligenciado. Mas é fatal que as próximas décadas sejam dominadas pelo aprofundamento da compreensão de *processos* biológicos, que hoje brotam torrencialmente de laboratórios do mundo inteiro — menos de meio século depois de a estrutura do DNA ter-se revelado o segredo literal da vida.

Os benefícios potenciais dessas descobertas, não só para a medicina, mas para a administração do planeta, são imensos, como descrevem John Sulston, Brian Heap e Ronald Melzack. Tais benefícios só são ameaçados por nossa impaciência coletiva (à qual os cientistas não estão imunes): basta considerarmos o empenho equivocado com que as empresas têm procurado comercializar produtos agrícolas geneticamente modificados, sem haverem demonstrado em grau suficiente a segurança de suas propostas ou, como adverte Mary Warnock, a possibilidade de que os avanços da genética tentem tornar supérflua a mortalidade. Há também, é claro, as dificuldades conhecidas de demonstrar que a busca da felicidade pode ser uma empreitada coletiva, e não uma iniciativa em que há mais derrotados do que vencedores.

John Maddox
Editor emérito da revista *Nature*
e ex-diretor da Fundação Nuffield.
Maddox tem vários livros publicados
na área de ciências

Deus existe?

Introdução de Julia Hinde

Autora de textos de ciência e educação

"NÃO ESTOU CIENTE DE NENHUM conflito irreconciliável entre o conhecimento científico acerca da evolução e a ideia de um Deus criador", diz Francis Collins, o homem que está por trás do projeto norte-americano do genoma humano. "Sou geneticista, mas acredito em Deus."

Collins não está sozinho. Nas últimas décadas, muitos cientistas aclamados declararam sua crença em Deus *e* na ciência. Entre eles se incluem: sir John Houghton, copresidente do grupo de trabalho de cientistas do Painel Intergovernamental de Mudança Climática; John Polkinghorne, ex-reitor do Queens' College, em Cambridge, e físico das partículas, que se tornou pastor anglicano; Carl Feit, imunologista da Universidade Yeshiva, em Nova York, e estudioso do Talmude; e Russell Stannard, professor de física da Open University e leitor da Igreja Anglicana.

Tais opiniões não são universalmente sustentadas. Richard Dawkins, professor de compreensão popular da ciência na Universidade de Oxford e ateu eloquente, descarta de imediato a crença religiosa. Chamou de "cientificamente analfabeto" qualquer um que advogue a tese de um Deus criador, ao mesmo tempo em que denominou a religião de "vírus". Outros veem a religião e a ciência como paradigmas diferentes, ambos legítimos, mas não relacionados.

No entanto, decorridos cerca de três mil anos desde que se debateu pela primeira vez a ideia de um único Deus criador, numa era em que a ciência procura compreender e controlar a composição genética do homem e na qual telescópios potentes permitem-nos fitar o próprio cerne da origem do universo numa grande explosão, a ideia de Deus ainda persiste. Trata-se de uma ideia que vende livros de divulgação popular da ciência, prende a atenção de deístas e ateus e continua a ser tão assolada por divergências quanto sempre foi.

A crença num criador único e perfeitamente bom do universo remonta, provavelmente, à antiga Israel das imediações do ano 1000 a.C., nas palavras de Richard Swinburne, professor de filosofia da religião cristã da Universidade de Oxford. Quase todas as sociedades de que temos conhecimento parecem haver confiado em alguma força divina. É como se as pessoas sempre houvessem recorrido ao divino para encontrar respostas a perguntas que não encontravam explicação em sua sociedade.

Desde o começo, houve desafios. No entanto, segundo David Wilkinson, um astrofísico transformado em pastor e professor de apologética cristã no St. John's College, na Universidade de Durham, as indagações sobre a existência de um criador, mais do que sobre sua natureza, têm sido características sobretudo dos debates mais modernos.

Até meados do século XIX, em sua maior parte, a ciência e a religião andavam de mãos dadas na sociedade ocidental. Comumente, os cientistas explicavam sua motivação em termos religiosos, e muitos cientistas ilustres foram, eles mesmos, integrantes do clero. Nem mesmo a perseguição de Galileu pela Igreja, um dos exemplos mais citados de conflito entre a ciência e a religião, envolveu a negação galileana da existência de Deus, embora efetivamente questionasse o lugar do homem no centro do universo.

A revolução científica do século XVII — com seu desenvolvimento de instrumentos, inclusive microscópios — permitiu que os cientistas se deslumbrassem com as maravilhas da natureza e, portanto, com Deus. Segundo Wilkinson, a teoria do desígnio divino — a ideia de que a natureza é tão bem projetada e tão bela que não pode ter-se tornado assim por acaso, e deve ser obra de Deus — remonta à literatura grega, embora, como ele diz, seu "florescimento tenha surgido com a revolução científica".

No século XVIII, alguns cientistas começaram a se opor à religião e, no começo do século XIX, a ideia de que o mundo natural era um simples espelho da obra divina passou a ser atacada. Foi *A origem das espécies*, de Charles Darwin, publicada em 1859, que constituiu, na visão de alguns, o questionamento supremo de um Deus criador. Darwin minou várias teses tradicionais que favoreciam a fé em Deus, inclusive a teoria do desígnio divino e do *status* singular dos seres humanos.

Houve época em que Darwin tencionou unir-se ao clero, e ele tomava o cuidado de não usar a ciência para atacar a religião. Já naquela época, alguns membros da Igreja foram receptivos às ideias darwinianas e conseguiram incorporar o trabalho dele em suas crenças. Alguns cientistas, no entanto, foram menos transigentes. O lendário debate de Thomas Huxley com o bispo de Oxford, em 1860, jogou firmemente a ciência evolutiva contra a crença em Deus. Dois livros da época — a *História do conflito entre a religião e a ciência*, de

William Draper, de 1874, e a *História da guerra da ciência com a teologia na cristandade*, de Andrew Dickson White, de 1896 — contribuíram para criar uma imagem de confronto que persiste até hoje.

De acordo com John Brooke, professor de ciência e religião na Universidade de Oxford, o período pós-Darwin não foi um simples conflito entre a ciência e a religião, mas instigou movimentos no sentido de profissionalizar e secularizar a ciência, separando da teologia a disciplina e seus praticantes — dos quais, até a década de 1850, era exigido que fossem cristãos devotos.

No início do século XX, um grande número de cientistas já não acreditava em Deus. Um levantamento de cientistas norte-americanos, feito em 1916, constatou que 60% deles não acreditavam em Deus ou duvidavam dele — uma cifra que o autor previu que aumentaria com a disseminação do ensino. Apesar disso, no entanto, e a despeito de avanços significativos na compreensão científica — particularmente nos campos da genética e da teoria quântica, que alguns consideram tornar supérflua a necessidade de um Deus criador —, um levantamento de 1996 ainda constatou que 40% dos cientistas norte-americanos acreditavam em Deus.

Numa época em que o homem tem o poder de jogar com a própria vida, como pode haver espaço para Deus? O fato de o universo exibir exatamente as condições certas para fomentar a vida é um indicador, diz a facção pró-Deus. "O trabalho científico recente sobre os delicados ajustes do universo mostrou que a matéria inicial e as leis da natureza precisam ter características realmente muito especiais para que haja uma evolução de organismos", diz Swinburne. O fato de nosso universo ter exatamente as características certas pode ser um acaso, ou um indicador da existência de um número enorme de universos. Ou pode ser a influência divina.

A existência de leis fundamentais sobre o comportamento da matéria também é debatida como prova de um Deus criador. "Isso é realmente extraordinário", diz Swinburne. "Creio que Deus tem uma razão. Por se portar dessa maneira, a matéria é não apenas bela, mas permite que seres finitos como nós façamos diferença no mundo e uns para os outros."

Há quem diga que as habilidades cognitivas humanas, que ultrapassam em muito as exigências impostas pelas pressões evolutivas e nos permitem perceber as complexidades do universo, apontam para Deus. Outros citam a incapacidade da ciência, até hoje, de explicar inteiramente a origem da vida. Embora a maioria dos cientistas respalde as ideias da evolução biológica, há menos concordância quanto ao modo como teve início a seleção natural. Collins, diretor do Instituto Nacional de Pesquisas sobre o Genoma Humano do Instituto Nacional de Saúde dos Estados Unidos, descreve-se como um "evolucionista deísta". "Se Deus resolvesse criar seres humanos com quem pudesse relacionar-se, por que não haveria de usar o mecanismo da evolução para fazê-lo?", indaga ele. "Trata-se de uma ideia refinada."

O fato de não haverem surgido provas científicas da existência de Deus não cria obstáculos para esses deístas, que também citam as Escrituras Sagradas e a profusão de experiências religiosas humanas como razões para sua fé. Eles sugerem ser bem possível que a ciência não esteja apta a detectar algo tão sutil quanto Deus.

Outros vão mais longe. Michael Behe, um bioquímico da Universidade de Lehigh, nos Estados Unidos, diz que a evolução darwiniana é incapaz de explicar tudo o que existe no mundo vivo. Ao contrário, diz ele, o trabalho da mão divina pode ser visto em algumas partes "irredutivelmente complexas" de organismos que não poderiam ter evoluído a partir de componentes mais simples. Seus argumentos a favor de um desígnio inteligente foram atacados por muitos cientistas, particularmente nos Estados Unidos, onde o criacionismo científico — que adota uma visão literal do relato bíblico da criação — ainda é uma grande força.

Outros cientistas, inclusive o paleontólogo Stephen Jay Gould, de Harvard, apesar de não descartarem a possibilidade de Deus, encaram a ciência e a religião como dois campos diferentes, logicamente distintos e inteiramente separados em seus estilos de investigação e suas metas. Afirma ele que a ciência formula perguntas objetivas, do tipo "como", ao passo que a religião pergunta "por quê". Gould enfatiza a necessidade de que o indivíduo utilize ambas para construir uma visão rica da vida. "A ciência e a religião devem ser parceiras iguais, que respeitem uma à outra, sendo cada qual senhora de seu próprio campo, e sendo ambos os campos vitais para a vida humana, de maneiras diferentes", diz ele.

Os que têm menos fé no divino afirmam que o espaço para Deus vem encolhendo, à medida que aumenta a compreensão científica do universo. Em vez de conciliar a ciência e Deus, acreditam eles que a ciência é o único caminho confiável para o saber. Dawkins discerne diferenças irreconciliáveis entre a ciência e a religião. Defendendo a evolução darwiniana, ele a considera, por si só, uma explicação suficiente para a diversidade da vida. E sua visão de um universo desprovido de desígnios ou propósitos descarta aqueles que buscam respostas para perguntas do tipo: "Por que estamos aqui?"

O físico Steven Weinberg, ganhador do Prêmio Nobel, concorda que, "quanto mais o universo parece compreensível, mais ele se afigura despropositado". Diz Weinberg que a prevalência do mal e do sofrimento prova que não existe nenhum planejador benevolente.

Deus existe?

John Polkinghorne
Ex-reitor do Queens' College, em Cambridge, e pastor anglicano

A crença na existência de Deus, tal como definida por conceitos sustentados em comum pelas três grandes religiões monoteístas mundiais — o judaísmo, o cristianismo e o islamismo —, significa que a realidade faz pleno sentido, e que o princípio explicativo fundamental necessário à compreensão é o reconhecimento de que o mundo é criação de um agente divino. Isso, por sua vez, implica quatro afirmações que precisam ser defendidas: há uma Mente por trás da ordem do mundo; há um Propósito por trás do desdobrar de sua história; o Um assim revelado é digno de adoração; e Deus é a base de uma esperança permanente.

Uma palavra-chave do vocabulário dos cientistas é "assombro" — a reação evocada pela maravilhosa ordem do mundo físico que se revela à nossa investigação. Para aqueles dentre nós que trabalham com a física fundamental, esse sentimento é particularmente intenso, pois é nossa experiência que as leis da natureza sempre se expressam em equações de inconfundível beleza matemática. Será apenas por sorte que o universo é racionalmente transparente e racionalmente belo

— em outras palavras, que a ciência é possível e profundamente recompensadora? Pessoalmente, não consigo achar que esse fato notável seja um simples acidente fortuito. O fato de o mundo ser perpassado por sinais mentais torna-se inteligível se, com efeito, existir a Mente de um criador por trás da ordem cósmica. Este não é um argumento irrefutável, mas é coerente e intelectualmente satisfatório.

O universo, tal como o conhecemos, teve início numa grande explosão, há cerca de quinze bilhões de anos. Era extremamente simples, uma bola quase uniforme de energia em expansão. Agora é rico e estruturado de diversas maneiras. Quando do advento da humanidade dotada de autoconsciência, o universo conscientizou-se de si. Este é o fenômeno mais assombroso de que temos conhecimento em toda essa história de quinze bilhões de anos. Esses simples fatos poderiam sugerir que havia mais coisas acontecendo nessa história do que apenas uma sucessão de eventos. Além disso, embora tenham sido necessários onze bilhões de anos para que se desenvolvesse qualquer forma de vida terrestre, o universo, num sentido muito real, estava prenhe dessa vida desde o começo.

As descobertas científicas compiladas sob a rubrica do princípio antrópico dizem-nos que o desenvolvimento de vida baseada no carbono só foi possível porque as leis da natureza que definem a trama física do mundo assumiram uma forma específica e delicadamente ajustada. Por exemplo, é preciso um equilíbrio delicado entre a gravidade e o eletromagnetismo para que estrelas como o Sol possam ter combustão permanente e regular, durante os bilhões de anos necessários para alimentar o desenvolvimento da vida num planeta circundante. As forças nucleares teriam que ser de uma precisão perfeita para que o carbono e os outros elementos essenciais à vida se formassem nas fornalhas internas das estrelas de primeira geração.

Também podemos indagar se o ajuste antrópico foi apenas um acidente incrivelmente fortuito, ou o sinal de que nosso mundo é o único trigo extraído da vasta cuba de joio de outros universos não observáveis, todos com leis da natureza diferentes. Para o deísta, mais persuasiva do que qualquer dessas propostas é a compreensão de que o universo antropicamente fecundo foi dotado por Deus dessas circunstâncias delicadamente ajustadas, que permitiram que sua história fértil expressasse o Propósito criador divino.

É claro que esse potencial cósmico realizou-se através de processos evolutivos. Envolveu a interação entre o "acaso" (não uma aleatoriedade sem sentido, mas uma particularidade contingente) e a "necessidade" (lei antropicamente ajustada). Essa exploração mutável das possibilidades nao cria problemas para o deísta. A criação de Deus não é um teatro de marionetes divino, pois o Criador não é um tirano cósmico. A benevolência divina com a criação implica que o devido grau de independência seja concedido às criaturas.

Para usar uma expressão que o pastor Charles Kingsley cunhou logo após a publicação da *Origem das espécies*, de Charles Darwin, um mundo em evolução, considerado do ponto de vista teológico, é aquele em que se permite que as criaturas "façam a si mesmas". Esse é um bem maior do que uma criação pronta, assim como os seres livres têm mais valor do que autômatos perfeitamente programados, mas inclui um custo necessário em termos dos becos sem saída da exploração evolutiva.

Nesse aspecto, a ciência proporciona aos fiéis uma ajuda modesta, enquanto eles lutam com sua maior dificuldade: a existência de tantos males e sofrimentos no que se afirma ser a criação de um Deus bondoso e poderoso. Novas formas de vida surgem através de mutações genéticas, porém exatamente os mesmos processos bioquímicos significam também que outras células mutantes tornam-se malignas. Não se pode ter uma coisa sem a outra. O câncer existe no mundo não porque o Criador seja indiferente ou incompetente, mas porque esse é o custo inevitável de uma criação à qual é permitido fazer a si mesma. Não suponho, em absoluto, que esta seja uma resposta completa para as dificuldades do sofrimento, mas ela mostra que a presença da doença não é gratuita.

A consideração do Um que é digno de adoração leva o debate em direção à natureza e à existência do valor. Assim como a ciência deve ser defendida como a investigação da ordem existente do mundo, o deísta afirma que a cultura humana, em seu nível mais profundo, é uma descoberta e não uma invenção, uma resposta à natureza da realidade, e não a construção de sistemas de significados gerados pelo ser humano. Essa assertiva levanta uma vasta gama de questões sobre as quais há muita discordância, e esse debate não pode ser examinado em detalhe aqui. Desejo apenas afirmar minha crença em que os princípios morais profundos — como o de que a verdade é melhor do que a mentira, ou o de que as pessoas são sempre fins, e nunca meros meios — não são estratégias de sobrevivência disfarçadas nem tampouco convenções sociais úteis, mas sim formas de discernimento da realidade. Temos um conhecimento moral verdadeiro. De fato, pareço saber que o amor é melhor do que o ódio com tanta certeza quanto sei qualquer outra coisa.

Se os princípios morais não são uma simples questão de conveniência ou de nossa opção individual, de onde eles provêm e de onde extraem a autoridade que possuem? O deísta os vê como insinuações da vontade boa e perfeita de Deus. Similarmente, o prazer estético é uma dimensão do contato verdadeiro com a realidade, que o fiel compreende como um compartilhar da alegria do Criador na criação. O encontro com o sagrado, atestado pelas tradições religiosas mundiais, é um encontro com a presença divina.

A coerência e a persuasividade do teísmo dependem, em parte, do reconhecimento da natureza rica e multifacetada da realidade em que vivemos. Um mesmo evento pode ser uma ocorrência no mundo físico, um portador de beleza, um desafio a uma decisão moral e um encontro com o sagrado. Para o fiel religioso, é frequente uma oportunidade de culto ter todas essas dimensões. A crença em Deus vincula esses níveis de experiência, cuja coincidência, de outro modo, poderia parecer fortuita. Deus é digno de adoração porque, em última instância, é a base do bom, do verdadeiro e do belo.

Por último, o que dizer da esperança? Sabemos que vamos morrer, e a cosmologia nos diz que o próprio universo acabará terminando num colapso ou numa desintegração. Sendo assim, que sentido fará tudo isso, em última instância? Será que a história cósmica não passa, afinal, de uma história contada por um idiota? Creio haver no coração humano uma intuição profunda em sentido inverso, uma confiança em que, no final, tudo correrá bem. O filósofo marxista Max Horkheimer expressou o anseio de que o assassino não triunfasse sobre a vítima inocente. A fidelidade eterna de Deus é o único sustentáculo possível dessa esperança.

Tal confiança em Deus levanta toda uma profusão de outras perguntas sobre a natureza divina e sobre se o Criador tem realmente algum interesse nas criaturas individuais. Responder a essas perguntas exige que nos voltemos do teísmo em geral para a natureza de Jesus Cristo e de sua ressurreição. Não resta espaço para defender essas afirmações cristãs específicas (por mais que me alegrasse fazê-lo), mas levantar as questões serve para nos lembrar de que quase todos os bilhões de pessoas que acreditam na existência de Deus não o fazem numa espécie de estilo filosófico desapegado, mas a partir do cerne da experiência de uma comunidade viva de fiéis. Por sua vez, isso levanta outras questões a respeito de como as tradições religiosas se inter-relacionam, com seu terreno comum de encontro com o sagrado e suas descrições marcantemente diferentes daquilo que esse encontro revela. Esse é um problema que só recentemente a teologia começou a abordar com seriedade suficiente. Será um item dominante em sua agenda durante o século XXI e, provavelmente, para além dele.

Bibliografia recomendada

BROOKE, John. *Science and Religion: Some Historical Perspectives*. Cambridge University Press, 1991.

EASTERBROOK, Greg. "Science and God: A Warming Trend", *Science*. Vol. 277, agosto de 1997.

GOULD, Stephen Jay. *Rocks of Ages: Science and Religion in the Fullness of Life*. Ballantine Publishing Group, 1999.

POLKINGHORNE, John. *The Way the World Is.* Triangle, 1983.
——. *Science and Providence*. SPCK, 1989.
——. *Belief in God in an Age of Science.* Yale University Press, 1998.
——. *Faith, Science and Understanding*. Yale University Press, 2000.
SWINBURNE, Richard. *Is there a God.* Oxford University Press, 1996.

Como começou o universo?

Introdução de Martin Ince

Editor assistente do Times Higher Education Supplement

EM MUITAS CULTURAS, a origem do universo é tradicionalmente explicada mediante relatos da criação ou da separação entre a Terra sólida, as águas e o céu. Essas histórias comumente exibem uma crença de que existe um dispositivo ou um ser que funciona como intermediário entre o Céu e a Terra. Por exemplo, elas retratam pessoas e animais reais ou míticos nas constelações celestes.

Na era moderna, a maioria das pessoas vê esses relatos apenas como tradições pitorescas, parte da história cultural e não da ciência. Mas algumas delas sobreviveram, a exemplo da crença cristã criacionista de que o universo foi criado em poucos dias, há cerca de seis mil anos.

O problema de todas as descrições primitivas da origem do universo é que elas dedicam o grosso de sua atenção à formação da Terra e de suas criaturas vivas, ao passo que, nas últimas centenas de anos, tornou-se evidente que a Terra é um objeto diminuto num universo maciço, que só tem interesse porque vivemos aqui. Ela não chega a ser sequer uma nota de rodapé de uma nota de rodapé na cosmologia moderna.

Durante a vida dos adultos contemporâneos, o estudo da origem do universo passou de um campo repleto de especulações para o de uma autêntica ciência experimental, na qual as teorias são limitadas por uma gama crescente de dados fundamentais. O principal agente dessa mudança foi o telescópio.

Os astrônomos usam os telescópios para aprofundar sua visão do espaço, mas, para o cosmólogo, os telescópios também podem sondar o tempo. A luz proveniente da estrela mais próxima, depois do Sol, leva quatro anos para chegar aqui, de modo que olhar para ela implica olhar para quatro anos atrás. Mas os telescópios modernos aprofundam a tal ponto a visão do espaço, que enxergam o universo na era mais primitiva de sua história.

Além disso, a tecnologia moderna permite que se veja praticamente a totalidade do espectro eletromagnético — e não apenas a pequena fração visível para o olho humano. Isso levou a muitas percepções, a mais espantosa delas sendo a descoberta da radiação cósmica de fundo, tida como o calor remanescente do *big bang* e observada em comprimentos de onda de rádio, descoberta essa que devemos aos físicos Arno Penzias e Robert Woodrow Wilson, ambos agraciados com o Prêmio Nobel. Essa radiação é considerada por quase todos os cosmologistas como a prova certeira da teoria da origem do universo numa grande explosão.

Além disso, a detecção da expansão do universo pelo astrônomo norte-americano Edwin Hubble, no início do século XX, revelou-se fundamental para nossa compreensão de sua origem. O lampejo de discernimento que levou à descoberta dessa expansão foi o reconhecimento de que as raias vistas nos espectros das galáxias distantes eram causadas por transições nas energias dos elétrons de átomos conhecidos, porém com seus comprimentos de onda alterados pelo efeito Doppler (o efeito pelo qual a frequência da radiação emitida por um objeto parece aumentar, quanto mais perto ele se encontra do observador), em virtude de seu movimento de afastamento de nós.

Tratou-se de uma compreensão profunda, calcada em décadas de trabalho na física laboratorial, que tornaram viável a espectroscopia astrofísica. Mas ela decorreu também de um trabalho esmerado para determinar a escala do universo e as distâncias das galáxias. Nos últimos anos, descobrimos mais coisas sobre a quantidade de matéria no universo, sua idade e o período primitivo crucial de inflação. O fato de que o universo ter-se-ia expandido com incrível velocidade durante um curto período de tempo foi sugerido pela primeira vez por Alan Guth, do Instituto de Tecnologia de Massachusetts, e é hoje aceito pela maioria dos cientistas, embora não por todos. O conhecimento desse período extremamente primitivo foi possibilitado pela astronomia observacional, trabalhando em conjunto com os avanços da teoria da relatividade e da teoria quântica.

É comum esses assuntos parecerem herméticos e quase incompreensíveis. Mas convém lembrarmos que uma das primeiras descobertas da relatividade constituiu a solução definitiva de uma das indagações mais antigas da ciência. Durante milênios, desenvolvera-se toda uma gama de ideias para explicar como brilham as estrelas, inclusive o Sol. Somente no século XX é que a descoberta da fusão nuclear ofereceu a resposta. Ela também confirmou que as estrelas realmente podiam brilhar durante os bilhões de anos de existência da Terra e de outros objetos do sistema solar, como fora comprovado. Os cientistas têm utilizado essa base de conhecimentos para esclarecer outras grandes questões a respeito de aspectos importantes do universo, inclusive a criação e a distribuição dos elementos químicos, a maioria dos quais foi produzida nos núcleos das estrelas.

Na cosmologia moderna, o universo parece ter sido mais ou menos o mesmo tipo de lugar durante a quase totalidade de seus quinze bilhões de anos de existência. Trata-se de um lugar no qual as regras da física que determinamos na Terra são aplicáveis e têm capacidade preditiva. Por exemplo, o aparecimento do sistema solar — Sol, planetas e satélites, asteroides e cometas —, há cerca de 4,5 bilhões de anos, é um evento compreensível, cujo modelo pode ser delineado com exatidão e comparado com observações de outras estrelas, em torno das quais se vêm descobrindo as famílias de planetas e os discos de poeira a partir dos quais estes se formariam. Em contrapartida, pensar no período mais primitivo do universo leva-nos para um mundo em que nossas ideias normais sobre o tempo e o espaço não têm validade.

Há, no entanto, um modo de desenvolver ideias sobre a matéria e a energia nas condições extremas que prevaleceram nos instantes mais primitivos do universo. Assim como um telescópio nos permite voltar os olhos para bilhões de anos atrás, os aceleradores de partículas, atuais e projetados, permitem a reprodução das condições do universo muito primitivo. A comunidade científica que os utiliza superpõe-se à comunidade cosmológica baseada no telescópio e a um saudável grupo de teóricos.

Um dos principais desafios enfrentados por eles é a existência da "matéria escura", que não é vista pelos telescópios ou outros instrumentos, mas cujos efeitos gravitacionais sugerem que ela pode ter um peso muito maior do que o material relativamente conhecido de que é feito o universo observável. Sua falta de luminosidade não significa que ela não seja observável. As abordagens astronômicas desse problema incluem propostas de procurar pequenos objetos de matéria escura que ocultem estrelas. Ao mesmo tempo, tem havido propostas que atacam o problema através da abordagem da física das partículas. Por exemplo, sabe-se que o universo é inundado de partículas chamadas neutrinos, os quais são emitidos pelas estrelas e durante muito tempo foram em geral considerados desprovidos de massa. O problema da massa faltante ficaria resolvido se eles tivessem pelo menos uma massa minúscula. Também é possível que um tipo de material desconhecido seja responsável pela massa faltante.

Um candidato a essa posição é a partícula maciça de interação fraca [*weakly interacting massive particle* — WIMP]. Essas partículas têm sido procuradas através de experimentos em minas antigas e noutros locais muito distantes de interferência. Elas são intrinsecamente difíceis de detectar (por terem apenas uma interação fraca com outras formas de matéria) e, se descobertas, significarão um acréscimo fundamental a nossos conhecimentos da taxonomia da matéria.

Mas as questões levantadas pelo exemplo da massa faltante servem apenas para mostrar a força do "modelo padrão" do universo em que quase todos os cientistas acreditam. Ele une as partículas e as forças componentes do universo num único conjunto de relações cuja forma está em fase de finalização. Nem mesmo a descoberta de que a maior parte do universo, em termos de massa, pode consistir num material que nunca foi visto em laboratório provocou uma reconsideração fundamental da exatidão essencial do modelo. Parte da razão da evidente estabilidade do modelo padrão é sua ampla base comprobatória. Os métodos astronômicos e laboratoriais têm produzido resultados que se reforçam mutuamente.

A próxima etapa nessa colaboração envolverá mais uma mudança nos equipamentos e na ambição. O Grande Acelerador de Hádrons (Large Hadron Collider — LHC), que está sendo construído no subsolo da Suíça e da França, destina-se a explorar a possível existência do bóson de Higgs, que explica por que a matéria tem massa. Essa é uma das partículas previstas pelo modelo padrão, mas que até hoje tem-se revelado fugidia. As condições extremas no interior do LHC serão o que já se criou de mais próximo das condições prevalentes na origem do universo.

No espaço, um conjunto de instrumentos se pautará pelos sucessos da década de 1990, inclusive a Sonda Anisotrópica de Micro-ondas (Microwave Anisotropy Probe — MAP), uma missão criada pelos Estados Unidos para examinar a estrutura fina da radiação micro-ondulatória cósmica de fundo.[1] Os dados que ela vier a revelar nos contarão sobre os primeiros instantes depois da grande explosão e sobre o modo como surgiram estruturas de larga escala, como as galáxias. A MAP é uma missão espacial, mas a nova geração de telescópios instalados em terra também vem penetrando a fundo no tempo e permitindo que sejam observados objetos do interior do primeiro bilhão de anos do universo.

Novos telescópios na superfície da Terra e no espaço, especialmente o sucessor do Telescópio Espacial Hubble, atualmente chamado de Telescópio Espacial de Nova Geração, permitirão que o universo seja observado em etapas ainda mais primitivas de seu desenvolvimento.

---

[1]Também chamada radiação térmica de fundo e radiação cósmica de fundo. (*N. da T.*)

Os vínculos que se vêm formando agora entre a cosmologia, a cosmogonia e a física confirmam tão estreitamente uns aos outros, que seria tentador presumir que eles fornecem um quadro completo, que já não admitiria nenhum aperfeiçoamento. Mas qualquer pessoa que se sinta tentada a crer que esse assunto possa ser encerrado dentro de poucos anos deve recordar a situação da física um século atrás, pouco antes da descoberta da radioatividade, do efeito fotoelétrico e da relatividade. Naquela etapa, um alto nível de confiança em que nossos conhecimentos aproximavam-se da perfeição foi o precursor de uma era sem precedentes de descobertas inesperadas e de longo alcance, que alteraram por completo nossa percepção do universo.

Como começou o universo?

Sir Martin Rees
Astrônomo Real e professor de Astronomia da Universidade de Cambridge

As provas de que nosso universo teve um início denso e quente remontam a 1965, quando os radioastrônomos descobriram que o espaço não era completamente frio, mas tinha uma temperatura de aproximadamente três graus acima do zero absoluto. Com efeito, todo o nosso universo é perpassado por micro-ondas, que são um remanescente do estado denso e quente inicial. Desde 1965, essas provas tornaram-se mais sólidas. Como resultado, extrapolar a história cósmica para o passado, até um estágio em que fazia poucos segundos que o universo começara a se expandir, merece hoje ser encarado com tanta seriedade quanto, por exemplo, o que nos dizem os geólogos ou os paleontólogos sobre a história primitiva de nossa Terra; as inferências deles são igualmente indiretas e, em geral, menos quantitativas.

Em contrapartida, ainda estamos tateando à procura de indícios sólidos do que aconteceu ainda mais cedo — na primeira minúscula fração de segundo —, quando o material primitivo foi comprimido em densidades e pressões tão extremas, que os experimentos não nos proporcionam um guia confiável. Notavelmente, no entanto, nestes últimos anos, os cosmologistas chegaram a um consenso sobre o modo como o universo vem se expandindo atualmente e sobre qual tenderá a ser o seu futuro.

Dentro de uns cinco bilhões de anos, o Sol morrerá, e com ele a Terra. Não sabemos prever o papel que a vida terá cavado para si a essa altura; talvez ela esteja extinta, ou talvez tenha chegado a um nível tal de dominação que influencie galáxias inteiras. Tais especulações são da alçada da ficção científica, mas não podem ser descartadas como absurdas. Afinal, foi preciso pouco mais de um bilhão de anos — apenas um quinto da vida remanescente do Sol — para que se desenvolvessem os primeiros organismos multicelulares.

Mas o que acontecerá num futuro ainda mais remoto? A resposta depende de quanto da expansão cósmica esteja em desaceleração. Embora tudo exerça atração gravitacional sobre tudo o mais, os cálculos mostram que, se todos os átomos do universo se espalhassem uniformemente pelo espaço, eles não poderiam, na ausência de uma força externa, exercer atração gravitacional suficiente para reduzir o ritmo dos acontecimentos. Isso implica uma expansão perpétua. As galáxias "sentem" a atração gravitacional de um material várias vezes maior do que o que realmente vemos, e a maior parte do qual é "matéria escura". Todavia, mesmo levando em conta a matéria escura, não há força suficiente para deter a expansão do universo. Prevê-se, portanto, que ele continue a se expandir. As galáxias desaparecerão de vista, à medida que se afastarem cada vez mais e que suas estrelas esgotarem seu combustível.

Recentemente, surgiram indícios de que a expansão não se está desacelerando, mas acelerando. Isso implica que, em escala cósmica, a gravidade é superada por algum tipo de força repulsiva. Essa força foi hipotetizada por Einstein em 1917. Na época, os astrônomos só tinham realmente conhecimento de nossa galáxia — somente na década de 1920 é que surgiu o consenso de que Andrômeda e outras coleções similares de estrelas de aparência espiralada, conhecidas como "nebulosas em espiral", eram, na verdade, galáxias separadas, todas comparáveis à nossa. Assim, era natural que Einstein presumisse que o universo era estático — não se expandia nem se contraía. E ele constatou que um universo não poderia manter-se em estado estático, a menos que uma força adicional se contrapusesse à gravidade.

A motivação de sua hipótese tornou-se irrelevante depois de 1929, quando Edwin Hubble descobriu que o universo estava em expansão, mas isso não tira o seu mérito. Ao contrário, hoje em dia o espaço vazio parece tudo, menos simples. Toda sorte de partículas encontra-se nele em estado de latência; numa escala ainda mais diminuta, é possível que ele seja um emaranhado fervilhante de cordas. De nosso ponto de vista moderno, o intrigante não é saber por que existiria uma repulsão cósmica, mas por que a energia e a força latentes no espaço vazio não são muito maiores.

Surgiu agora um concordância notável entre métodos independentes de medição do conteúdo do universo. Ao que parece, os átomos fornecem apenas 4% da energia de massa do universo, a matéria escura contribui com 20% a 30%, e o restante é a "energia escura" latente no espaço. Não parece haver nada de "natural" nessa mistura específica. Sendo assim, como surgiu ela, e por que o universo se expande dessa forma?

Quando nosso universo era uma bola de fogo amorfa, de apenas um segundo de idade, era possível descrevê-lo com um punhado de números: as proporções entre átomos comuns, matéria escura e radiação, velocidade de expansão, e assim por diante. Essa receita simples devia ser o resultado do que acontecera ainda antes, na primeira minúscula fração de segundo, quando as condições tornaram-se mais extremas e desconhecidas. No primeiro trilionésimo de segundo, cada partícula carregaria mais energia do que se pode alcançar com os aceleradores mais potentes do CERN, o Laboratório Europeu de Física das Partículas, em Genebra. As ideias sobre essa era ultraprimitiva ainda são provisórias, mas, mesmo assim, tem havido um imenso progresso.

O mistério mais fundamental é por que nosso universo está se expandindo e por que é tão vasto. As analogias com uma explosão podem ser gravemente enganosas. As bombas na Terra ou as supernovas no cosmo explodem porque um aumento repentino da pressão interna atira o material ejetado num ambiente de baixa pressão. No universo primitivo, entretanto, a pressão era a mesma em toda parte; não havia uma região vazia do lado de fora. As respostas mais plausíveis envolvem uma chamada fase inflacionária, durante a qual a expansão teria sido exponencial: a escala se duplicou, tornou a se duplicar e, depois, duplicou-se novamente.

Em aproximadamente 10^{-36} segundos, como se afirma, um universo embrionário poderia ter-se inflado o suficiente para abarcar tudo o que vemos hoje. A ideia genérica de que nosso universo se inflou a partir de algo microscópico é de uma atração irresistível, e também explica a expansão dele. Faz lembrar a “obtenção gratuita de algo”, mas, na verdade, não é esse o caso. Isso decorre de que nosso vasto universo atual, num certo sentido, pode ter uma energia líquida igual a zero. Todo átomo tem energia em virtude de sua massa — o mc^2 de Einstein. Mas tem também uma energia negativa, que se deve ao campo gravitacional de todo o resto. Por conseguinte, é como se não custasse nada expandir a massa e a energia de nosso universo.

A inflação estica o retalho microscópico até ele se tornar grande o bastante para evoluir para nosso universo observável. Na verdade, é provável que ele exagere essa expansão, inflando-se mais do que o necessário. Assim, nosso universo acaba "esticando até se achatar", mais ou menos do modo como um pedaço de superfície rugosa se alisa ao ser suficientemente esticado.

Quase todos os teóricos consideram a inflação um belo conceito genérico, ao qual se apegarão até que surja algo melhor, e há indícios de que isso pode acontecer; dimensões espaciais adicionais, além das três a que estamos habituados, poderão levar-nos a um outro paradigma, mas os detalhes dependem de uma física incerta.

A observação de alguns aspectos de nosso universo atual pode ajudar a escolher entre teorias rivais. Por exemplo, a inflação sugere uma origem para as "ondulações" que aparecem como não uniformidades na temperatura de fundo em todo o céu, e que são embriões de galáxias. Elas são vibrações quânticas, geradas em escala microscópica, e infladas a tal ponto que agora se estendem por todo o céu — um vínculo admirável entre o cosmo e o micromundo. Algumas variações do universo inflacionário sugerem que nossa grande explosão não foi a única — uma especulação que amplia drasticamente nosso conceito de realidade e transforma a história de nosso universo em apenas um episódio, uma faceta do multiverso infinito. Normalmente, os astrônomos são meros usuários da física laboratorial, exceto no que concerne à gravidade. Talvez agora eles possam retribuir o elogio, sondando a "física dos extremos", que não pode ser verificada em laboratório.

O crescendo de descobertas parece propenso a prosseguir por toda a década atual. Hoje em dia, os grandes telescópios podem ver objetos tão distantes, que a luz emitida por eles surgiu quando o universo tinha apenas um décimo de sua idade atual. Outras técnicas são capazes de sondar os primeiros segundos do *big bang*. Eu faria uma aposta razoável de que, dentro de dez anos, saberemos o que é a matéria escura dominante e conheceremos outros números fundamentais, como a idade do universo. Se isso acontecer, assinalará uma grande vitória da cosmologia: teremos tirado a medida de nosso universo, do mesmo modo que passamos a conhecer, nos últimos séculos, o tamanho e a forma de nossa Terra e nosso Sol.

A prazo mais longo, os teóricos precisarão elucidar a física exótica dos estágios mais primitivos. A síntese suprema que ainda nos escapa é entre a gravidade e o micromundo — entre o cosmo e o quantum. Enquanto não houver uma teoria unificada, não poderemos compreender as características fundamentais de nosso universo, impressas nos mais distantes primórdios, quando tudo era tão comprimido que oscilações quânticas seriam capazes de sacudir o universo inteiro.

A aposta mais certeira é a que se faz nas supercordas, ou teoria M, segundo a qual cada ponto de nosso espaço tridimensional comum consiste, na verdade, num *origami* compactamente dobrado em seis ou sete dimensões extras. Ainda existe um abismo intransponível entre essa complexa teoria matemática e qualquer coisa que possamos medir, mas é possível que essa teoria seja necessária para compreendermos os primórdios ou a natureza da energia latente no espaço vazio.

Bibliografia recomendada

BARROW, John (com Frank Tipler e John Wheeler). *The Anthropic Cosmological Principle.* Oxford University Press, 1988.

FREEDMAN, Roger, e William Kaufmann. *Universe.* W. H. Freeman, 1999.

GUTH, Alan. *The Inflationary Universe.* Vintage, 1998.

HAWKING, Stephen. *Uma breve história do tempo. Do Big Bang aos buracos negros.* Rio de Janeiro: Rocco, 2000.

——. *The Universe in a Nutshell.* Bantam, 2001.

REES, Martin. *Before the Beginning: Our Universe and Others.* Helix Books/Addison Wesley Longman, 1997

——. *Just Six Numbers: the Deep Forces that Shape the Universe.* Weidenfeld & Nicolson, 1999.

——. *Our Cosmic Habitat.* Princeton University Press, 2001.

WEINBERG, Steven. *The First Three Minutes.* Basic Books, 1993.

O que é o tempo?

Introdução de Mark Buchanan
Físico e escritor científico

O QUE É O TEMPO? "Se ninguém mo perguntar", escreveu santo Agostinho no século IV, "eu sei; mas, se eu quiser explicar a quem me fez a pergunta, é patente que já não sei."[1] Decorridos cerca de dezesseis séculos, essa pergunta continua elusiva como sempre. Por que o tempo parece fluir como um rio, e qual é a fonte desse rio? Certa vez, o físico norte-americano John Wheeler sugeriu que "o tempo é aquilo que impede que tudo aconteça de uma só vez", o que é uma formulação curiosamente sedutora, embora talvez não menos intrigante do que a pergunta original.

Em sua *Crítica da razão pura*, o filósofo alemão Immanuel Kant afirmou que nunca se poderia perceber ou imaginar coisa alguma que existisse fora do espaço ou na ausência do tempo. Essas são as "condições subjetivas da sensibilidade", escreveu ele. Assim como um prisma decompõe a luz em suas cores separadas, dispondo-as em ordem, também a mente, segundo Kant, separa a realidade ao longo do eixo do tempo. Mas, será que o tempo é realmente apenas uma ilusão, ou é um resultado da percepção? Não terá ele existido muito antes de existir qualquer criatura viva e, portanto, antes de haver qualquer percepção? Hoje em dia, a física moderna levanta o

[1]Santo Agostinho, *Confissões*, livro XI, 14, trad. J. Oliveira Santos e A. Ambrósio de Pina. São Paulo: Nova Cultural, coleção *Os pensadores*, 1996. (*N. da T.*)

caráter do tempo, remontando às próprias origens do universo, e questiona seu lugar nas leis fundamentais da física.

As equações do movimento de Isaac Newton envolvem o tempo, porém de maneira meio estéril. Como a Terra está perpetuamente em órbita ao redor do Sol, a gravitação determina uma mudança calculável do movimento terrestre a cada pequeno intervalo de tempo. Mas esse tipo de tempo é um mero truque de guarda-livros, um artifício contábil. Para Newton, o espaço e o tempo eram absolutos: o espaço era um vácuo inteiramente vazio, através do qual os objetos podiam passar, e o tempo era uma espécie de gravação de relógio, tocando inexoravelmente ao fundo. Albert Einstein revelou então que o tempo podia ser esticado e distorcido e que era afetado pela matéria e pela energia.

Entretanto, mesmo que o rio do tempo flua mais depressa em alguns lugares do que noutros, e fique mais lento ao passar por obstáculos, isso ainda não explica o que é o tempo nem por que ele tem uma direção. E a experiência sugere que o tempo efetivamente tem direção. As máquinas de lavar desgastam-se com o uso, assim como os automóveis e os calçados, e eles nunca retornam à sua perfeição original anterior. Os cumes das montanhas despencam em vales, mas nunca se reerguem, e o perfume de um vidro aberto escapa e preenche um aposento, mas nunca faz o inverso. Esses fatos sugerem uma única direção do tempo, direção esta em que as coisas se desgastam, disseminam-se e sofrem erosão, e em que a ordem geralmente se desfaz em desordem.

Essa tendência também aponta para um enigma teórico. A física dos vidros de perfume, das montanhas e de outras coisas em larga escala deveria provir do funcionamento de seus átomos e moléculas. Mas, em contraste com o mundo que nos cerca, o campo atômico não parece fazer distinção entre o passado e o futuro. Se filmarmos alguns átomos em atividade e rodarmos o filme de trás para a frente, não veremos nada de estranho — o movimento retrospectivo tornará a seguir as leis da física. Mas um filme de rochas dispersas que voltassem milagrosamente a se juntar num pico acidentado seria um insulto à realidade, tal como a conhecemos.

Portanto, como pode o tempo não direcional do campo atômico dar origem à seta do tempo em escala mais ampla? Esta é a pergunta central, e sua resposta tem duas partes: a primeira, relativamente "fácil" e com mais de um século de idade, a segunda, bem mais difícil, e tema de um debate permanente.

Por que o perfume escapa de um vidro, mas nunca volta sozinho para seu interior? No fim do século XIX, o físico austríaco Ludwig Boltzmann raciocinou assim: suponhamos que você calcule de quantas maneiras pode dispor um grande número de moléculas de perfume, para que elas se espalhem mais ou menos uniformemente por um cômodo. Em seguida, calcule de quantas maneiras você pode dispor o mesmo número de moléculas, deixando-as guardadas no vidro. O primeiro desses números, provou Boltzmann, é extraordinariamente grande, quando comparado ao segundo — multiplicado por um número 1 seguido por mais zeros do que os que preencheriam todos os livros da Biblioteca Britânica.

Ora, as moléculas de perfume chocam-se umas com as outras e, de modo geral, esvoaçam aleatoriamente de uma disposição detalhada para outra. E decorre daí, afirmou Boltzmann, que o perfume, a menos que seja impedido de algum modo, tenderá a passar de uma condição em que fica ordeiramente embalado, no vidro, para outra em que se dispersa por toda parte, fora dele. Tudo se reduz à discrepância estarrecedora entre o número de maneiras em que essas duas situações podem realizar-se.

Não importa o que levemos em conta, há sempre muito mais maneiras de as partes do perfume se disporem desordenadamente do que de modo ordeiro. A desordem leva uma imensa vantagem numérica em relação à ordem e, como resultado, as coisas de nosso universo têm uma tendência natural a resvalar para um estado caótico de qualidade inferior. Essa é a Segunda Lei da Termodinâmica: na falta de uma força organizadora separada, as coisas tendem a derivar para uma desordem maior ou uma "entropia" maior.

O raciocínio de Boltzmann proporciona a primeira compreensão notável da natureza do tempo, pois sugere que nosso sentimento subjetivo de tempo está intimamente ligado à tendência de as coisas se confundirem e se desorganizarem. O grande físico alemão Erwin Schrödinger disse, certa vez: "Nenhuma percepção da física jamais me pareceu mais importante que a de Boltzmann." O fluxo da ordem para a desordem parece ser uma corrente unidirecional, e é por isso que sentimos uma direção sistemática no tempo, que coloca no passado a garrafa de vinho intacta ou os sapatos novos em folha, em relação a seus descendentes estilhaçados ou surrados.

Mas a grande percepção de Boltzmann só faz pôr em relevo o x mais profundo do problema. A tendência universal a que a ordem evolua para a desordem poderia explicar por que o tempo parece ter uma direção. Mas essa explicação só funciona se pudermos explicar, antes de mais nada, como o universo veio a se ordenar. Ele poderia ter começado numa confusão, disperso como o perfume que já se espalhou pelo aposento. Nesse caso, não haveria uma deriva gradual para uma desordem maior, e não haveria direção no tempo. Explicar a direção do tempo significa explicar a grande organização inicialmente presente no universo.

É nisso que hoje se concentram muitos cientistas. Segundo a analogia com o perfume, a matéria de nosso universo esteve "no vidro" uns dez a quinze bilhões de anos atrás, logo depois do *big bang*. Nessa ocasião, a distribuição de energia e matéria no universo era extraordinariamente uniforme. No início da década de 1990, usando o telescópio conhecido como Explorador da Radiação Cósmica de Fundo, alguns físicos descobriram exatamente quão uniforme ele era, estudando o brilho pálido da radiação de micro-ondas que preenche o universo e proporciona um instantâneo de como ele era, decorridos apenas 300 mil anos desde a grande explosão. Eles descobriram que, nessa época, a distribuição da matéria tinha a uniformidade de 1 parte em 100 mil.

Essas observações impõem limitações severas às teorias do universo primitivo. De todas as maneiras pelas quais a matéria do universo primitivo poderia ter sido disposta, apenas uma fração minúscula ter-lhe-ia conferido a uniformidade que os telescópios dos astrônomos afirmam que ele possuía. Portanto, o mundo achava-se numa condição singularmente especial — confinado e perfeitamente preparado para soltar o tempo. Mas como foi que ficou desse modo?

A explicação mais popular é que o universo primitivo passou por uma "fase inflacionária" especial, um período de curta duração em que o universo se expandiu com incrível velocidade, e durante o qual quase todas as ondulações na distribuição da matéria teriam sido rapidamente alisadas. A ideia da inflação faz com que a uniformidade especial não seja tão especial, afinal de contas. E ganhou o respaldo de medições da radiação cósmica de fundo, feitas por um telescópio que sobrevoou a Antártida num balão em 1998. Esse telescópio revelou ondulações na distribuição da matéria no universo primitivo, exatamente do tipo previsto pela ideia inflacionária.

Nem todos, entretanto, aceitam essa ideia nem acreditam que ela ofereça uma explicação completa. É que tal teoria poderia prever um futuro bizarro — como um universo que viesse um dia a colapsar em si mesmo e produzir uma grande implosão, durante a qual o tempo poderia retroceder e andar para trás, à medida que as coisas se tornassem mais ordenadas, em vez de menos ordenadas, violando a Segunda Lei da Termodinâmica. Como assinalou Roger Penrose, matemático de Oxford, os buracos negros que resultam do colapso gravitacional de grandes estrelas oferecem versões em pequena escala desses eventos de grandes implosões, mas funcionam de um modo perfeitamente compatível com a termodinâmica.

Assim, nossa meditação intuitiva sobre a natureza do tempo levou-nos ao limiar das questões mais profundas da cosmologia contemporânea. No século V a.C., o filósofo grego Parmênides chegou ao ponto de atribuir à ilusão todas as questões ligadas ao tempo, pois que a verdadeira realidade seria eterna e imutável. Alguns físicos e filósofos de hoje talvez concordassem. Ilusório ou não, todavia, o segredo mais profundo do tempo ainda está por ser desvendado.

O que é o tempo?

John Barrow
Catedrático de pesquisas em ciências matemáticas e diretor do Projeto Matemática do Milênio, na Universidade de Cambridge

Até os primeiros anos do século XX, o tempo era visto como um relógio inflexível, em cotejo com o qual se podiam calibrar todas as atividades. Nada poderia alterar o curso metronômico do tempo, e a velocidade de sua passagem seria a mesma para todos, em toda parte. O "agora" era uma ideia inambígua, universalmente compartilhada, e qualquer mudança na velocidade de escoamento do tempo era tida como subjetiva, como quando Henry Twells nos diz:

Pois quando eu era um bebê que dormia e chorava,
O tempo engatinhava;
Quando era um menino que ria e falava,
O tempo andava;
Quando o correr dos anos em mim um homem via,
o tempo corria;
Porém, quanto mais velho eu ficava, mais o tempo voava.

Albert Einstein revelou conceitos do espaço e do tempo imensamente mais complicados e misteriosos do que teria imaginado qualquer autor de ficção. O fluir do tempo era determinado pela massa e energia nele contidas. Como resultado, não havia um tempo absoluto, uma ideia inequívoca de "agora" para observadores diferentes, e nenhuma possibilidade de que diferentes observadores concordassem quando os eventos fossem simultâneos. As consequências disso foram notáveis. O tempo passa mais devagar nos campos gravitacionais intensos e para os observadores em movimento. Gêmeos idênticos, se enviados em viagens espaciais diferentes, terão idades diferentes ao retornarem. Todos esses efeitos temporais contrários à intuição são rotineiramente observados no universo, e entremeiam-se a fundo em sua trama de leis simétricas e dotadas de coerência interna.

Mas será que o tempo é mesmo fundamental? Ele poderia ser uma noção aproximada simplificadora, que só emerge em ambientes com energias e temperaturas baixas — um limite clássico da realidade quântica. Essas condições frias são essenciais para que existam átomos, moléculas, você e eu. No entanto, nos primeiros momentos da expansão do universo, na grande explosão, quando as energias e temperaturas eram vastamente maiores, pode ter existido, entre o passado e o futuro, uma relação fundamentalmente diferente, na qual o tempo se assemelharia mais ao espaço.

Marcamos o tempo em unidades que têm origem astronômica, mas são antropomórficas (dias, meses e anos). Todavia, há uma unidade de tempo sobre-humana, exclusivamente definida pelas leis e constantes da natureza. É impressionantemente curta, com uma duração de apenas 10^{-43} do segundo. De acordo com esse relógio sobre-humano, nosso universo tem cerca de 10^{60} "tique-taques" de idade. Surpreendentemente, é preciso uma idade de pelo menos 10^{59} para produzir os elementos químicos necessários à complexidade e à vida. Foi quando o universo estava com apenas algumas dessas unidades temporais de idade que suspeitamos que tenha ocorrido algo exoticamente quântico com a natureza do tempo. Foi esse o campo em que a gravidade, a relatividade e a incerteza quântica amalgamaram-se como parceiros iguais, para moldar o universo.

A principal candidata a explicar essa parceria é a teoria das cordas, conhecida como teoria M (de Mistério). Ela prevê que há mais dimensões do espaço e do tempo do que as três e uma que conhecemos. Os físicos costumam presumir que todas essas dimensões adicionais são semelhantes ao espaço, e todas, com exceção de três, são imperceptivelmente pequenas, o que torna um desafio identificar seus efeitos. Mas, e se nem todas as dimensões extras forem semelhantes ao espaço? É possível que algumas sejam dimensões adicionais do tempo. Que significaria isso? Que fenômenos permitiria? Será que levaria as partículas a se desintegrarem com demasiada rapidez, ou impediria que os "observadores" viessem a existir?

As dimensões extras do espaço abrem a porta para a mudança do imutável. Acreditamos haver uma coletânea distinta de blocos intemporais de construção que alicerçam o tecido da realidade física. Nós os denominamos "constantes da natureza" e procuramos medi-los com maior precisão e explicar por que eles assumem determinados valores numéricos especiais. Na primeira dessas buscas, tivemos um sucesso moderado; na segunda, chegamos a um branco completo. Ninguém sabe por que as constantes fundamentais da natureza assumem os valores numéricos que assumem, mas apenas que, se muitas delas sofressem uma mudança muito ligeira, nem nós nem qualquer outro ser complexo estaríamos aqui para falar do assunto. Entretanto, se houver mais do que três dimensões, as verdadeiras constantes da natureza serão definidas em todas essas dimensões, e as "sombras" delas que vemos em nossos laboratórios tridimensionais se modificarão, caso as dimensões adicionais passem por qualquer mudança de tamanho.

Já existem indícios instigantes de que algumas das "constantes" observadas talvez não sejam constantes, se examinadas nos limites da precisão experimental. No futuro, haverá um interesse especial nessas constantes da natureza e em como elas conseguem resistir à influência do tempo. É possível realizar testes, monitorando durante anos relógios atômicos de alta precisão, instalados na Terra ou, o que é mais sensível, comparando os espectros atômicos pormenorizados de objetos astronômicos distantes com os espectros dos mesmos átomos na Terra. A luz das transições atômicas do material que circunda os quasares distantes levou quase treze bilhões de anos para chegar a nossos telescópios. Ela é uma cápsula do tempo, que nos diz como era a física a uma imensa distância e no passado remoto, quando essa luz espectral iniciou sua jornada pelo universo.

Que idade tem o tempo? Até meados da década de 1970, os cosmologistas acreditavam dispor de uma prova vigorosa de que houve uma época em que o tempo não existia. Um poderoso teorema matemático, desenvolvido pelo físico teórico Stephen Hawking, de Cambridge, e pelo matemático Roger Penrose, de Oxford, mostrou que a natureza atrativa da gravidade significava que o passado devia ser finito.

Em 1980, as coisas começaram a mudar. Os físicos das partículas constataram que suas novas teorias tinham uma abundância de formas possíveis de matéria, dotadas de uma tensão que as fazia interagir com elas mesmas, como se repelissem gravitacionalmente umas às outras. De repente, as provas de um começo do tempo passaram a ter apenas um interesse matemático. Não havia razão para crer que os pressupostos em que se apoiavam tivessem aplicabilidade no passado.

Descobrimos muitas consequências cativantes dessas formas gravitacionalmente repulsivas de matéria. Elas podem ter feito o universo acelerar-se com muita rapidez em seus primeiros momentos de expansão e, desse modo, explicar como ele veio a ser tão grande, tão antigo e tão uniforme, com apenas um número escasso de grumos e inchaços que, posteriormente, forneceram a matéria-prima das galáxias e das estrelas. Até aqui, as previsões detalhadas dessa teoria "inflacionária" do universo compatibilizam-se com os padrões observáveis da radiação cósmica. Testar essa teoria com uma precisão sem precedentes foi um dos objetivos da Sonda Anisotrópica de Micro-ondas (Microwave Anisotropy Probe — MAP), uma missão espacial da NASA lançada em julho de 2001.

Para além dos poderes da MAP, infelizmente, existe um subproduto fantástico da teoria — um subproduto que complica nossa imagem do tempo em grau potencialmente infinito. Ele sugere que a expansão acelerada de pequenas partes do universo continuará *ad infinitum*, num processo autorreprodutor que não precisa ter começo nem fim. Alguns desses surtos de expansão acelerada criarão regiões semelhantes a nosso universo visível, enquanto outros produzirão condições que ficam fora do nosso horizonte, nas quais até o número de grandes dimensões do espaço e do tempo poderá ser diferente.

Será possível viajar no tempo? Einstein ficou chocado quando o filósofo e matemático Kurt Gödel, nascido na Áustria e naturalizado norte-americano, descobriu que sua teoria do espaço, do tempo e da gravidade permitia viagens no tempo. Talvez o universo não fosse seguro para os historiadores, afinal. Mas viajar no tempo, em princípio, não significa necessariamente viajar no tempo na prática. As leis da física permitem que fragmentos de vidro quebrado se juntem e criem uma bela taça de vinho, mas nunca vemos uma coisa dessas, porque os movimentos exigidos dos fragmentos de vidro seriam improváveis demais para se realizar. Do mesmo modo, as viagens no tempo podem exigir condições irrealisticamente improváveis para se realizarem, até mesmo em termos microscópicos. Talvez nossa melhor esperança esteja em descobrir um processo quântico mensurável, cujo resultado experimental dependa significativamente da existência de vias de transferência de informações que viajem no tempo. No entanto, se é possível viajar no tempo, por que não vemos provas disso? Talvez as consequências dessas viagens sejam sempre fatais, ou talvez elas exijam um nível de sofisticação técnica que nenhuma civilização jamais chegue a atingir, porque todas são autodestrutivas, sofrem impactos cataclísmicos provenientes do espaço, ou esgotam os recursos de que precisam para a tecnologia. Ou talvez essas viagens sejam simplesmente caras demais. Se o seu custo for mínimo, o argumento mais intrigante contra sua ocorrência atual seria a existência de taxas de juros diferentes de zero nos mercados financeiros. Somente se as taxas de juros forem zero é que os viajantes do tempo poderão deixar de ter lucros imensos dedicando-se a transações de arbitragem de câmbio. E, se realmente obtiverem esses lucros, eles levarão as taxas de juros a zero!

Será que o tempo tem um futuro? O problema imediato dos cosmologistas é identificar ao certo quanta matéria existe no universo e determinar se sua expansão começou recentemente a se acelerar, como têm mostrado as observações. À medida que essas observações forem aprimoradas por uma exatidão maior, elas mostrarão por quanto tempo nossos descendentes assimptóticos poderão perdurar. Nosso universo não parece estar-se expandindo com lentidão suficiente para tornar a se contrair numa grande implosão. Parece destinado a continuar a se expandir para sempre. Entretanto, embora o universo possa durar eternamente, seus componentes têm uma expectativa de vida mais limitada. Os planetas e as estrelas se desmembrarão e morrerão; a matéria se desintegrará; os buracos negros irão se empanturrar com os escombros e evaporarão lentamente, produzindo um futuro escuro e solitário, povoado pela radiação e por partículas elementares simples. A vida, talvez mais etérea, desencarnada e nanoscópica, terá que se reformular, se quiser sobreviver sob alguma forma. Se de fato o universo embarcou recentemente numa fase interminável de expansão acelerada, até a "vida" abstrata terá um futuro limitado. Talvez o aperfeiçoamento das viagens retroativas no tempo seja a única esperança a longo prazo para os materialistas. O tempo é terrivelmente paciente.

Bibliografia recomendada

BARROW, John. *The Anthropic Cosmological Principle*. Oxford University Press, 1988.

——. *Impossibility: the Limits of Science and the Science of Limits*. Oxford University Press, 1999.

——. *Between Inner Space and Outer Space*. Oxford University Press, 2000.

——. *The Book of Nothing*. Jonathan Cape, 2000.

PENROSE, Roger. *The Emperor's New Mind*. Oxford University Press, 1989.

PRICE, Huw. *Time's Arrow and Archimedes' Point*. Oxford University Press, 1996.

O que é a consciência?

Introdução de Keith Sutherland

Editor executivo do Journal of Consciousness Studies

AO LONGO DE TODA A década de 1990 — batizada de "Década do Cérebro" pelo ex-presidente norte-americano George Bush —, a teoria científica da consciência foi comumente chamada de último desafio remanescente, a "fronteira final" do saber. De repente, os estudos sobre a consciência retornaram à agenda acadêmica, depois de um embargo que durou quase um século. De acordo com o filósofo John Searle, esse embargo foi um legado do behaviorismo, que afirmou que a psicologia científica deveria restringir-se ao estudo dos fenômenos observáveis, e não a estados mentais subjetivos. Durante algum tempo, considerou-se de tão mau gosto trazer à baila o tema da consciência nas discussões da ciência cognitiva, que os estudantes de pós-graduação pareciam "virar os olhos para o teto e assumir expressões de uma leve repulsa". Sendo assim, a que se deveu a grande mudança ocorrida durante os anos noventa?

Há quem afirme que os estudos sobre a consciência recuperaram a respeitabilidade acadêmica quando Francis Crick e Gerald Edelman, agraciados com o prêmio Nobel, começaram a trabalhar nesse campo na década de 1980. Não é verdade, afirma Semir Zeki, da University College de Londres, um grande pioneiro da neurociência cognitiva. Ele atribui o fenômeno aos avanços obtidos nas técnicas de obtenção de imagens cerebrais, que permitem aos psicólogos estudar os correlatos neurológicos da consciência num glorioso tecnicolor. Mas tamanhos eram o cerceamento do behaviorismo e sua recusa a reconhecer qualquer outra coisa senão o diretamente observável, que, mesmo que essa tecnologia existisse algumas décadas antes, a temida palavra iniciada por C continuaria a ser embargada. Talvez a sociologia ofereça uma explicação melhor para seu renascimento. Afinal, foi durante os anos 1990 que os alunos formados na década de 1960, muitos dos quais se compraziam com um interesse pessoal nos estados alterados de consciência, começaram a assumir cargos de direção nos departamentos de ciência cognitiva.

Embora seja comum falar sobre *o* problema da consciência, existem, na verdade, três problemas distintos e visões diferentes do quanto eles se superpõem. O termo técnico para o primeiro problema da consciência — descrito pelo filósofo australiano David Chalmers como o "problema concreto" — é "problema da geração": de que modo as configurações ou processos materiais produzem a experiência consciente? Em 1866, o biólogo T. H. Huxley expressou esse problema nos seguintes termos: "A forma pela qual surge algo tão notável quanto um estado de consciência, como resultado da irritação do tecido nervoso, é tão inexplicável quanto o aparecimento do gênio quando Aladim esfrega sua lâmpada."

Desde essa época, segundo o filósofo Jerry Fodor, poucos foram os nossos avanços: "Ninguém faz a menor ideia de como uma coisa material pode ser consciente", diz ele. "Ninguém sabe sequer como seria ter a menor ideia de como algo material pode ser consciente. É o quanto basta dizer sobre a filosofia da consciência."

Poucos filósofos, no entanto, chegam à conclusão de que não devemos mais perder tempo com esse problema. Um colega de Fodor na Universidade Rutgers, Colin McGinn, concordaria em que, em princípio, ele é insolúvel. Mesmo assim, no entanto, consegue passar a maior parte de seu tempo escrevendo sobre o assunto. Outros "adeptos do mistério", como o matemático Roger Penrose, de Oxford, ou o filósofo Bill Seager, da Universidade de Toronto, recorrem a medidas cada vez mais desesperadas — introduzindo de tudo, desde a mecânica quântica até o idealismo (a teoria de que só o mental é real) e o panpsiquismo (a doutrina de que tudo tem propriedades mentais) — para tentar solucionar o problema através do "princípio dos mistérios mínimos" (a mecânica quântica é um mistério, a consciência é um mistério, de modo que talvez eles sejam um mesmo mistério).

O fato de a consciência ser um mistério é praticamente a única coisa em que Fodor concorda com o psicólogo Steven Pinker, do Instituto de Tecnologia de Massachusetts, autor de *Como funciona a mente* (ao qual Fodor respondeu com *The Mind Doesn't Work that Way* [*A mente não funciona assim*]). Na Universidade Tufts, entretanto, Daniel Dennett, outro ilustre defensor da teoria evolucionista, pensa de outra maneira. De acordo com Dennett, se pudermos dar uma explicação adequada das aptidões cognitivas, em termos funcionais, neurológicos e evolutivos, não haverá nenhum problema "adicional" da consciência.

Os neurofilósofos Paul e Patricia Churchland, da Universidade da Califórnia em San Diego, apoiam essa visão em linhas gerais, afirmando que, aos olhos da posteridade, o "problema da consciência" não parecerá diferente do "problema da vida". Dizem eles que os adeptos do mistério da consciência são o equivalente moderno dos vitalistas, que acreditavam que a vida não podia ser explicada pela pura e simples aplicação dos princípios da química e da física, porque dependia de uma força interna não física.

Talvez a melhor chance de solucionar essa polêmica esteja num grupo de estudiosos que afirmam que o problema da geração da consciência é produto da ideia dualista da mente como incorpórea e distinta de seu caráter físico, tal como foi exposto pelo matemático e filósofo René Descartes (1596-1650). Nicholas Humphrey, um experiente pesquisador do Centro de Filosofia das Ciências Naturais e Sociais da Escola de Economia de Londres, vê a consciência como uma simples atividade do sistema nervoso. Para ele, o estado senciente é apenas uma forma evoluída dessa atividade, algo que mais faz agir do que perceber. Suas origens primitivas, portanto, são observáveis até mesmo nas contorções dos organismos unicelulares.

Outros autores traçaram paralelos com teorias extraídas da fenomenologia, uma tradição da filosofia do continente europeu que estuda a consciência do ponto de vista da primeira pessoa. O neurocientista cognitivo Francisco Varela, do CNRS, o Centro Nacional de Pesquisa Científica da França, sugere que a neurociência, a fenomenologia e a ciência comportamental teriam que se unir para desvendar o problema da consciência. Um outro grupo de autores, que inclui o neurobiologista Walter Freeman, da Universidade da Califórnia em Berkeley, e o filósofo Andy Clark, da Universidade Washington em St. Louis, recorrem a ideias da teoria da emergência e do caos para solucionar o problema corpo/mente.

Sugerem eles que as propriedades da consciência emergem através de oscilações diminutas nos componentes de que ela é feita e, portanto, são impossíveis de prever a partir desses componentes.

O segundo problema correlato da consciência é o problema do eu. O debate moderno sobre o problema do eu, embora deva muito às descobertas dos filósofos John Locke e David Hume, dos séculos XVII e XVIII, ainda pode ser situado no contexto de duas escolas de pensamento antigas. Segundo o antigo filósofo grego Aristóteles, aquele que "eu" sou está estreitamente ligado a minha existência corpórea. A psique e o corpo compõem uma unidade, e a psique envolve funções vitais que vão da locomoção à contemplação filosófica. A visão oposta, enunciada por pensadores pitagóricos e platônicos, separou a psique do corpo e levou diretamente à teoria cartesiana de um eu incorpóreo.

Em seu *Ensaio acerca do entendimento humano*, Locke abordou o problema da identidade pessoal, propondo a memória como mecanismo responsável pela continuidade do eu ao longo do tempo. Quando Hume voltou sua atenção para esse "eu", não encontrou nada além de um feixe de impressões, sem qualquer prova introspectiva de que ele existisse. Assim, descartou o eu como uma ficção da imaginação.

A moderna filosofia da mente pouco mais fez do que aperfeiçoar essa observação. O filósofo Anthony Kenny sustenta que o eu é um "absurdo dos filósofos, que consiste numa compreensão equivocada do pronome reflexivo", enquanto Robert Nozick, também filósofo, concorda que o eu é "sintetizado no ato de autorreferência reflexa" — em outras palavras, é um simples produto da reflexão.

A visão que Dennett tem do eu como um "centro de gravidade narrativa" — uma ficção teórica que, não obstante, desempenha um papel explicativo útil — recebeu apoio do trabalho feito com pacientes submetidos a uma secção do corpo caloso, separando os hemisférios cerebrais. As pesquisas realizadas com esses pacientes pelo neurocientista cognitivo Michael Gazzaniga, no Dartmouth College, mostram que o conceito de eu é construído pelo mecanismo de "interpretação" situado no hemisfério cerebral esquerdo. Essa função, que comumente pode ser dissociada nos pacientes com lesões cerebrais, constrói uma narrativa imaginária de coerência suficiente para manter um conceito estável do eu. Psicólogos sociais e antropólogos também mostraram que o conceito de eu varia enormemente de uma cultura para outra, e que os eus são construídos no campo da interação social — "não pode haver espelhos na mente sem espelhos na sociedade".

Algumas publicações recentes, em especial *Zen and the Brain* [*O zen e o cérebro*], de James Austin, procuraram integrar o ceticismo filosófico quanto à ideia do eu com percepções provenientes da prática oriental de meditação e dados experimentais vindos da neurociência cognitiva. Um dito de Austin — "a consciência evolui quando o eu se dissolve" — estimulou o neurocientista norte-americano Andy Newberg a tentar identificar os mecanismos cerebrais ligados à sensação de dissolução do eu tradicionalmente associada à prática da meditação e ao misticismo religioso.

O terceiro problema da consciência, estreitamente relacionado com a questão do eu, é o problema da ação. Se o eu é uma ficção narrativa, quem é o autor dos atos volitivos conscientes? E, o que é mais importante, como é possível conciliar nosso sentimento de liberdade de ação com as provas claras de que o agente deve estar sujeito às leis (deterministas) da física?

Há pouca concordância quanto ao grau de superposição desses três problemas da consciência. Para Chalmers, o funcionamento senciente pode até ser uma propriedade de todos os sistemas funcionais (inclusive dos termostatos), ao passo que a configuração de um eu e a liberdade de ação se restringem a sistemas sofisticados, providos de linguagem. Em contraste, Searle afirma que a consciência é uma propriedade natural de sistemas biológicos complexos, e diz que a verdadeira lacuna explicativa encontra-se na área da volição e da liberdade de ação. Dennett, enquanto isso, vê o pretenso conflito entre o determinismo e o livre arbítrio como apenas mais uma das falsas dicotomias que surgem quando deixamos de levar às últimas consequências as implicações do esquema evolucionista. Na vertente do caos, Freeman e seus acólitos afirmam que tudo isso são pseudoproblemas, causados pela recusa a aceitar a afirmação de Hume de que a ideia de "causação" é um constructo da psicologia humana.

Decorridos dez anos desde o lançamento da "Década do cérebro", talvez possamos dizer que houve um pequeno esclarecimento conceitual no campo dos estudos da consciência, mas a última fronteira da compreensão científica ainda parece distante como sempre.

O que é a consciência?

Susan Blackmore
Professora visitante de psicologia da Universidade do Oeste da Inglaterra

Por que estou aqui? Quem sou, afinal? Por que tudo é sentido e visto, e machuca desse jeito? Tenho-me formulado perguntas como estas (ou elas têm-se formulado a mim) desde quando consigo me lembrar. Durante muitos anos, achei que conseguiria descobrir as respostas investigando o paranormal — uma tarefa que não poderia ser mais infrutífera. Agora, as indagações parecem convergir para uma grande pergunta: o que é a consciência?

O problema da consciência é real, profundo e não se parece muito com nenhum outro. Deparei com ele ontem, alegremente, ao caminhar pelo alto dos rochedos de Devon, com as gaivotas crocitando lá no alto. A grama que roçava em minhas botas era muito... bem, gramínea. Era verde, viçosa e reluzente, e mudava o tempo todo à medida que eu caminhava. Esse caráter relvoso era uma experiência minha. Só eu tinha exatamente aquela visão, exatamente daquele ponto de vista. No entanto — e aí está o problema —, também acredito que existe uma grama verde real crescendo naquele rochedo, que tenho olhos objetivamente reais que absorvem a luz, e células cerebrais objetivamente existentes em minha cabeça que me fazem enxergar. Mas como é possível? Como podem coisas objetivas como as células cerebrais produzir experiências subjetivas como a sensação de que "eu" estou andando na relva?

Essa lacuna é o que David Chalmers chama de "o problema concreto". Os pensadores vitorianos chamavam-na de "o grande abismo" ou o "abismo insondável". Trata-se de uma versão moderna do antigo problema corpo/mente — mas que parece piorar, em vez de melhorar, quanto mais aprendemos sobre o cérebro. A neurociência vem explicando rapidamente como o cérebro discrimina as cores, resolve problemas e organiza ações —, mas o problema concreto persiste. O mundo objetivo lá fora e as experiências subjetivas aqui dentro parecem tipos de coisas totalmente diferentes. Indagar como uma produz a outra parece um absurdo.

É isso que torna tão interessante — e tão doloroso — o problema da consciência. Se você não o considera doloroso (e não pedirei desculpas por querer que o faça), pegue um objeto qualquer, como uma xícara de chá ou uma caneta, e simplesmente olhe para ele. Você acredita que há uma xícara de verdade em suas mãos? Não está tendo também uma experiência subjetiva particular da xícara? Como é possível? Chame-me de masoquista, mas gosto de induzir esse tipo de dor em mim mesma, muitas vezes por dia.

A intratabilidade desse problema me sugere que estamos cometendo um erro fundamental na maneira como pensamos na consciência — talvez desde o começo. Mas onde fica o começo? Para William James, cujos *Princípios de psicologia*, de 1890, tornaram-se merecidamente um clássico, o começo é nossa experiência inegável do "fluxo de consciência" — o fluxo ininterrupto e sempre mutável das ideias, percepções, sensações e emoções que compõem nossa vida. Essas ideias e sentimentos vão fluindo, e "eu" os experimento à medida que passam. É esse "fluxo" que parece necessitar de explicação.

Mas e se as coisas não forem assim? E se não houver um fluxo? Podemos sequer conceber essa possibilidade? Alguns resultados experimentais recentes sugerem que talvez tenhamos que fazê-lo. Esses experimentos revelam o que é chamado de "cegueira para a mudança". Imagine que você está olhando para uma cena complexa — talvez uma rua que possa ver de sua janela. Provavelmente, você imagina que em seu fluxo da consciência existe uma representação rica e detalhada das árvores, dos carros, das pessoas e dos prédios lá fora. Você mexe os olhos ou pisca muitas vezes por segundo, mas a imagem parece permanecer ali. Provavelmente, você imagina que notaria a diferença, se alguma coisa mudasse. E é provável que esteja errado.

Nos experimentos sobre a cegueira para a mudança, mostra-se às pessoas uma cena como essa, porém usando dispositivos inteligentes que acompanham os olhos, ou outras técnicas, alguma coisa é modificada na imagem no momento exato em que as pessoas mexem os olhos. Por exemplo, pode desaparecer uma árvore, aparecer um casal na calçada, ou um carro pode ser substituído por uma caminhonete. Tipicamente, em meus próprios experimentos e em muitos outros, as pessoas não conseguem detectar a mudança.

Isso é estranho. Quando a mudança é feita quando seus olhos estão parados, as pessoas a notam imediatamente. Isso é porque temos no cérebro detectores especiais, que foram projetados para notar os objetos móveis e chamar nossa atenção para eles. Mas esses detectores não conseguem funcionar quando o olho inteiro se mexe. Quando a mudança acontece num objeto para o qual os olhos estão atentando diretamente, eles também a notam; caso contrário, é como se nada acontecesse.

Esse efeito peculiar não pode ser descartado como uma particularidade das condições laboratoriais. Dan Simons, da Universidade de Harvard, mostrou o mesmo efeito em situações perturbadoramente comuns. Um experimentador aproximava-se de um aluno no *campus* e lhe pedia informações sobre como chegar a certo lugar. Enquanto isso, dois homens pegavam uma porta e a carregavam entre o experimentador e o aluno, enquanto os dois se falavam. Atrás da porta escondia-se um segundo experimentador, que se levantava e tomava o lugar do primeiro. Agora, portanto, o pobre aluno estava falando com uma pessoa completamente diferente. Na maioria das vezes, surpreendentemente, os estudantes não notavam a substituição, e simplesmente continuavam a dar as informações como antes.

A conclusão parece ser a seguinte: não temos na cabeça, de modo algum, uma imagem visual rica, estável e detalhada do mundo. Nos diferentes momentos, só vemos em detalhe a área minúscula para a qual estamos olhando. Quando movemos os olhos, todos esses detalhes se perdem, deixando, quando muito, um esboço de lembrança da cena. Achamos que tudo se encontra em nosso fluxo de consciência porque, quando esquecemos alguma coisa, basta olharmos outra vez para encontrá-la. Podemos usar o mundo externo como uma memória, para que nosso cérebro não precise guardar os detalhes. Com isso, temos a ilusão de que os detalhes estão sempre presentes. Por si só, isso mostra que estamos equivocados quanto ao nosso fluxo de consciência.

Deu-se a essa teoria o nome de Grande Ilusão, mas, por que haveríamos de sofrer dessa ilusão? A resposta talvez esteja, simplesmente, em que é possível que haja um excesso de informações lá fora para que o cérebro guarde tudo — pense na quantidade de memória de um computador tomada por uma única imagem. Mas a ilusão é ainda mais profunda.

Vejamos se você já teve esta experiência: O telefone toca ou o carrilhão bate, várias vezes, antes de você notar. No ponto em que se dá conta, você é capaz de contar nitidamente o número de toques desde que eles começaram — toques que você não ouviu conscientemente. Ou então, que tal isto? Você vai dirigindo por um trajeto conhecido e, ao chegar a seu destino, não se lembra de coisa alguma sobre os sinais em que parou, os pedestres que evitou e as decisões que tomou. É óbvio que se portou com extrema inteligência — caso contrário, estaria morto —, mas, de algum modo, "você" estava noutro lugar: talvez ouvindo rádio, ou conversando com um passageiro.

Num ponto qualquer desse trajeto, é possível que você tenha despertado subitamente, por assim dizer, e tido certeza de ter estado perfeitamente consciente nos últimos minutos. As ocasiões estranhas são quando isso não acontece e você se dá conta de como deve ter sido longo o branco ocorrido. Isso me sugere que, em nossa vida cotidiana, vivemos como que num estado de aturdimento. De tempos em tempos, alguma coisa nos desperta. Nesse momento de despertar, o cérebro monta de memória uma história retrospectiva sobre o que acabamos de experimentar. Um fluxo da consciência e um eu observador aparecem juntos — e ambos são ilusões.

Ilusão é a palavra certa. Uma ilusão é algo que existe, mas não é o que parece. Portanto, não é que o "eu" que parece vivenciar continuamente este mundo não seja nada, mas ele também não é o observador persistente, dotado de consciência e livre arbítrio, que parece ser.

Como posso dizer que "eu" sou uma ilusão? Com certeza, eu, Sue Blackmore, devo ter um eu como você, não é? Bem, sim e não. Após décadas de reflexão sobre isso, acontecem umas coisas engraçadas com o sentimento do eu. Não apenas tenho lutado com os resultados de experimentos como esses, e exercitado viver sem o livre arbítrio, como também tenho passado muito tempo sentada, imóvel e observando. Quanto mais você procura pelo eu que está vivenciando as coisas, menos óbvia é a existência dele. Aliás, podem surgir estados em que não há nenhuma separação entre o eu e o outro. Isso é difícil de descrever, mas é óbvio quando acontece.

Creio que temos um longo caminho a percorrer para deslindar essas ilusões, mas é isso que temos de fazer. Precisamos realizar experimentos criteriosos e exercitar o exame decidido da natureza da própria experiência. Talvez então não vejamos um fluxo de consciência e um eu que o vivencia, mas sim o que as coisas realmente são. Só então o problema concreto desaparecerá e o abismo insondável se fechará.

Bibliografia recomendada

BLACKMORE, Susan. *Beyond the Body*. Heinemann, 1982.

——. *Dying to Live: Near-Death Experiences*. Prometheus Books, 1993.

——. *In Search of the Light: The Adventures of a Parapsychologist*. Prometheus Books, 1996.

BLOCK, Ned J., Guven Guzeldere e Owen Flanagan. *The Nature of Consciousness*. MIT Press, 1997.

METZINGER, Thomas. *Conscious Experience*. Imprint Academic, 1996.

ROSE, Steven (org.). *From Brains to Consciousness? Essays on the New Sciences of the Mind*. Penguin, 1999.

O que é o pensamento?

Introdução de Anthony Freeman

Editor responsável pelo Journal of Consciousness Studies

QUANDO RENÉ DESCARTES declarou "penso, logo existo", pôs o pensamento num pedestal em que a ciência não podia alcançá-lo. Ele dividiu o universo de um modo tal que todas as coisas materiais podiam ser medidas, pesadas e contadas, mas os pensamentos ficavam fora do âmbito quantificável do tempo e do espaço. Consequentemente, o século XVII — uma era dourada da ciência, que incluiu o desenvolvimento da anatomia e a descoberta da circulação sanguínea pelo médico William Harvey — não assistiu a nenhuma tentativa de ligar o processo de pensamento à biologia humana. Esse tabu durou quase trezentos anos.

Além do preconceito filosófico, o estudo da correlação mente/cérebro foi dificultado por problemas técnicos. Como se poderia examinar um cérebro pensante? Um avanço significativo surgiu nas décadas de 1860 e 1870, quando laudos de autópsia ligaram a disfunção das aptidões de linguagem de alguns pacientes à lesão de certas áreas do lado esquerdo de seu cérebro. Desde então, o estudo de pacientes com lesões cerebrais seletivas, quer por acidente, quer por doença, continuou a ser uma importante fonte de dados para os cientistas que estudam o cérebro.

Enquanto os fisiologistas examinavam o cérebro de indivíduos mortos, Wilhelm Wundt (1832-1920) — o "pai" da psicologia experimental — mergulhou na mente dos vivos, através do método da introspecção. Por exemplo, considerou a velocidade com que os voluntários informavam ter visto um clarão ou ouvido uma campainha como uma medida do tempo que uma sensação incidente nos olhos ou nos ouvidos levava para se registrar como um pensamento consciente. Num outro conjunto de experimentos, os sujeitos experimentais eram solicitados a descrever com pormenores o conteúdo de seus pensamentos. Wundt supunha que devia haver um conjunto de sensações mentais básicas, que se combinavam de várias maneiras para criar toda a gama de ideias e sensações. Seu objetivo era produzir um equivalente da tabela periódica da química, dispondo ordenadamente o conjunto de "elementos" mentais subjacentes aos estados mentais complexos que compõem a experiência consciente unificada.

A aparência de rigor científico deu a esse projeto uma popularidade inicial, mas as disparidades entre os relatos subjetivos, bem como uma desavença pública entre alguns seguidores de Wundt, trouxeram descrédito para o método da introspecção. Numa reação abrupta, a psicologia descambou para o extremo oposto e abraçou o behaviorismo — a doutrina de que o comportamento externamente observável era a única medida verdadeiramente científica do que se passava (se é que se passava alguma coisa) na mente das pessoas. E essa ficou sendo a doutrina dominante na psicologia durante cinquenta anos, a partir do fim da Primeira Guerra Mundial.

Felizmente, embora a psicologia se recusasse a estudar o pensamento, as coisas foram progredindo, pelo menos na frente fisiológica. O cérebro não contém nervos sensíveis à dor, de modo que — por mais assustador que isso pareça — é possível abrir o crânio mediante o uso de anestesia local e operar o córtex (as "celulinhas cinzentas" de Hercule Poirot) enquanto o paciente está desperto. Do início da década de 1930 em diante, o cirurgião cerebral canadense Wilder Penfield explorou esse fato para falar com os pacientes (que incluíram sua própria irmã) durante a cirurgia. De interesse especial foi seu tratamento da epilepsia. Penfield localizava as áreas do córtex suspeitas de provocar convulsões, estimulando os locais prováveis com um choque elétrico brando. Cada sondagem fazia o paciente ter uma ideia não solicitada e, quando a ideia relatada se equiparava a outra previamente associada pelo paciente à instauração de um acesso, Penfield sabia haver encontrado uma área problemática. Como subproduto desse trabalho de diagnóstico, ele começou a reunir uma grande quantidade de indícios de que certas áreas do córtex cerebral estavam associadas a tipos específicos de pensamentos ou sensações.

Os métodos atuais de varredura cerebral, calcados na alta tecnologia, fornecem um modo menos invasivo de os neurocientistas observarem o que faz o cérebro enquanto os sujeitos voluntários executam diversas tarefas mentais. As imagens de computador produzidas por esses aparelhos mostram diferentes partes do cérebro "acendendo-se", e é quase como se agora pudéssemos "ver as pessoas pensando". Mas isso é um erro. Os equipamentos de varredura de imagem fornecem apenas provas indiretas, uma vez que suas leituras só refletem a taxa relativa do fluxo sanguíneo em pontos diferentes do cérebro, e o nível de atividade cortical tem que ser deduzido a partir daí. Mesmo assim, essas técnicas aplicadas à psicologia experimental, juntamente com o trabalho mais direto feito com animais e com ideias mais teóricas que vêm sendo exploradas com a tecnologia de ponta dos computadores, têm contribuído para o primeiro estudo autenticamente científico do pensamento, chamado ciência cognitiva.

O modelo básico de pensamento usado pela maioria dos cientistas cognitivos trata o cérebro como um processador de informações. Assim como uma câmera de vídeo capta padrões de ondas luminosas e da pressão atmosférica, combinando e transformando essas informações por meios eletrônicos para produzir uma gravação de som e imagem em fita, presume-se que os sentidos humanos — de maneira similar, porém mais complexa — captem informações do mundo externo, e que estas sejam combinadas e transformadas pelo cérebro nos estados mentais que chamamos de pensamentos. Tal como um computador é programado para responder de certa maneira a determinadas instruções, as células nervosas do cérebro (conhecidas como neurônios) transmitem as informações, ao reagirem aos sinais provenientes dos órgãos dos sentidos (ou serem "disparadas" por eles).

Já na década de 1940, ante a primeira sugestão de que os neurônios funcionavam como um circuito de computador, percebeu-se como devia ser complexo o sistema cerebral. Existem vastas redes de células, de modo que um neurônio que dispare afeta milhares de outros. Os ciclos de realimentação significam que, quando o neurônio A estimula o neurônio B a disparar, isso, por sua vez, pode estimular A a disparar de novo, causando um efeito explosivo que reforça o sinal original. Os outros sinais a que falte esse reforço simplesmente esmaecem, até desaparecer. O padrão das células que disparam em resposta a estímulos diferentes constitui o foco principal das pesquisas na ciência cognitiva. Será que há conglomerados de neurônios "diretamente interligados", de tal modo que agem sempre em conjunto? Ou haverá uma "plasticidade" que permita que o pensamento e a conduta variem, mesmo em resposta a estímulos idênticos? Consistirá a aprendizagem, talvez, na formação e manutenção de certas redes? As respostas a essas perguntas guardam os segredos do pensamento, da memória, da percepção e de toda a nossa vida mental.

De área de pesquisa que não se atrevia a dizer seu nome, a ciência cognitiva transformou-se, na última década, num carro-chefe impossível de deter. Por um lado, tem atraído nomes ilustres de outros campos, como Francis Crick, laureado com o Prêmio Nobel e famoso por seus estudos sobre o DNA. Por outro, tem lançado em novas carreiras neurocientistas até então desconhecidos, como Susan Greenfield, como autores que são campeões de venda e personalidades da mídia — e, no caso dela, até na Câmara dos Pares.

Apesar de sua popularidade recém-descoberta e sua aparente confiança, a ciência cognitiva ainda tem muitas perguntas e poucas respostas consensuais. Consideremos a memória, por exemplo. Durante a década de 1960, foi desenvolvido e popularizado um modelo da memória como um "multirreservatório". Entendia-se que todas as informações entravam rapidamente num reservatório sensorial, seguiam rapidamente para um reservatório de curto prazo e então, quando isso era apropriado, iam para um reservatório de longo prazo. Decorridos dez anos, mostrou-se que esse esquema era uma supersimplificação grosseira. O reservatório de curto prazo foi substituído pelo conceito de memória operacional, e a memória de longo prazo foi dividida em dois tipos distintos: a episódica e a semântica. No entanto, todas essas distinções claras revelam ter exceções e, com as novas descobertas, surge uma profusão de outros problemas. Uma outra área diz respeito a problemas tais como saber de que maneira uma pessoa pode esquecer o próprio nome, mas ser capaz de se lembrar de como construir a frase "esqueci meu nome". A distinção proposta entre memória "implícita" e memória "explícita" impressiona e vem sendo largamente aceita, mas, na verdade, não explica nada.

Enquanto isso, toda a iniciativa de tratar a mente/cérebro como um computador que processa informações ainda encontra oposição nos níveis mais altos, por parte de estudiosos tão diversificados quanto Roger Penrose, o matemático de Oxford, e o filósofo da mente John Searle.

Searle tem uma postura distinta, que combina o fisicalismo (seu lema é "o cérebro causa a mente") com a insistência em que os estados mentais têm existência independente e não podem ser "reduzidos" a estados cerebrais. Isso o coloca em oposição aos que identificam os estados mentais (sem nenhum remanescente) com estados cerebrais físicos, e também aos funcionalistas, como o filósofo Jerry Fodor, que dizem que os estados mentais estão incorporados no padrão ou nas relações entre os componentes de um sistema físico. Para os funcionalistas, o material de que é feito um sistema é irrelevante para os estados mentais a que ele serve de apoio. Os componentes podem ser células cerebrais humanas, chips de computador ou latas velhas, desde que estejam ligados da maneira certa e que as informações possam transmitir-se entre eles de maneira apropriada. Searle e Penrose, usando argumentos diferentes, afirmam que a mera organização desse tipo (chamada de "sintaxe", no jargão da área) nunca será capaz de conferir o significado ou a compreensão que são essenciais ao processo consciente de pensamento.

Isso leva à verdadeira grande pergunta — o "problema concreto" de David Chalmers — sobre como foi que o universo deu origem ao pensamento consciente. Se a consciência evoluiu ao longo do tempo, a capacidade de consciência deve ter estado presente no universo desde o começo. Isso levou algumas pessoas (inclusive o próprio Chalmers) a admitir alguma forma de panpsiquismo, isto é, a crença em que a própria matéria física — até o nível das partículas subatômicas — tem o potencial de consciência. Para evitar essa conclusão, outros — como Paul e Patricia Churchland, um casal de neurofilósofos — pularam para o sentido inverso e negaram por completo a realidade dos estados mentais. Uma última possibilidade — da qual pouco se ouve falar — seria um retorno a Descartes e a colocação do pensamento consciente num campo diferente do mundo físico.

O que é o pensamento?

Susan Greenfield
Professora de farmacologia da Universidade de Oxford e diretora da Royal Institution

A princípio, essa parece ser uma pergunta inexpugnável. Mas talvez isso se deva meramente ao fato de a formulação específica haver transformado um processo conhecido — um verbo — numa coisa elusiva — um substantivo. Dado que os neurocientistas não podem vasculhar o cérebro à procura de estruturas monolíticas independentes que se equiparem obedientemente aos processos mentais, prefiro traduzir "pensamento" por "o processo de pensar".

Uma certeza é que esse processo mental sofisticado e impressionante pode ser dissociado da consciência bruta, como em "fiz isso sem pensar". Será que as pessoas de fato têm pensamentos, por exemplo, enquanto praticam *bungee-jumping*?[1] De minha parte, imagino em retrospectiva que, por alguns momentos fugazes, quando praticava o comportamento muito mais ameno de dançar, eu era uma simples esponja de meus sentidos, um recipiente passivo da música e do ritmo, que vivia momentos literalmente sensoriais. Além disso, basta

[1]Saltos no vazio em que o saltador é preso pelos pés a uma corda elástica. (*N. da T.*)

olharmos para um bebê mamando no seio, ou para um peixinho dourado abrindo e fechando a boca, enquanto nos lança um olhar aparvalhado de dentro de seu aquário, para concluirmos que o pensamento parece escapar tanto ao peixe quanto ao bebê, muito embora possamos presumir que eles experimentam algum tipo de estado consciente.

No entanto, não devemos precipitar-nos demais em privar os animais não humanos de todo e qualquer tipo de pensamento e planejamento. Há psicólogos que ganham a vida com a engenhosidade e a capacidade cognitiva de ratos de laboratório, e seus estudos extensos têm mostrado que os animais são capazes de conceber estratégias para chegar a determinados objetivos. Os macacos e os chimpanzés são capazes de planejar de antemão durante horas — ou até durante dias, segundo afirmam alguns pesquisadores. A questão é apenas que nossos primos primatas não conseguem planejar com tanta antecedência quanto nós. Também não podem levar o pensamento a seu limite extremo e contemplar sua própria morte. Logo, não podemos dizer que o pensamento seja algo exclusivo dos seres humanos e partir daí.

Todavia, existem tipos de funcionamento mental, além da consciência global, que ocorrem em medidas diferentes nos seres humanos e nos outros animais, e que precisamos tirar do caminho em nossa busca de identificar o verdadeiro pensamento. Por exemplo, a simples associação de experiências prazerosas ou desprazerosas com determinado objeto, pessoa, ou atividade é um processo passivo, que ocorre sem ser solicitado e sem esforço. E, numa outra esfera, o raciocínio trabalhoso, implacável e gradativo do computador que joga xadrez — a rigor, dos computadores em geral — não chega propriamente a combinar com o que a maioria de nós tentaria captar ao descrever o pensamento. Como disse certa vez o físico atômico Niels Bohr, repreendendo um aluno: "Você não está pensando, está apenas sendo lógico." Todos gostamos de achar que um pensamento é mais do que o produto final de um algoritmo, algo que, de algum modo, é mais original. Sendo assim, como pode esse processo maravilhoso ocorrer no cérebro?

Quando um neurocientista começa a pensar no pensamento ativo e original — na "cognição" —, é quase certo que aponte para o córtex. Essa é uma área do cérebro que envolve a superfície externa como uma casca de árvore — daí seu nome, que vem da palavra latina [*cortex*] correspondente a "cortiça" ou "casca de árvore". O córtex é a fina camada externa do cérebro e, para muitos, o reservatório das funções "superiores", o qual vai além do processamento subconsciente bruto dos sentidos e da coordenação dos movimentos, que lembra um piloto automático. A razão para se dotar o córtex das funções mais sofisticadas é simples: a área superficial dessa região expande-se de maneira desproporcional durante a evolução. No cérebro dos primatas é extremamente enrugada, para acomodar a área superficial dentro dos limites relativamente estreitos do crânio, ao passo que, no cérebro do rato ou do coelho, digamos, a textura é completamente lisa. No último trimestre da gravidez, a superfície de um córtex humano em desenvolvimento transforma-se de algo completamente liso numa estrutura que se assemelha a uma noz, graças à assombrosa proliferação de células nesse período — até 250 mil por minuto.

A despeito de o córtex se expandir conforme a sofisticação da espécie — e, a rigor, apesar do fato de que uma lesão no córtex pode resultar em graves prejuízos mentais —, continuamos precisando evitar a armadilha de considerá-lo o centro "do" pensamento. Um córtex posto num prato não impressiona muito em termos intelectuais; é sua contribuição para as operações de toda a organização cerebral que se revela a questão crucial.

Até aqui, nós, cientistas, pudemos apontar algumas regiões do córtex que parecem estar mais implicadas no "pensamento" do que outras, e destacamos inclusive algumas situações cognitivas específicas em que partes e subpartes do córtex ficam em alta atividade. Mas eu desafiaria qualquer de meus colegas a descrever o que efetivamente acontece em meio aos encontrões e atritos dos neurônios que se correlacionam com o processo de pensamento original ativo. Como parte do cérebro, o córtex é necessário, mas não suficiente, e sua microestrutura e suas operações intrínsecas inspiram poucos achados na investigação adicional de nossa indagação básica.

De algum modo, quanto mais engenhosa a espécie, mais seu cérebro permite que o animal aprenda com as experiências e, com isso, "pense" nelas, em vez de ficar sujeito aos ditames irrefletidos de seus genes. Até Craig Venter, diretor da Celera, uma empresa voltada para a investigação do genoma, admitiu que de modo algum os 30 mil genes do corpo podem dar conta de todos os nossos traços corporais e cerebrais.

Essa disparidade é particularmente marcante no cérebro, no qual a simples contagem das ligações existentes no córtex, à razão de uma por segundo, levaria uns 32 milhões de anos. Além disso, as ligações no córtex podem refletir experiências, de modo que, quanto mais o sujeito tem experiências individuais na vida, mais ele se desenvolve como indivíduo.

Essa "plasticidade" do cérebro foi demonstrada num estudo fascinante sobre taxistas de Londres, que têm de possuir "o conhecimento" — a lembrança de todas as ruas da cidade e de como circular por elas. Nesse experimento, o escaneamento dos cérebros dos taxistas revelou que a arquitetura de determinada região cerebral relacionada com a memória havia se modificado, em comparação com os cérebros de não taxistas de idade semelhante. Outros estudos mostraram que exercitar-se ao piano pode alterar o território cerebral relacionado com os dedos e, o que é ainda mais surpreendente, que a simples prática mental pode ter um efeito parecido.

O cérebro tem uma capacidade assombrosa não apenas de se adaptar a certas aptidões e atividades, mas também de compensar as lesões depois de derrames e, em termos mais corriqueiros do dia a dia, alterar comportamentos e atitudes à luz da experiência. Portanto, certamente não devemos olhar para macrorregiões cerebrais rigidamente demarcadas em termos anatômicos, nem tampouco para o nível microscópico de genes inflexíveis, simplesmente ligados ou desligados para fabricar uma proteína específica, mas para um nível dinâmico intermediário: as ligações entre redes de células cerebrais que se agrupam e se dispersam. Talvez seja aí, nos circuitos irrequietos e reativos das células cerebrais, que venhamos a encontrar a infraestrutura mais apropriada do pensamento.

Minha visão pessoal é que essas redes de neurônios, que se desenvolvem aos poucos e continuam dinâmicas durante toda a vida do cérebro humano, sublinham em cada um de nós nossa própria captação individual do mundo. Elas imbuem cada processo, cada pessoa e objeto com que deparamos de um "significado" individual particular. É essa personalização do cérebro que, a meu ver, coaduna-se da maneira mais satisfatória com nosso conceito de "mente". Em nossa linguagem cotidiana, usamos seletivamente o termo "mente" em contraste com "cérebro", não porque isso seja uma intangível indulgência visionária das humanidades, em contraste com a pobreza da ciência biomédica, mas porque expressões como "largueza mental", "mudar de ideia" e "não me incomodo" enfatizam, todas elas, a nossa perspectiva individual.[2]

Agora, pensemos em "perder a cabeça", "ficar pirado" e "entregar-se aos impulsos".[3] Nessas situações, o pensamento é mínimo, pois ficamos reduzidos a ser esponjas passivas de nossos sentidos, recapitulando a "confusão sonora e vibrante" do bebê de colo, ou, quem sabe, até do peixinho dourado de aquário. Esses estados de sensação visceral bruta, de emoção "pura" e pensamento zero, são, a meu ver, os componentes elementares da consciência e, por conseguinte, podem ocorrer na ausência do processo de pensamento.

---

[2]Convém assinalar que, na língua inglesa, as três expressões — "*broad-minded*", "*change your mind*" e "*I don't mind*" — constroem-se a partir do substantivo *mind* (mente). (*N. da T.*)

[3]Nas duas primeiras expressões, "*to lose one's mind*" e "*to blow one's mind*", repete-se a formação a partir do substantivo *mind* (mente). (*N. da T.*)

Na maior parte do tempo, entretanto, não vivemos em pleno orgasmo, nem experimentando a fúria do trânsito, nem prendendo a respiração durante um salto em que somos atados a uma corda elástica, nem deleitando-nos com a sensualidade de um clarete requintado, nem movidos pelo ritmo pulsante da música. Em vez disso, avaliamos o mundo e interagimos com ele em consonância com essa avaliação. Nesses casos, nossas ligações ocultas e idiossincráticas entram em ação, colorindo nossas atitudes diante do que quer que encontremos, e formando a base da mente "subconsciente".

Mas ainda continuamos a ansiar pelo processo criativo e original do pensamento. "Acabo de ter um pensamento", afinal, é sinônimo de ter uma ideia. Nesse caso, minha sugestão e, a rigor, minha resposta à pergunta é que centros de conexões previamente independentes ligam-se uns aos outros, tal como sabem fazer as redes neuronais. Essa coalescência resulta numa justaposição de associações que é nova e, talvez, inusitada. Um exemplo extremo seria a ideia do químico teórico e biólogo norte-americano Linus Pauling, que importou os princípios da física para a química, com seu conceito magistral de ligação química, ou a do imunologista australiano Macfarlane Burnet, que discerniu uma semelhança entre os princípios da evolução darwiniana e o sistema imunológico. É esse salto arrebatador entre um cenário e outro, entre uma disciplina e outra, que constitui, com certeza, a verdadeira apoteose da mente humana, e é um pensamento no que ele tem de melhor.

Bibliografia recomendada

GREENFIELD, Susan. *The Human Brain.* Phoenix Press, 1998.

——. *Brain Story.* BBC Consumer Publishing, 2000.

——. *The Private Life of the Brain: Emotions, Consciousness and the Secret of the Self.* John Wiley & Sons, 2001.

LYONS, William. *Matters of the Mind.* Edinburgh University Press, 2001.

McCRONE, John. *Going Inside.* Faber & Faber, 2000.

O que é um sonho?

Introdução de Mandy Garner

Editora de reportagens especiais do Times Higher Education Supplement

OS SONHOS NOS FASCINAM. Quer sejam pesadelos repetitivos, quer imagens surreais benevolentes, ficamos desesperados para saber o que eles significam. Se pudéssemos interpretá-los, acreditamos, conseguiríamos desvendar as profundezas ocultas de nossa personalidade e mostrar ao mundo as pessoas interessantes que realmente somos.

Eles também fascinaram épocas e culturas diferentes, desempenhando um imenso papel na literatura, na filosofia e na religião. Os mais antigos sonhos de que se tem registro remontam aos sumérios da Mesopotâmia, em 3100 a.C. Aristóteles achava que os sonhos, estando ausentes dos estímulos externos, podiam acentuar a consciência das sensações internas. Artemidoro, autor da primeira *Interpretação dos sonhos*, no século II, classificou-os em dois tipos: proféticos e realistas, ou seja, os que versam sobre interesses atuais e são afetados pelo estado de ânimo e pelo corpo do sonhador. Desde os sumérios e gregos antigos até a psicoterapia moderna, as pessoas têm visto os sonhos como uma forma acentuada de comunicação — como mensagens divinas, inspiração criativa, profecias, ou a chave de segredos ocultos. Todavia, muitos também os descartaram como absurdos. Em seus *Ensaios*, de 1625, Francis Bacon escreveu: "Os sonhos e as previsões astrológicas (...) só devem servir para conversas hibernais junto à lareira."

Só em época relativamente recente é que os sonhos passaram do âmbito do místico e do literário para o mundo da ciência, e uma espiadela nos numerosos *sites* de troca de sonhos na Internet mostra que o misticismo ainda prevalece. Sigmund Freud empenhou-se na ciência dos sonhos por volta de 1900. Em sua *Interpretação dos sonhos*, descreveu-os como "a via real para o inconsciente", um inconsciente composto de desejos (sobretudo sexuais) que teriam sido bloqueados ou recalcados pelo pensamento de vigília. Levando os pacientes a falarem de seus sonhos, Freud revelou a tensão entre o pensamento consciente e o inconsciente, e vinculou o recalcamento resultante à doença mental. Seu livro foi o primeiro trabalho sistematicamente científico sobre o funcionamento psíquico.

A princípio, Freud usou a sugestão hipnótica para chegar ao inconsciente, tentando induzir nos pacientes um estado onírico. Mais tarde, passou para o que veio a ficar conhecido como "associação livre", simplesmente pedindo a seus pacientes que dissessem a primeira coisa que lhes viesse à cabeça, e ligassem frouxamente as ideias a partir daí. Isso proporcionou revelações sobre sua mente inconsciente, embora Freud tenha se deparado com uma resistência da vontade consciente dos pacientes. Com base nisso, ele elaborou sua teoria da mente tridimensional, dividida entre o id, que se referia ao pensamento instintivo, o ego, que se aplicava ao pensamento realista organizado, e o superego, que abrangia funções moralizadoras e críticas.

O trabalho de Freud teve um imenso impacto nas ideias sobre a identidade, a criatividade e a saúde mental, embora algumas de suas teorias possam hoje parecer ultrapassadas ou subjetivas. Na literatura, por exemplo, seu trabalho foi crucial para o movimento surrealista, cujos seguidores usaram as ideias freudianas sobre o inconsciente em suas experimentações literárias. Muitos escritores praticaram o que ficou conhecido como escrita automática, a qual, segundo se supunha, proviria diretamente do inconsciente e representaria o desejo não recalcado.

Freud, entretanto, não foi o único cientista a demonstrar interesse pelos sonhos na virada do século XX. O psiquiatra e romancista holandês Frederik van Eeden também desenvolveu uma teoria dos sonhos que tem impacto até hoje, embora muitas de suas conclusões tenham sido contestadas. A ele se atribui a cunhagem da expressão "sonho lúcido", que significa sonhar sabendo que se está sonhando. Eeden começou a estudar seus sonhos a partir de 1896, e anotou os mais interessantes numa agenda. Em 1898, começou a registrar um tipo específico de sonho, posteriormente chamado de sonho lúcido. Em 1913, publicou *Estudo sobre os sonhos*, no qual distinguiu nove tipos diferentes de sonho, desde os sonhos iniciais e patológicos até os lúcidos e simbólicos. Ele acreditava que os sonhos não eram puramente arbitrários e que devia haver uma espécie de ordem científica por trás deles. "Negar pode ser tão perigoso e enganoso quanto aceitar", afirmou.

O maior contemporâneo e rival de Freud em termos da teoria dos sonhos foi Carl Jung. Seguidor ardoroso de Freud, no começo, sabe-se que Jung teve vários sonhos lúcidos e visões ocasionais, como a de 1913 sobre "uma inundação monstruosa", tragando a Europa e levando à destruição da civilização. Como Eeden, ele registrou cuidadosamente seus sonhos e visões, e descreveu várias figuras arquetípicas que surgiam neles. De acordo com a teoria de Jung, a psique é composta de três partes: o ego ou mente consciente; o inconsciente pessoal, que inclui as lembranças que voltam com facilidade à mente e as que foram recalcadas por diversas razões; e o inconsciente coletivo — uma espécie de reservatório da experiência humana que influencia todos os comportamentos humanos, particularmente a conduta afetiva, e inclui o reconhecimento de alguns símbolos e mitos fundamentais. Tal como em Freud, o sonho, para Jung, era um instrumento de revelação de áreas ocultas da psique e de resolução de problemas afetivos e de outra ordem.

Cientistas posteriores, como Fritz Perls, fundador da terapia da Gestalt, desenvolveram o trabalho de Freud e Jung sobre os sonhos dentro de uma linha fenomenológica subjetiva. Como Jung, Perls interessou-se pelos afetos, mas, em vez de ligar os sonhos a lembranças recalcadas, concentrou-se na situação imediata de seus pacientes. Seu objetivo era restabelecer um sentimento de inteireza nas pessoas que ele acreditava terem sido afastadas de ideias, sensações e afetos incômodos. Perls levava os pacientes a encenarem seus sonhos e tecerem comentários sobre suas emoções enquanto o faziam. O diálogo subsequente entre o sonhador e o objeto onírico que ele encenava tinha o objetivo de derrubar as barreiras que impediam o paciente de chegar à descoberta de si mesmo.

Outra grande figura do século XX foi o psicólogo Calvin Hall, que, a partir da década de 1940 até sua morte, em 1985, colecionou mais de 50 mil relatos de sonhos. Em seu trabalho, que prefigurou a tendência posterior para uma abordagem cognitiva da psicologia, ele procurou padrões no conteúdo dos sonhos e desenvolveu um sistema de codificação quantitativo, pelo qual dividiu os sonhos conforme o ambiente, os personagens, os afetos, os objetos e assim por diante. De acordo com essa teoria, os sonhos expressam "concepções" do eu, da família, dos amigos e do meio social, e a frequência de certos elementos nos sonhos reflete preocupações ou interesses de vigília. Suas pesquisas com pessoas do mundo inteiro mostraram semelhanças notáveis entre os sonhos, e o acompanhamento de pacientes a longo prazo revelou uma grande coerência em seu conteúdo onírico, no qual qualquer mudança refletia alterações na vida de vigília. Essa continuidade entre o conteúdo dos sonhos e o pensamento de vigília era tão acentuada, que Hall julgou-se capaz de prever a conduta e o estilo de vida de um sonhador através da análise de seus sonhos.

A década de 1960 assistiu a um redespertar do interesse pela teoria dos sonhos, surgindo trabalhos de cientistas como o psicoterapeuta Eugene Gendlin e o psicólogo junguiano Arnold Mindell, cuja teoria do corpo onírico integra os sonhos, o corpo e a meditação. Diz Mindell que "todos os problemas corporais, todos os sintomas corporais são sonhos que tentam manifestar-se através do corpo", e que "seguir com precisão o caminho da natureza" e amplificar os sinais provenientes dos sonhos traz uma consciência dos padrões sobre os quais estruturamos nossa vida, inclusive os que são dolorosos e podem ter sido reprimidos.

Nos últimos anos, o foco das pesquisas tem-se voltado mais para o fisiológico. Criaram-se laboratórios do sono, nos quais é possível observar pacientes em condições controladas e conduzir testes para mostrar como o corpo passa pelas mesmas reações químicas às imagens oníricas e à realidade de vigília. Outro avanço deu-se na tecnologia de obtenção de imagens do cérebro, que mostra que este é tão ativo durante o sono quanto na vigília.

Na década de 1950, a Universidade de Chicago realizou uma série de estudos sobre o sono REM (de movimentos oculares rápidos), os quais mostraram uma ligação entre os sonhos e os vários estágios do sono. Os estudos constataram que os sonhadores eram capazes de recordar seus sonhos com mais frequência ao serem despertados num momento em que seus olhos pareciam estar se movimentando com rapidez sob as pálpebras.

Desde então, embora tenha havido muitos trabalhos sobre o conteúdo dos sonhos — inclusive sobre os efeitos do gênero sexual e das emoções na atividade onírica —, a ênfase deslocou-se mais para o processo de sonhar. Com a popularização dos computadores, diversos cientistas sugeriram que o sono REM exercia a mesma função do disco de escaneamento num computador, preparando o cérebro para o dia seguinte ou processando os acontecimentos da véspera no banco de dados da memória. Os biólogos Francis Crick e Graeme Mitchison causaram rebuliço em 1983, ao afirmarem, na revista *Nature*, que "sonhamos para esquecer". Sua observação constatava que os sonhos são os detritos desnecessários e inofensivos da sobrecarga proveniente da vida cotidiana, e que o sono REM é uma espécie de lixeira da mente.

Recentemente, David Maurice, professor de fisiologia ocular no departamento de oftalmologia do Centro Médico Presbiteriano Columbia, publicou pesquisas sugestivas de que a função do sono REM é garantir o suprimento de oxigênio à córnea ocular durante o sono, e não ajudar a processar lembranças de acontecimentos da véspera. Outros sugerem um papel genético. O programador de informática Bradley York Bartholomew, membro da Association for the Study of Dreams [Associação para o Estudo dos Sonhos], acredita que o sono REM desencadeia o funcionamento de um gene que talvez programe os neurônios cerebrais para funções específicas da consciência de vigília.

Também tem havido um interesse crescente nos sonhos que ocorrem nos períodos não-REM. Ernest Hartmann, ex-presidente da Associação para o Estudo dos Sonhos, enfatiza que, embora as investigações sobre o sono REM signifiquem que agora compreendemos a biologia do estado subjacente que proporciona as melhores condições para o sonhar, continuamos a não saber o que é sonhar. Acredita ele que os sonhos funcionam de maneira autoassociativa nos confins mais periféricos do cérebro, guiados pela emoção, ao passo que o pensamento consciente funciona numa área mais restrita, que está implicada na absorção e produção gerais de informações. Sua tese, baseada em seu trabalho sobre pacientes que sofreram traumas, é que o papel dos sonhos é entremear novas experiências na memória e aumentar as ligações entre os acontecimentos. Isso se harmonizaria com os trabalhos feitos sobre bebês, que sugerem que os pesadelos se instauram no estágio da primeira infância em que as crianças já reuniram um banco de lembranças suficiente para criar ligações.

Outro desdobramento tem sido a posição central atribuída aos sonhos na ciência emergente da consciência. Por exemplo, pesquisas sobre técnicas oníricas conscientes, como as realizadas pelo Instituto da Lucidez, de Stephen LaBerge, vêm oferecendo novas revelações sobre o funcionamento mental. A partir de estudos clínicos controlados, o instituto mostrou que as pessoas têm a capacidade de se manter conscientes durante o sono. O objetivo é usar essa capacidade em prol do desenvolvimento pessoal, com isso combinando alguns elementos da teoria clássica dos sonhos com a experimentação científica laboratorial da abordagem biológica.

Entretanto, ainda estamos muito longe de compreender os mistérios da mente. Como disse Patricia Garfield, outra ex-presidente da Associação para o Estudo dos Sonhos: "Embora tenhamos aprendido muito sobre a mecânica dos sonhos neste século — o padrão da atividade onírica durante a noite e seus componentes fisiológicos —, pouco progredimos na compreensão do significado de nossos sonhos." O fascínio continua.

O que é um sonho?

Stephen LaBerge
Diretor do Instituto da Lucidez, Palo Alto, Califórnia

Todas as noites, entramos num outro mundo: o mundo dos sonhos. Enquanto sonhamos, costumamos ter a crença implícita que estamos acordados. Os mundos mentais dos sonhos são tão convincentemente reais, que nós os tomamos pelo "mundo externo" que compartilhamos com outras pessoas. Como é possível isso? Por que acontece? Qual é a relação entre nossa vida diurna e nossa vida noturna? E quais são a origem e a função dos sonhos? Por incrível que pareça, nesta era de compreensão científica do funcionamento mais complexo da biologia, existe pouco consenso científico sobre as respostas a estas perguntas.

O *Oxford English Dictionary* define o sonho como "uma sucessão de ideias, imagens ou fantasias que passam pela mente durante o sono". Mas essa definição não consegue captar a realidade vivenciada e experiencial dos sonhos. A meu ver, é muito mais exato descrever os sonhos como experiências — ou seja, eventos conscientes com que alguém se depara pessoalmente. Talvez pareça estranho falar dos sonhos como experiências conscientes, mas o critério essencial de consciência é a comunicabilidade, e o fato de às vezes nos lembrarmos de nossos sonhos mostra que eles são processos mentais conscientes, e não inconscientes. Vivemos tanto através de nossos sonhos quanto de nossa vida de vigília. Visto por esse prisma, o sonhar é uma organização específica da consciência.

Isso, é claro, deixa de lado a indagação sobre o que é a consciência. Para mim, ela é o sonho do que acontece. Esteja o indivíduo desperto ou adormecido, sua consciência funciona como um modelo simplificado dele mesmo e de seu mundo, construído por seu cérebro a partir das melhores fontes de informação disponíveis. Durante a vigília, esse modelo deriva de estímulos sensoriais externos, que fornecem as informações mais atuais sobre as circunstâncias vigentes, em combinação com informações contextuais, históricas e motivacionais internas. Durante o sono, há poucos estímulos externos e, considerando-se um cérebro suficientemente funcional, o modelo é construído a partir de predisposições internas. Estas são expectativas derivadas da experiência e das motivações passadas — os desejos, por exemplo, como observou Freud, mas também os medos. As experiências resultantes são aquilo a que chamamos sonhos, cujo conteúdo é predominantemente determinado por aquilo que tememos, aquilo por que ansiamos, aquilo que esperamos. Por esse prisma, os sonhos podem ser vistos como um caso especial de percepção, sem as limitações dos estímulos sensoriais externos. Inversamente, a percepção pode ser vista como um caso especial de sonho, restringido pelos estímulos sensoriais.

Existem dois tipos de sono: um estado conservador de energia, conhecido como Sono Tranquilo (ST), que se associa ao crescimento, à restauração e à recuperação, assim como a um corpo relaxado e um cérebro ocioso, e um estado muito diferente, variadamente conhecido como Sono Ativo, Sono REM ou Sono Paradoxal (SP). Este se associa a movimentos oculares rápidos e tremores musculares, a uma paralisia do corpo, a uma extrema ativação do cérebro e ao sonhar. Embora o SP não seja o único estado de sono em que as pessoas podem sonhar, proporciona as condições ótimas para os sonhos vívidos — um cérebro ligado dentro de um corpo desligado.

Presume-se com frequência que as experiências da vigília e do sonho sejam completamente distintas. Afirma-se, por exemplo, que os sonhos se caracterizam pela irreflexão, pela falta de controle da atenção e pela incapacidade de agir de modo deliberado. Mas os indícios contradizem francamente essa caracterização dos sonhos como irrefletidos e compulsivos. Em estudos recentes, que teceram uma comparação direta entre relatos da vigília e do sonho, meus colegas Tracy Kahan, Lynne Levitan, Phil Zimbardo e eu constatamos que, em comparação com as experiências de vigília, os sonhos continham uma frequência ligeiramente maior de inibição pública e emoção, e uma frequência ligeiramente menor de escolhas deliberadas. Entretanto, não foram encontradas diferenças significativas entre o sonho e a vigília no tocante a outras atividades cognitivas, e nenhuma das funções cognitivas medidas revelou-se tipicamente ausente ou rara nos sonhos. Em particular, relataram-se níveis quase idênticos de reflexão nos dois estados.

O fato de os sonhos conterem mudanças repentinas de personagens, bem como cenas pouco observadas pelo sonhador, é citado, vez por outra, como uma prova de deficiência cognitiva no sonhar. O pressuposto é que, se isso acontecesse na vigília, o sujeito perceberia de imediato e tentaria compreender a descontinuidade. Mas essa suposição não se justifica. Estudos recentes sobre a "cegueira para a mudança" revelaram que as pessoas têm muito menos probabilidade de detectar mudanças no ambiente do que é presumido pelo senso comum.

Não estou dizendo que não existam diferenças entre os sonhos e as experiências de vigília. Por exemplo, o mundo onírico é muito menos estável do que o mundo de vigília, porque falta aos sonhos a estabilização de uma estrutura externa — a realidade física. Similarmente, é possível violar as leis da física e da sociedade nos sonhos, sem as consequências habituais. Mas a ausência de restrições sensoriais é a única diferença essencial. O indivíduo pode ou não saber que está sonhando e, ainda assim, tratar-se de um sonho. E, quaisquer que sejam as diferenças existentes, creio que elas são mais semelhantes do que dessemelhantes. Como disse o médico e escritor Havelock Ellis, no início do século XX: "Os sonhos são reais enquanto duram. Será que se pode dizer mais da vida?"

É provável, entretanto, que o SP tenha evoluído para finalidades mais fundamentais do que o sonhar. Assim como a filosofia, a poesia, a música ou a matemática abstrata constituem, provavelmente, os afortunados efeitos colaterais de outras características surgidas através da seleção natural — a exemplo da linguagem de uso geral —, sonhar talvez seja algo que os seres humanos fazem e do qual extraem um valor, sem que tenha havido uma evolução direta.

A distribuição do SP ao longo do desenvolvimento e no decorrer de uma noite fornece um indício das funções mais importantes desse estado de sono. O SP atinge seu nível máximo na fase perinatal e nas últimas semanas do desenvolvimento pré-natal, quando o cérebro desenvolve suas vastas redes de circuitos neurais. A ideia atraente de que o SP funciona como um estado endógeno, para o desdobramento da programação genética, foi proposta por Michel Jouvet, um pesquisador francês do sono, e por William Dement, um psiquiatra da Universidade de Stanford, entre outros. A percentagem de SP reduz-se pouco a pouco ao longo da infância, mas não desaparece por completo quando cessa o crescimento cerebral na idade adulta, o que implica que o SP talvez exerça alguma outra função. O fato de o SP aumentar gradativamente ao longo da noite, atingindo seu nível máximo com a aproximação da hora de acordar, sugere que talvez ele prepare nosso cérebro para a ação de vigília — seria uma espécie de sintonização do cérebro. Essas ativações recorrentes, a cada noventa minutos mais ou menos, ao longo da noite, talvez também ajudem a consolidar a aprendizagem nova.

Um dos traços mais característicos dos sonhos é a dificuldade de recordá-los. A pessoa média sonha, pelo menos, seis vezes por noite, mas só recorda os sonhos uma vez por semana. A explicação de por que é típico os sonhos serem rapidamente esquecidos encontra-se, mais uma vez, na evolução. Os seres humanos aprendem que os sonhos se distinguem de outras experiências, falando com outros seres humanos. Mas os animais não falantes não têm como dizer uns aos outros como distinguir os sonhos da realidade. Para eles, a lembrança explícita de um sonho poderia causar uma confusão potencialmente fatal. Portanto, o objetivo do SP não pode ter nada a ver com a recordação explícita dos sonhos, para não falar da interpretação dos sonhos. Apesar disso, uma vez que os seres humanos são capazes de reconhecer a diferença entre os sonhos e a realidade de vigília, recordar os sonhos não nos deve fazer nenhum mal e, a rigor, pode inspirar-nos a refazer a realidade de acordo com nossos sonhos.

Mesmo que sonhar não tenha nenhuma função biológica especial, os sonhos em si podem desempenhar um papel específico. Por exemplo, podem aumentar a variabilidade no sistema nervoso. A evolução darwiniana requer uma população variável, uma pressão seletiva e um modo de reproduzir as variações bem-sucedidas. Talvez o sonhar gere uma vasta gama de esquemas ou roteiros comportamentais que norteiem a percepção e a ação a partir das quais se podem selecionar as adaptações adequadas às mudanças do ambiente. Como quer que seja, as respostas à indagação sobre por que sonhamos não precisam ser formuladas de maneira tão estreita. Para alguns, a resposta é: sonhamos para descobrir por que sonhamos. Pessoalmente, prefiro: sonho para descobrir quem sou além daquele que sonho ser.

A visão dos sonhos como modelos do mundo está longe da ideia tradicional dos sonhos como mensagens, seja dos deuses, seja da mente inconsciente. Entretanto, a interpretação dos sonhos pode ser muito reveladora sobre a personalidade, e pode constituir uma prática recompensadora. Se o que as pessoas podem ver em manchas de tinta é capaz de nos dizer algo sobre seus interesses pessoais e sua personalidade, muito mais reveladores devem ser os sonhos, uma vez que são os mundos que criamos a partir do conteúdo de nossa mente. Os sonhos podem não ser mensagens, mas são nossas criações mais intimamente pessoais. Nessas condições, é inequívoco que eles são coloridos por quem e o que somos e por aqueles em quem podemos transformar-nos.

Nossos sonhos parecem tão reais que, em geral, só ao acordarmos é que os reconhecemos como as experiências mentais que são. Embora seja essa a maneira como costumamos vivenciar os sonhos, existe uma exceção significativa: às vezes, ao sonhar, notamos conscientemente que estamos sonhando. Esse estado lúcido de consciência é designado por sonho lúcido.

Durante os sonhos lúcidos, o indivíduo pode raciocinar com clareza, recordar as situações da vida de vigília e agir voluntariamente no sonho, com base na reflexão, ou de acordo com projetos decididos antes do adormecer — e tudo isso permanecendo em sono profundo e experimentando vividamente o mundo onírico, que pode parecer espantosamente real.

Até o passado recente, os pesquisadores duvidavam de que o cérebro em atividade onírica fosse capaz desse grau tão elevado de funcionamento mental e consciência. No fim dos anos 1970, nosso laboratório de pesquisas da Universidade de Stanford provou que de fato ocorriam sonhos lúcidos durante um sono inequívoco. Com base em estudos anteriores, que mostravam que alguns dos movimentos oculares do SP correspondiam à direção informada do olhar do sonhador, pedimos aos sonhadores lúcidos que executassem padrões distintos de movimentos oculares voluntários, ao perceberem que estavam sonhando. Os sinais dos movimentos oculares previamente combinados apareceram nos registros poligráficos durante o SP ininterrupto, provando que os sujeitos haviam realmente estado lúcidos durante o sono.

Posteriormente, meus colegas e eu demos início a novos estudos sobre a mente em processo de sonhar, possibilitados pela capacidade dos sonhadores lúcidos de realizar experimentos dentro dos sonhos. Descobrimos que os efeitos fisiológicos exercidos pelas atividades oníricas no cérebro e no corpo são quase idênticos aos efeitos da experiência na vida de vigília. Por exemplo, constatamos que os intervalos de tempo estimados nos sonhos lúcidos correspondem de perto ao tempo efetivo do relógio, que a respiração sonhada corresponde à respiração efetiva, que os movimentos sonhados resultam em padrões correspondentes de tremores musculares, e que o sexo onírico exibe respostas fisiológicas semelhantes às da atividade sexual real.

Além de proporcionar uma forma eficaz de fazer explorações científicas sobre a consciência onírica e as relações mente/corpo, os sonhos lúcidos também oferecem um potencial considerável para uma variedade de outras aplicações. Entre elas se incluem contribuir para o desenvolvimento pessoal, aumentar a autoconfiança, superar pesadelos, talvez melhorando a saúde mental, facilitar a solução criativa de problemas, e (como é mostrado pela milenar prática da ioga tibetana dos sonhos) abrir a mente para as possibilidades de um desenvolvimento superior. É provável que o maior atrativo dos sonhos lúcidos seja a realização da fantasia de se poder ter qualquer experiência imaginável.

Atualmente, o que restringe o número de sonhadores lúcidos a uma minoria crescente é o fato de que, embora sonhar com lucidez seja uma habilidade que se pode aprender, ela requer tempo e esforço. Assim, uma linha fundamental de nossas pesquisas tem sido o desenvolvimento de técnicas e da tecnologia destinadas a tornar mais acessível o sonhar com lucidez. O "Modelo-A" dessa "onirotecnologia" emergente é o NovaDreamer®, um dispositivo de retroalimentação que, durante o SP, fornece aos usuários indícios que lhes lembram que estão sonhando. Novos dispositivos cada vez mais eficazes de indução da lucidez vêm sendo desenvolvidos, tornando mais próximo o sonho de uma simulação pessoal do mundo para todas as pessoas.

Os sonhos são considerados, desde tempos imemoriais, como uma fonte de inspiração em quase todos os campos da iniciativa humana, desde a literatura até a ciência, a engenharia, a pintura, a música e os esportes. O sonho de August Kekulé com uma cobra que mordia sua própria cauda, para citar apenas um exemplo, inspirou sua descoberta da estrutura anular do benzeno, antes insuspeitada. Antigamente, tínhamos pouco ou nenhum controle da ocorrência de sonhos criativos. Mas agora parece possível que a criatividade fantástica e anteriormente desregrada do estado onírico possa ser colocada sob nosso controle consciente, através do sonho lúcido. Como Kekulé exortou seus colegas, ao descrever sua inspiração onírica a uma convenção de cientistas, em 1890, "aprendamos a sonhar..."

Bibliografia recomendada

JOUVET, Michael. *The Paradox of Sleep: The Story of Dreaming.* MIT Press, 1999.

LABERGE, Stephen (com H. Rheingold). *Exploring the World of Lucid Dreaming.* Ballantine, 1990.

Lucidity Institute. <http://www.lucidity.com>.

STEVENS, Anthony. *Private Myths: Dreams and Dreaming.* Hamish Hamilton, 1996.

VAN DE CASTLE, R. L. *Our Dreaming Mind.* Ballantine, 1994.

O que é a inteligência?

Introdução de Harriet Swain

Subeditora de reportagens especiais da Times Higher Education Supplement

PARA UMA QUALIDADE que é tradicionalmente associada à mente, a inteligência desencadeia emoções fortes. O que ela é, como identificá-la, até que ponto ela é herdada e a que ponto é adquirida constituem algumas das indagações mais controvertidas com que hoje se deparam os cientistas. Trata-se de perguntas que têm implicações não apenas para a maneira como nos vemos, mas para o modo como criamos nossos filhos. Os pais absorvem avidamente os conselhos referentes à alteração da dieta ou à execução da música de Mozart diante de um feto em desenvolvimento, no esforço de garantir para sua prole uma característica que hoje é tida como mais importante para o sucesso futuro do que a beleza ou a habilidade física.

O papel do meio na inteligência tem sido debatido desde Platão, que afirmava que a aprendizagem era de pouca serventia para os que tinham baixa capacidade mental. Mas essa questão veio para o primeiro plano depois que Charles Darwin publicou sua *Origem das espécies.* Em 1869, Francis Galton, cientista e primo de Darwin, publicou *Hereditary Genius* [*A genialidade hereditária*], livro em que analisou as histórias de famílias famosas e constatou haver uma alta probabilidade de que pessoas eminentes tivessem parentes eminentes. Partindo daí, ele concluiu que a capacidade intelectual era hereditária — subestimando bastante o fato de que os pais inteligentes tinham maior probabilidade de oferecer a seus filhos um meio estimulante. Galton acreditava que o acasalamento seletivo aprimoraria os poderes cognitivos humanos.

Galton mediu a inteligência, testando o tempo de reação a quebra-cabeças cognitivos simples. Os atuais testes de inteligência, que medem funções mentais específicas, originaram-se na primeira parte do século XX, com o psicólogo francês Alfred Binet. A escolarização acabara de se tornar obrigatória na França, e Binet foi solicitado a desenvolver maneiras de identificar as crianças que tenderiam a ficar para trás, caso não recebessem uma ajuda educativa especial. Ele levantou uma série de tarefas mentais associadas à vida cotidiana, como contar moedas ou decorar listas, destinando-as a medir funções mentais que incluíam a memória, a capacidade verbal e a criatividade. As crianças eram avaliadas por uma nota global, obtida no conjunto de testes. Binet desenvolveu também o conceito de idade mental — a idade em que deve estar uma criança normal para realizar determinada tarefa.

Ele insistiu em que seu teste não se destinava a avaliar adultos nem a diferenciar as crianças que tivessem uma capacidade intelectual normal. Presumia-se que fosse apenas um indicador do sucesso escolar. Mas Binet ajudou a alimentar as duas grandes controvérsias que existem no estudo da inteligência. Primeiro, criou a ideia questionável de uma característica única e mensurável de "inteligência geral". Segundo, mergulhou diretamente no debate sobre a hereditariedade da inteligência — o grau em que os genes seriam responsáveis pelas diferenças entre os indivíduos.

Outros se apropriaram rapidamente de seu trabalho. Lewis Terman, um psicólogo cognitivo norte-americano da Universidade de Stanford, desenvolveu o que ficou conhecido como teste de Stanford-Binet. Tratava-se mais de um exame do "funcionamento superior" do que de um modo de identificar estudantes em atraso. O teste atribuía aos indivíduos um quociente numérico de inteligência, ou QI, dividindo-se a idade mental do indivíduo, identificada pelo teste, por sua idade cronológica, e depois multiplicando-se o resultado por 100.

A ideia de um tipo único, geral e mensurável de inteligência costuma ser designada por g, e foi originalmente identificada pelo psicólogo Charles Spearman, no início do século XX. Seus defensores assinalam que o QI é um preditor útil do sucesso escolar, que é relativamente coerente ao longo de toda a vida, e que as pessoas que obtêm escores elevados num teste de uma dada capacidade cognitiva obtêm, em geral, escores elevados em testes de outras dessas capacidades. Na década de 1980, Hans Eysenck, um psicólogo da Universidade de Londres, nascido na Alemanha, afirmou haver novas provas do g ao mostrar uma correlação elevada entre o QI e o tempo de reação. Por exemplo, quando solicitadas a apertar um botão assim que vissem acender-se uma luz, as pessoas de QI elevado tendiam a fazê-lo mais depressa que as de QI mais baixo. Esse tipo de teste simples parecia eliminar as influências culturais, ambientais e educacionais que, segundo os críticos do g, questionavam outros testes.

Aqueles que confiam no g acreditam que ele é algo essencialmente hereditário. Galton foi o primeiro a usar estudos de gêmeos para medir até que ponto as diferenças de inteligência entre os indivíduos decorriam do ambiente, e até que ponto decorriam da genética, e foi o primeiro a concluir que os fatores genéticos eram dominantes. Desde então, muitos outros testes foram realizados com gêmeos idênticos e não idênticos e com irmãos criados em meios diferentes, chegando a conclusões variáveis. Mais recentemente, alguns pesquisadores, entre eles Robert Plomin, trabalharam no sentido de identificar alguns dos genes específicos que respondem pela hereditariedade das aptidões e deficiências cognitivas. Embora Plomin enfatize que esse tipo de trabalho implica examinar muitos genes, em vez de um só, essa ideia tem perturbado os cientistas sociais que se preocupam com as implicações éticas.

Mas nem todos os cientistas, em absoluto, acreditam que a inteligência é inata; as estimativas da hereditariedade do QI ainda variam de menos de 40% a 80%. O biólogo britânico Steven Rose diz que os métodos de cálculo da hereditariedade são duvidosos, porque os fatores genéticos e ambientais são muito difíceis de separar. Afirma ele que indícios recentes, que mostram uma elevação global dos escores de QI e diferenças decrescentes nos escores entre as populações, sugerem que os fatores ambientais devem ser cruciais. Leon Kamin, um psicólogo norte-americano, é um crítico similarmente franco dos testes de QI como medida útil da inteligência e da ideia de que a inteligência esteja nos genes. Ele foi o primeiro a sugerir que o psicólogo educacional britânico Cyril Burt tinha manipulado os dados provenientes de estudos de gêmeos, para provar sua teoria de que aproximadamente 80% da inteligência são herdados.

A fraude não é a única alegação desagradável a entrar no debate sobre a inteligência. As acusações de racismo têm predominado, desde pouco depois da criação dos testes por Binet. Experiências feitas no começo do século XX por H. H. Goddard, diretor de pesquisa de uma escola norte-americana de "débeis mentais", mostrou que 4/5 dos imigrantes húngaros, italianos e russos que chegavam a Ellis Island, em Nova York, tinham inteligência abaixo da média. Goddard defendeu a ideia de impedir que os "mentecaptos", como os denominou, tivessem filhos. Testes realizados por Robert Yerkes para admissão no exército dos Estados Unidos, durante a Primeira Guerra Mundial, mostraram escores similarmente baixos entre os imigrantes, com os norte-americanos negros no patamar inferior, e contribuíram para o rigor das novas leis de imigração.

Em 1969, Arthur Jensen publicou, na *Harvard Educational Review*, um longo artigo que afirmava que fatores genéticos, sociais e ambientais explicavam o fato de os negros norte-americanos obterem escores sistematicamente inferiores em 15% aos escores dos brancos nos testes de QI. Suas ideias, que provocaram uma grita, foram retomadas pelo psicólogo Richard Hernstein e pelo cientista social Charles Murray, no livro *The Bell Curve: Intelligence and Class Structure in American Life* [*A curva em sino: inteligência e estrutura de classes na vida norte-americana*], publicado em 1994. O texto argumentou que o poder econômico e social era determinado pelo fator g, que a maioria dos problemas sociais enraizava-se na baixa inteligência, e que as diferenças genéticas entre negros e brancos respondiam pelas diferenças de QI e, portanto, pela super-representação dos negros na classe inferior.

O debate sobre o racismo prossegue com estrondo, com os que se opõem à visão de *A curva em sino* insistindo em que as diferenças raciais se devem, predominantemente, à tendenciosidade cultural dos testes e a formas diferentes de socialização. Curiosamente, não houve um debate similar em torno das diferenças de gênero sexual, a despeito das aparentes diferenças estruturais entre o cérebro masculino e o feminino. A variável sexual é controlada nos testes de QI, e os homens e mulheres obtêm mais ou menos os mesmos resultados — embora haja mais homens no topo e na base da escala, e embora os homens tendam a se sair melhor nas questões espaciais, enquanto as mulheres saem-se melhor nas tarefas verbais.

Essas diferenças no tipo de tarefa tornam-se mais importantes para os críticos do conceito de g, que afirmam não existir apenas uma inteligência geral, porém várias. Um dos primeiros a expor essa ideia foi Louis Thurstone, um engenheiro eletricista e psicólogo norte-americano, em meados do século XX. Ele identificou diversas aptidões mentais primárias de que o indivíduo precisaria para sobreviver e ter sucesso. Em época mais recente, Howard Gardner, professor de educação e neuropsicólogo da Universidade de Harvard, sugeriu sete tipos de inteligência. Estudando indivíduos com deficiências, ele localizou partes do cérebro que seriam necessárias para a execução de determinadas tarefas, e encontrou sete áreas cerebrais diferentes que se relacionam, por exemplo, com as funções musicais, matemáticas e linguísticas. O psicólogo norte-americano Robert Sternberg reduziu essas inteligências múltiplas a apenas três: analítica, criativa e prática. Afirma ele que os testes psicométricos só conseguem medir a primeira destas.

Nos últimos anos, os pesquisadores desse campo têm estudado mais um outro tipo de inteligência — a inteligência artificial. O professor britânico de cibernética Kevin Warwick sugeriu: "É difícil pensar em qualquer área da inteligência humana (mesmo incluindo a inteligência exclusivamente associada ao fato de um indivíduo ser humano) na qual, dentro de pouco tempo, uma máquina não venha a superar nosso desempenho." Stephen Hawking, físico de Cambridge, também alertou para o fato de que um dia as máquinas poderiam desenvolver inteligência e dominar o mundo. Ele sugere que os seres humanos sejam geneticamente manipulados para aprimorar sua própria inteligência e impedir que isso aconteça.

Mas as máquinas estão muito longe de adquirir pelo menos um tipo de inteligência. Em *A inteligência emocional*, publicado em 1995, o jornalista e ex-acadêmico Daniel Goleman sugeriu que o QI elevado não correspondia necessariamente ao sucesso mundano. Na verdade, indivíduos com QIs altíssimos seriam frequentemente prejudicados por fraquezas emocionais. O mais útil como ferramenta para a vida, afirmou ele, seria a inteligência emocional, que Goleman definiu como uma mescla de motivação, empatia e capacidade de lidar com as emoções e as relações. Suas ideias, a despeito de sua enorme popularidade com o público em geral e os homens de negócios, tendem a ser descartadas como não científicas pelos acadêmicos. Qual desses juízos é o mais válido depende, talvez, de nossa própria definição de inteligência.

O que é a inteligência?

Robert Plomin

Professor pesquisador do Conselho de Pesquisas Médicas do Centro de Pesquisas Psiquiátricas Sociais, Genéticas e do Desenvolvimento, Instituto de Psiquiatria, King's College, Londres

A palavra "inteligência" significa tantas coisas diferentes, que é melhor usar outros termos para evitar confusão. O que pretendo dizer com inteligência é a "capacidade cognitiva geral", ou g, que se refere à substancial superposição existente entre os diferentes processos cognitivos. Essa superposição é uma das descobertas mais coerentes das pesquisas sobre as diferenças individuais, em matéria de aptidões cognitivas humanas, durante o último século. Ela tem sido observada até em testes de processos que parecem ter pouca coisa em comum.

Por exemplo, o raciocínio geral é avaliado por testes como as Matrizes Progressivas de Raven, nos quais os sujeitos precisam identificar uma progressão lógica numa série de matrizes que consistem em formas geométricas. A aptidão espacial é avaliada através da decifração de labirintos, identificando-se figuras geométricas simples, inseridas em formas mais complexas, e decidindo-se se uma figura constitui ou não uma versão de outra, submetida a uma rotação. Os testes vocabulares avaliam o resultado da aprendizagem anterior, ao passo que os testes de memória envolvem, tipicamente, a apresentação de números ou imagens, para verificar com que grau de correção eles são lembrados.

Apesar dessa diversidade, os indivíduos que se saem bem num dos testes tendem a fazê-lo nos outros. Numa meta-análise de 322 estudos, que incluíram centenas de tipos diferentes de testes cognitivos, realizada por John Carroll em 1993, a correlação média ficou em cerca de 0,30, o que é altamente significativo. Essa superposição emerge não só nas medições tradicionais do raciocínio e das aptidões espaciais, verbais e mnemônicas, como as mencionadas anteriormente, mas também nos índices de aprendizagem e nas tarefas de processamento de informações que se apoiam no tempo de reação.

O psicólogo Charles Spearman reconheceu a superposição das aptidões cognitivas há quase cem anos. Deu-lhe o nome de g, a fim de criar um significante neutro da aptidão cognitiva geral, que evitasse as muitas conotações da palavra "inteligência". A melhor maneira de avaliar esse g é através de uma técnica estatística chamada de análise dos componentes principais. Ela identifica uma dimensão composta que representa o que as diversas medidas cognitivas têm em comum.

Essa análise indica que o g responde por cerca de 40% da variância total no desempenho das pessoas em testes cognitivos. O resto da variância é explicado por fatores como aptidões espaciais, verbais e mnemônicas e pela variância característica de cada teste. Quanto mais complexo é o teste, maior parece ser a importância do fator g. Por exemplo, o g explica um alto índice de variância nas Matrizes Progressivas de Raven, ao passo que é menos importante nos testes simples de memória, velocidade de reação ou velocidade de processamento.

Mas o g não é apenas uma abstração estatística. Um exame da matriz de correlações entre as medidas cognitivas mostra que todas têm uma grande superposição, ao passo que também se faz uma avaliação razoável do g através de um escore total simples, num conjunto variado de medidas cognitivas, como é feito nos testes de QI. Na verdade, o g é um dos traços mais fidedignos e válidos do campo comportamental; sua estabilidade a longo prazo, a partir da infância, é maior que a de qualquer outro traço, ele é melhor para prever resultados sociais importantes, como os níveis educacionais e profissionais, e constitui um fator-chave no envelhecimento cognitivo. Existem, é claro, muitas outras aptidões não cognitivas importantes, como a aptidão para o atletismo, e o g de modo algum assegura o sucesso na escola ou no trabalho. A realização também requer a personalidade, a motivação e as aptidões sociais, agora designadas por "inteligência emocional". Mas não parece haver nenhum benefício em juntar todas essas aptidões, como faz a ideia popular das "inteligências múltiplas". Para mim, é o g que mostra o que é a inteligência.

Embora os indícios do g na espécie humana tenham larga aceitação, essa aceitação não é universal. Os argumentos contrários a ele envolvem questões ideológicas, tais como a preocupação de que ele meramente reflita os conhecimentos e aptidões valorizados pela cultura dominante, e envolvem também objeções de natureza mais científica. Estas incluem teorias que se concentram em aptidões específicas, como a teoria das inteligências múltiplas, de Howard Gardner, que defende aptidões muito específicas, inclusive algumas não cognitivas — a exemplo da dança —, e a teoria "componencial" do processamento cognitivo, de Robert Sternberg, que procura identificar os processos cognitivos subjacentes às aptidões cognitivas. Quando essas teorias são empiricamente examinadas, no entanto, o g transparece. Por exemplo, Sternberg conclui: "Interpretamos a preponderância das provas como uma corroboração maciça da existência de algum tipo de fator geral na inteligência humana. Na verdade, não conseguimos encontrar nenhuma prova convincente que milite contra esta visão."

Conceitos como o de memória operacional estão apenas começando a ser avaliados, através de medições tradicionais da capacidade cognitiva, mas, até o momento, mostram a mesma coisa. É claro que o g não é a história toda — alguns fatores que representam aptidões específicas também são importantes —, mas a tentativa de contar a história das aptidões cognitivas sem o g perde inteiramente o fio da meada.

A existência do g parece contrariar a tendência da neurociência cognitiva atual, que considera específicos e independentes os processos cognitivos. Mas as pesquisas da neurociência cognitiva concentram-se no desempenho médio — por exemplo, que parte do cérebro se acende com as técnicas de escaneamento de imagens neurais quando uma determinada tarefa é executada —, e o g não diz respeito ao desempenho médio; ele concerne às diferenças individuais de desempenho e ao fato de que os indivíduos que se saem bem em algumas tarefas tendem a se sair bem na maioria delas. Nesse tipo de análise, os dados apontam claramente para o fator g.

Mas o fato de o g existir não implica que sua fonte seja um único processo físico geral, como a complexidade dos dendritos de um neurônio ou a extensão da bainha de mielina que circunda os axônios neuronais. Sua fonte tampouco é exclusivamente fisiológica, envolvendo a plasticidade sináptica ou a velocidade da condução nervosa. E ele não é um único processo psicológico, como a memória operacional. Ao contrário, representa uma cadeia desses processos físicos, fisiológicos e psicológicos, todos arrolados em conjunto para solucionar problemas funcionais. A título de analogia, a aptidão atlética depende de processos psicológicos, como a motivação, de processos fisiológicos, como o transporte de oxigênio, e de processos físicos, como a estrutura óssea. Mas a aptidão atlética não é nenhuma dessas coisas, e sim todas elas.

A pesquisa genética também é importante para a história do g, uma vez que este é substancialmente hereditário. Há mais estudos voltados para a genética do g do que para qualquer outra característica humana. Estudos que incluem mais de 8 mil pares de pais e filhos, 25 mil pares de irmãos, 10 mil pares de gêmeos e centenas de famílias adotivas chegam à conclusão, todos eles, de que os fatores genéticos dão uma contribuição substancial ao g. As estimativas da hereditariedade variam de 40% a 80% em cada estudo, mas as estimativas baseadas em todo o corpo de dados ficam em torno de 50%, indicando que a variação genética responde por cerca de metade da variância do g. Recentemente, as pesquisas começaram a investigar os genes específicos que seriam responsáveis por essa hereditariedade — pesquisas que tenderão a se acelerar, agora que foi divulgado o esboço da sequência do genoma humano.

Mas as pesquisas genéticas foram além da mera demonstração de que o g é substancialmente hereditário. Uma descoberta de especial importância, proveniente das pesquisas genéticas com variáveis múltiplas, que analisam fontes genéticas e ambientais da covariância entre os traços, é que o g se encontra onde está a ação genética. Enquanto o g responde por cerca de 40% da variância total dos testes cognitivos, a pesquisa genética com variáveis múltiplas indica que ele responde por quase toda a variância genética dos testes cognitivos. Em outras palavras, o que existe em comum entre as aptidões cognitivas é de origem quase completamente genética. O que nos torna eficazes em todos os testes é predominantemente genético, mas o que nos torna melhores em alguns testes do que em outros é predominantemente ambiental. Isso sugere que as ligações genéticas entre os processos cognitivos podem ter sido forjadas pela evolução, para coordenar a solução eficaz de problemas entre os vários módulos da mente.

As pesquisas genéticas também mostram uma grande superposição genética entre o desempenho escolar, tal como avaliado por provas ou notas, e o g. Em outras palavras, os mesmos fatores genéticos que contribuem para as diferenças individuais no g são responsáveis por muitas diferenças individuais no desempenho escolar. Inversamente, o que há de diferente entre o desempenho e a aptidão ou g é basicamente ambiental. Esses resultados sugerem que avaliar o desempenho fazendo a "correção" do g pode ultrapassar a influência genética, o que tem vastas implicações para a seleção educacional, a avaliação e as questões do valor agregado nas escolas.

Outra descoberta surpreendente é que a força da influência genética no g aumenta a partir da primeira infância, passando pela infância, até a adolescência. Isso contraria a ideia intuitiva de que as influências ambientais se acumulam com o passar da vida. Para mim, sugere que as crianças escolhem, modificam e até criam ativamente ambientes conducentes ao desenvolvimento de suas tendências genéticas. Por essa razão, penso mais no g como um apetite do que como uma aptidão. No nível mais simples, isso significa que as crianças gostam de aprender aquilo que acham fácil aprender. No entanto, creio que há mais coisas aí: os mecanismos pelos quais os genes afetam o processo de aprendizagem podem ter tanto a ver com a motivação quanto com a estrutura cerebral.

Bibliografia recomendada

GARDNER, Howard. *Frames of Mind: The Theory of Multiple Intelligences.* Basic Books, 1993.

GOLEMAN, Daniel. *Emotional Intelligence: Why it can Matter more than IQ.* Bantam Books, 1997.

JENSEN, Arthur. *The g Factor: The Science of Mental Ability.* Praeger, 1998.

PLOMIN, Robert (com J. C. Defries, G. E. Mclearn e P. McGuffin). *Behavioural Genetics.* 4ª edição, Nova York: Worth, 2001.

WARWICK, Kevin. *IQ: The Quest for Intelligence.* Piatkus, 2000.

Como evoluiu a linguagem?

Introdução de Sean Coughlan
Escritor

POR QUE COMEÇAMOS A FALAR uns com os outros? Em que ponto da evolução humana tornou-se necessário dizermos mais do que nos era possível com os grunhidos, o dar de ombros e um par de mãos expressivas? E como é que cada nova geração consegue entrar na conversa? A linguagem está tão profundamente entremeada com a maneira como pensamos, com aquilo que pensamos ser e com nosso modo de compreender uns aos outros, que, durante séculos, filósofos e cientistas têm-na visto como uma das pedras angulares da identidade humana.

Nas mitologias grega, escandinava e indiana, a linguagem era vista como algo tão especial que era atribuída à intervenção divina. Na história bíblica da Criação, o primeiro homem, Adão, recebe de Deus o poder de dar nome àquilo que vê a seu redor no Jardim do Éden. A primeira reflexão rigorosa sobre a origem da linguagem pode ser atribuída a Platão. No *Crátilo*, um debate socrático sobre a linguagem, ele investiga se existe uma ligação orgânica entre o som de uma palavra e o que ela representa, ou se as palavras são rótulos arbitrários apensos aos objetos. Muitos esforços posteriores de compreender a origem da linguagem tocaram nessa divisão. O desafio está em que a linguagem humana, por natureza, está a apenas um passo do instinto. Conquanto a fala seja um ruído animal, que deriva de nosso desenvolvimento fisiológico, ela é também mais do que apenas um ruído.

A ideia de que o vocabulário tinha uma origem natural, e de que o som das palavras estava ligado a seu significado, persistiu por séculos. No século XIX, muitas teorias tentaram encontrar uma ponte entre a fala humana e os sons do mundo natural, encarando a linguagem como um aperfeiçoamento de sons instintivos. Entre elas se incluíram a chamada teoria do "au-au", que achava que a linguagem derivava de imitações de sons feitos pelos animais, a teoria do "quá-quá-quá", que afirmava que as palavras haviam começado como sons emocionais inatos, como os da raiva ou os da alegria, a teoria do "tlintlim", que sugeria que uma palavra como "mamãe" era o som produzido pela boca da criança ao procurar o mamilo, e a teoria da "entoação", que via a linguagem como produto do tipo de canto repetitivo que acompanhava o trabalho feito em comum. Em 1866, o fórum linguístico mais avançado da época — a Sociedade Linguística de Paris — resolveu dar um basta nessa história: não mais deveria haver debates sobre a origem da linguagem, porque ela nunca poderia ser provada e porque inúmeras teorias excêntricas estavam tornando o assunto ridículo.

Mas o assunto não desapareceu. Em vez disso, diferentes instrumentos críticos e científicos, provenientes de campos que incluíam a biologia evolutiva, a linguística, a genética e a antropologia, foram aplicados à reflexão sobre a mecânica da linguagem e o modo como ela teria sido originalmente adquirida.

No fim do século XIX, o linguista suíço Ferdinand de Saussure afirmou que a linguagem era um sistema de rótulos arbitrários, e com isso lançou as bases do que viria a se transformar na escola estruturalista de linguística. Afirmou ele que o único significado que as palavras tinham era o que lhes era conferido pela sociedade. De acordo com essa visão, a única maneira de compreender uma unidade linguística individual era em sua relação com outras partes da linguagem. Isso significava que todos os vocabulários, independentemente de onde ocorressem, eram fenômenos culturais e não inatos, embora essa visão não examinasse de onde se haveriam originado essas línguas diferentes.

Já desde o século XVIII, tinha se estabelecido que havia muitas ligações entre línguas aparentemente diferentes, e que todas as línguas indo-europeias tinham uma ancestralidade comum, com ligações entre línguas tão diversas quanto o inglês, o italiano, o galês, o sueco e o sânscrito. A partir da década de 1950, entretanto, as pesquisas de Noam Chomsky no Instituto de Tecnologia de Massachusetts (MIT) levaram essa ideia muito mais longe, analisando as estruturas subjacentes comuns a todas as línguas e identificando uma "gramática universal". Chomsky constatou que, independentemente da cultura ou do local, as crianças tinham em comum a facilidade de imitar e adquirir a linguagem. Embora uma criança na França falasse francês e uma criança no Japão falasse japonês, existiam em ambas os mesmos elementos fundamentais e as mesmas limitações do desenvolvimento da linguagem. Embora a linguagem não surja espontaneamente — a criança sem contato humano não fala —, Chomsky discerniu uma facilidade inata para a linguagem que mais era uma propriedade física do que cultural.

Isso abriu as portas para a busca das origens da linguagem não apenas na linguagem em si, mas também na história biológica de seus falantes. Assim, pesquisadores de linguística como Steven Pinker, professor de psicologia do MIT, começaram a ver a linguagem como mais um aspecto da evolução humana, desenvolvido paralelamente às mudanças fisiológicas, e cujas origens poderiam ser levantadas através da árvore genealógica humana. Em vez de considerar a linguagem como um atributo cultural distinto, isso a situou na teoria da evolução humana "proveniente da África", que sugere que a linguagem se originou no leste africano há cerca de 100 mil a 150 mil anos, evoluindo a partir de uma "protolinguagem" que talvez já viesse sendo usada por uns 100 mil anos antes disso. As vozes não deixam registros fósseis, de modo que a datação depende da identificação dos fatores que poderiam ter impelido à aquisição da linguagem.

Jean Aitchison, professor de linguagem e comunicação da Universidade de Oxford, afirma que várias circunstâncias diferentes uniram-se para fornecer as necessidades e meios da linguagem: as mudanças climáticas haviam deixado nossos ancestrais numa savana árida, pressionados e necessitados de cooperar para sobreviver; o cérebro humano havia aumentado — talvez em função da maior ingestão de carne, à medida que a vegetação se tornara escassa; nossa postura ereta havia nos permitido produzir uma variedade maior de sons; e a capacidade cerebral aumentada nos permitira controlar a boca, os lábios, a língua e outros músculos necessários à fala. Certas precondições intelectuais da linguagem, como a capacidade de considerar o ponto de vista de outras pessoas, a capacidade de enganar e a capacidade de atribuir e reconhecer nomes de objetos, também teriam contribuído.

Diz a professora Aitchison que, uma vez surgida a linguagem, ela deve ter-se tornado um instrumento-chave da sobrevivência, à medida que nossos ancestrais humanos foram saindo da África. Diferentes grupos de seres humanos primitivos provavelmente teriam usado palavras diferentes, mas os dialetos e o vocabulário teriam ficado sujeitos a suas próprias lutas evolutivas pelo poder, e os grupos mais fortes teriam afirmado sua forma de linguagem sobre os mais fracos. Ou então, os seres humanos que dispunham de uma forma de linguagem mais avançada teriam usado essa vantagem organizacional para dominar aqueles que haviam permanecido apenas com os rudimentos da fala.

Esse modelo dos acontecimentos vê a linguagem não como um lampejo estrondoso e repentino de avanço intelectual, mas como uma separação paulatina dos outros primatas. E essa defasagem entre os sons humanos e não humanos teria sido ampliada pelas mudanças físicas, como o rebaixamento da posição da laringe humana. Isso nos torna passíveis de engasgar, mas, como recompensa evolutiva, facilita a produção de uma gama mais diferenciada de sons da fala.

O ritmo da mudança da linguagem humana, desde os primeiros passos até o desenvolvimento completo, continua incerto. John Locke, um biolinguista da Universidade de Cambridge, diz que pode ter havido um longo intervalo entre os primeiros estágios da linguagem, quando as pessoas tinham apenas um "pequeno repertório de palavras", e o desenvolvimento de um vocabulário vasto e de uma estrutura gramatical. Entre o surgimento da linguagem plenamente desenvolvida, há 100 mil anos, e os primeiros sinais inequívocos de sua utilização — sob a forma da escrita —, há uma ampla margem para especulações, com poucas provas definitivas. É provável que a linguagem estivesse relativamente avançada quando as comunidades humanas organizaram-se o bastante para desenvolver uma atividade como a agricultura, mas isso ainda nos deixa dezenas de milhares de anos em que o nível de diversificação da linguagem permanece desconhecido. Locke também aponta para algumas curiosidades inexplicáveis, a exemplo do modo como certos termos de parentesco, tais como "mamãe" e "papai" para designar os pais, parecem atravessar as fronteiras linguísticas, muito embora isso contrarie todas as expectativas referentes à arbitrariedade da atribuição de nomes.

Outro aspecto das origens da linguagem que não é plenamente compreendido envolve as ligações entre a fala e a propensão dos indivíduos a serem destros ou canhotos. Em geral, a maioria das pessoas tem as funções especializadas da linguagem no hemisfério cerebral esquerdo, porém uma proporção maior das pessoas canhotas parece tê-las no hemisfério direito. John Coleman, diretor do laboratório de fonética da Universidade de Oxford, diz que investigar o desenvolvimento da lateralidade poderia ser uma forma de explorar as raízes da linguagem. Michael Corballis, professor de psicologia da Universidade de Auckland, explora ainda mais a ligação entre as mãos e a fala, sugerindo que o precursor da linguagem humana não teve por base os sons, mas foi uma forma de linguagem de sinais, baseada nos gestos das mãos.

A genética também tem fornecido maneiras de examinar a evolução da linguagem. O Centro de Genética Humana da

Fundação Wellcome, em Oxford, usou informações do Projeto do Genoma Humano para identificar um gene específico produtor de proteínas que regem outros genes associados à fala. A etapa seguinte dessa pesquisa será encontrar semelhanças e diferenças entre esse código genético e o código genético de outros primatas aparentados, na tentativa de isolar uma origem genética da linguagem.

Tim Crow, diretor do Departamento de Psiquiatria da Universidade de Oxford, sugeriu que uma única mutação genética no cromossomo Y de um ancestral humano poderia ter dado o pontapé inicial no processo de aquisição da linguagem. De acordo com essa teoria, os seres humanos que herdaram essa mutação teriam tido maiores habilidades linguísticas, o que lhes teria conferido uma vantagem evolutiva em relação aos outros seres humanos, levando rapidamente à dominação por parte daqueles que dispunham da linguagem.

Em *The Mating Mind* [*A mente acasaladora*], Geoffrey Miller sugere que os linguistas mais talentosos disseminam seus genes com mais sucesso porque as aptidões de linguagem podem ser um modo de atrair parceiros sexuais. Isso se baseia em outras pesquisas da linguagem como instrumento social, inclusive a teoria de que ela se desenvolveu como uma forma muito mais eficiente de estabelecer relações entre grandes grupos do que o tipo de catação física que é comum entre os primatas.

Mario Vaneechoutte, um microbiologista da Universidade de Gante e editor do *Journal of Memetics*, formulou também a teoria "dos primatas musicais". Esta afirma que a linguagem evoluiu a partir da música e da musicalidade, havendo-se desenvolvido a capacidade de copiar padrões sonoros num sistema paulatinamente mais complexo de símbolos e significados.

Entretanto, qualquer investigação da origem da linguagem sempre terá de reconhecer seu lugar singular na experiência humana, no dizer de Michael Studdert-Kennedy, professor emérito de linguística na Universidade de Yale. A linguagem é subjetiva, dependendo das percepções do falante e do ouvinte. E, quando procuramos analisá-la, o instrumento que devemos usar é a própria linguagem. Ela não é uma mera forma de trocar ideias, diz Studdert-Kennedy. É o instrumento do pensamento, que tanto molda quanto expressa a maneira como pensamos.

Como evoluiu a linguagem?

Geoffrey Miller
Psicólogo evolutivo da Universidade do Novo México

Sabemos falar; os macacos não sabem. Por quê? Explicar a linguagem continua sendo a grande pergunta da evolução humana, e um desafio fundamental em meu campo da psicologia evolutiva. No entanto, quanto mais aprendemos sobre a comunicação animal, mais misteriosa se afigura a linguagem humana.

Vinte e cinco anos atrás, a linguagem parecia ser mais fácil de explicar. No fim da década de 1960, John Pfeiffer afirmou, em *The Emergence of Man* [*O surgimento do homem*], que a linguagem devia ter evoluído com a "revolução do Paleolítico Superior" — o aparecimento repentino da arte das cavernas, das estatuetas entalhadas, dos ritos fúnebres e de instrumentos mais complexos, há 40 mil anos, na Europa. No início da década de 1970, Philip Lieberman, professor de ciência linguística, afirmou que os neandertalenses não poderiam falar, considerando-se os dados fósseis sobre a anatomia de sua garganta. E pesquisadores do comportamento animal, como Konrad Lorenz, ainda tinham uma visão ingênua de que muitos animais se comunicavam para compartilhar informações úteis sobre o mundo.

Isso compôs uma história bem montada: a linguagem não evoluiu em nenhuma outra espécie de primatas parecidos com os humanos, mas unicamente em nossa espécie, há 40 mil anos, e evoluiu para partilhar o conhecimento nos grupos. Uma vez evoluída, inventamos rapidamente a cultura e a civilização.

O problema é que, à luz das novas provas, nenhuma dessas teses se mantém. Se a linguagem evoluiu na Europa há 40 mil anos, como havemos de explicar o fato de que os africanos e os aborígenes australianos também sabem falar — dada a comprovação genética de que eles divergiram dos europeus há pelo menos 40 mil anos? O psicólogo Steven Pinker mostrou, em *The Language Instinct* [*O instinto da linguagem*], que a linguagem é uma parte universal da natureza humana, e, visto que os seres humanos evoluíram há pelo menos 100 mil anos na África, a linguagem deve ter pelo menos essa idade. Os paleontólogos também derrubaram as teses de Lieberman sobre os neandertalenses mudos. Quando muito, os fósseis sugerem que eles não teriam sido capazes de produzir toda a gama de sons vocálicos que produzem os seres humanos modernos. Isso não significa que não pudessem falar.

E, o que é mais importante, os zoólogos britânicos Richard Dawkins e John Krebs revolucionaram o estudo da comunicação animal em 1978. Argumentaram que seria muito estranho que os animais desenvolvessem meios de transmitir informações úteis a seus rivais evolutivos. A comunicação, nesse sentido, seria altruística, e a evolução de comportamentos altruístas é muito difícil.

Desde a revolução de Dawkins-Krebs, os biólogos descobriram que a maioria dos sinais que os animais enviam uns aos outros não são mensagens sobre o mundo, mas mensagens sobre o emissor do sinal. Muitos sinais dos animais revelam simplesmente a espécie, o sexo, a idade ou a localização do emissor. Outros revelam as necessidades do emissor, como quando os filhotes de pássaros pedem alimento de boca aberta para anunciar sua fome a seus pais. Os mais comuns dentre todos são os sinais que revelam a boa forma física daquele que os emite — sua saúde, seu nível de energia, seu bom cérebro ou seus bons genes —, para impedir que os predadores o persigam, para impedir os rivais de lutarem com ele, ou para atrair parceiros sexuais que estejam à procura de pares em boa forma. Muitos sinais animais, desde o canto dos pássaros até a canção das baleias, desde a dança da mosca das frutas até os surtos de voltagem do peixe elétrico, não dizem nada além disto: "Estou aqui, sou macho, sou saudável, copule comigo." A forma do sinal pode ser complexa, mas sua mensagem é simples. Alguns insetos sociais, como as abelhas, dão informações a seus pares sobre fontes de alimento; alguns mamíferos advertem seus parentes sobre os perigos vindos dos predadores. Mas até esses sinais sobre o alimento e os predadores são simples, estereotipados e preguiçosos — o mínimo necessário para contribuir para a sobrevivência dos parentes consanguíneos. Afora isso, a maioria dos animais, de modo bastante egoísta, guarda para si o conhecimento que tem do mundo.

Isso faz a linguagem humana parecer intrigante, do ponto de vista darwiniano. Por que nos incomodamos em dizer coisas remotamente verdadeiras, interessantes ou importantes a qualquer um que não seja um parente próximo? Ao responder a esta pergunta, temos de jogar conforme as regras da evolução. Não podemos apenas dizer que a linguagem existe para o bem do grupo ou da espécie. Nenhum traço de nenhuma outra espécie jamais mostrou existir para o benefício de membros não aparentados do grupo. Tampouco podemos dizer que a linguagem tenha simplesmente aparecido por causa de uma grande mutação isolada. Se falar é altruísta, a mutação favorável à fala teria sido eliminada com muita rapidez pela seleção.

Os dados da psicologia, da linguística e da genética mostram que a linguagem humana é uma adaptação biológica complexa, e as adaptações só podem evoluir pouco a pouco, ao longo de milhares de gerações. Elas evoluem porque seus benefícios evolutivos superam sistematicamente seu custo. O custo evolutivo da linguagem era dizer coisas úteis a não parentes, o que permitiria que seus genes prosperassem à custa dos genes do próprio indivíduo. Mas quais eram os benefícios da fala para a sobrevivência ou a reprodução?

A maioria dos livros populares sobre a linguagem ignora o problema do altruísmo e não identifica nenhum benefício evolutivo específico da fala. Esse é o ponto fraco de *Language Instict* [*O instinto da linguagem*], de *The Seeds of Speech* [*As sementes da fala*], de Jean Aitchison, de *Language and Human Behaviour* [*Linguagem e comportamento humano*], de Derek Bickerton, e de *The Symbolic Species* [*A espécie simbólica*], de Terence Deacon. É também o ponto fraco da chamada "pesquisa da linguagem dos símios". Os chimpanzés só aprendem os símbolos visuais quando experimentadores humanos, como Sue Savage-Rumbaugh, os subornam com alimentos para que o façam. Onde estavam os experimentadores benevolentes que recompensavam nossos ancestrais por eles falarem na savana africana de 200 mil anos atrás?

O psicólogo evolutivo britânico Robin Dunbar desenvolveu uma das poucas teorias que solucionam o problema do altruísmo. Em *Grooming, Gossip, and the Evolution of Language* [*Catação, mexerico e evolução da linguagem*], ele afirma que a linguagem evoluiu como uma extensão do comportamento de catação dos primatas. Os primatas sociais mantêm sua relação com outros membros do grupo catando uns aos outros, até durante várias horas por dia. Dunbar assinala que, com o aumento do tamanho dos grupos durante a evolução humana, o custo temporal da catação ter-se-ia elevado a níveis insustentáveis. Talvez a linguagem, especialmente os mexericos sociais, tenha evoluído como um meio mais eficiente de atender a nossas relações. Os benefícios sociais ter-se-iam traduzido em recompensas para a sobrevivência e a reprodução — como fazem as boas relações — nos grupos dos primatas sociais.

O problema é que a teoria de Dunbar não consegue explicar por que a linguagem tem conteúdo. Por que não teríamos cuidado de nossas relações entoando melodias sem significado uns para os outros — como os "assobios individuais característicos" dos golfinhos ou os "chamados de contato" dos primatas? Dunbar faz uma brincadeira, dizendo que sua teoria explica por que a maior parte de nossa conversa miúda parece tão vazia — "Que dia bonito!", ou "Você viu como a Geri perdeu peso?" No entanto, o que julgamos banal seria considerado assombrosamente rico em significados por qualquer outra espécie. Se a linguagem é apenas uma catação verbal, por que diz respeito a seja lá o que for?

Para resolver o problema do altruísmo e explicar por que a linguagem tem conteúdo, creio que precisamos atualizar uma teoria proposta pelo antropólogo Robbins Burling em 1986. Burling notou que os homens de todas as sociedades ganham *status* social por sua capacidade de falar em público, e o *status* social se traduz em sucesso reprodutivo, por atrair as mulheres. Assim, talvez a linguagem tenha evoluído através da seleção sexual, como aconteceu com o canto dos pássaros, com as fêmeas preferindo os melhores oradores masculinos. João faz bons discursos, e por isso Maria se apaixona por ele. Em condições pré-históricas, ele teria tido mais bebês e ela se haveria beneficiado da fusão de seus genes com os genes de boa linguagem dele, gerando uma prole de língua afiada. Com isso, teria havido uma seleção sexual descontrolada da capacidade masculina de linguagem e das aptidões femininas de compreender e julgar a linguagem.

Um dos problemas da teoria de Burling é que ela não explica por que as mulheres também falam. A maioria dos sinais sexualmente selecionados aparece apenas nos machos, porque, na maioria das espécies, os machos fazem toda a corte e as fêmeas respondem por todas as escolhas. As fêmeas dos pássaros e das baleias não cantam; por que as mulheres falariam, se a linguagem tivesse evoluído através da seleção sexual?

Ao contrário da maioria dos outros primatas, os seres humanos estabelecem relações sexuais de longo prazo, e têm bebês principalmente dentro das relações (embora haja muita infidelidade). Uma vez que os seres humanos masculinos investem mais em seus relacionamentos e seus filhos do que qualquer outro primata, eles têm mais incentivos para serem exigentes a respeito de suas parceiras sexuais a longo prazo. Se nossos ancestrais masculinos preferiam as fêmeas com fluência verbal às que se expressavam mal ou eram entediantes, a seleção sexual deve ter moldado tanto as aptidões linguísticas femininas quanto as masculinas. A mutualidade da escolha humana dos parceiros foi crucial para nos dar a igualdade sexual em nossas aptidões adultas de linguagem.

A teoria de Burling também tem a mesma dificuldade da teoria de Dunbar para explicar o conteúdo. Creio que esse problema pode ser resolvido se pensarmos no que uma espécie de cérebro grande desejaria anunciar durante a corte sexual. Se a inteligência é importante para a sobrevivência e a vida social, seria uma boa ideia escolher os parceiros por sua inteligência. A linguagem constitui um indicador particularmente bom da inteligência, precisamente por ter um conteúdo rico. Enunciamos nossas ideias e sentimentos em palavras, de modo que, quando falamos com um parceiro em potencial, ele pode avaliar nossas ideias e sentimentos. Podemos ler a mente uns dos outros através da linguagem, de modo que podemos escolher os parceiros por sua mente, e não apenas por seu corpo ou suas melodias. Nenhuma outra espécie é capaz de fazer isso.

A linguagem desenvolveu-se porque nossos ancestrais preferiram parceiros sexuais capazes de exibir o que sabiam, lembravam e imaginavam. Os Cyranos pré-históricos reproduziam-se com mais sucesso do que os Homer Simpsons; o mesmo se deu com as Sherazades pré-históricas. Nem sempre eles diziam a verdade sobre o mundo, mas suas aptidões linguísticas sempre diziam a verdade sobre eles mesmos — sobre as qualidades de sua mente e sua personalidade, que realmente importavam na hora de sustentar relações e criar filhos em parceria. A linguagem não é usada apenas na corte verbal, mas desconfio que sua origem tenha estado na maneira como nossos ancestrais se apaixonavam.

Bibliografia recomendada

AITCHISON, Jean. *The Seeds of Speech: Language Origin and Evolution.* Cambridge University Press, 2000.

CHOMSKY, Noam. *On Language: Chomsky's Classic Works Language and Responsibility and Reflections on Language in One Volume.* New Press, 1998.

DUNBAR, Robin. *Grooming, Gossip and the Evolution of Language.* Faber & Faber, 1997.

MILLER, Geoffrey. *The Mating Mind.* Heinemann, 2000.

PINKER, Steven. *The Language Instinct: How the Mind Creates Language.* HarperCollins and Penguin, 1995.

Somos moldados pela natureza ou pelo meio?

Introdução de Geoff Watts

Escritor e apresentador de programas radiofônicos sobre ciência e medicina

O SEQUENCIAMENTO DO GENOMA HUMANO pode ter despertado um novo interesse na interação entre os genes e o meio ambiente, mas o debate entre natureza e cultura vem ocorrendo há séculos. "A natureza sempre teve mais força do que a educação", dizia Voltaire nos idos de 1700, revelando sua postura. Um seu contemporâneo, Jean-Jacques Rousseau, em contrapartida, acreditava que os homens nasciam bons, mas eram corrompidos pela sociedade em que viviam. Antes deles, René Descartes escrevera sobre impulsos internos que entravam em conflito com a razão consciente. Em contraste, os filósofos ingleses John Locke, no século XVII, e John Stuart Mill, no século XIX, julgaram que o comportamento derivava da observação do mundo, e não de qualquer impulso inato.

Somente nos últimos 150 anos é que foi possível abordar essa questão em algo parecido com termos científicos. Foi Gregor Mendel quem lançou as bases para o estudo da hereditariedade, enquanto Charles Darwin descreveu um mecanismo de seleção pelo qual os organismos com as características hereditárias mais favoráveis teriam maior probabilidade de transmiti-las às gerações futuras.

Mendel ordenou-se padre, mas estudou ciência em Viena antes de retornar ao mosteiro de Brunn, do qual mais tarde se tornou abade. Seu interesse científico voltava-se para a reprodução das plantas — para os híbridos nascidos do cruzamento de plantas com características nitidamente diferentes. Seus experimentos clássicos envolveram a cor e a forma de sementes de ervilha, que podiam ser redondas e lisas ou enrugadas, amarelas ou verdes. Mendel desvendou o padrão da hereditariedade delas, mostrou que algumas características eram dominantes e outras, recessivas, e, como dado crucial, demonstrou as proporções aritméticas em que essas características ocorreriam.

Ficou claro que a hereditariedade envolvia a transmissão de tipos de entidades distintas de uma geração para outra — pacotes de informações. Mendel não compreendeu a natureza desses pacotes, ou genes, como hoje nos referimos a eles. Tampouco o fez Darwin, que também era desconhecedor do trabalho de Mendel com as ervilhas. Entretanto, o fato de não saber exatamente como as características específicas eram transmitidas de uma geração para outra não impediu Darwin de conceber sua teoria da seleção natural.

Suas ideias derivaram de uma série de observações e premissas. Os filhos se parecem com os pais — mas não são sua cópia exata. Considerando que todos os organismos produzem uma prole mais numerosa do que a que pode ter esperança de chegar à maturidade, as mais bem-sucedidas dentre essas variações, raciocinou ele, teriam maior probabilidade de sobreviver até se reproduzir. Isso garantiria a transmissão de características favoráveis à geração seguinte. Com o tempo, estas tenderiam a se tornar mais comuns na população, com isso melhorando a adaptação dos organismos a suas circunstâncias.

O fato de que esse processo responde pelas mudanças evolutivas que levaram à espantosa variedade de formas e funções no mundo dos seres vivos é aceito praticamente por todos os biólogos. O mesmo se aplica à maioria dos comportamentos animais. O problema é o comportamento humano. Herdamos nossos órgãos sensoriais, nossos músculos e nosso cérebro, mas será que também herdamos a inteligência necessária para usá-los na construção de um computador, a determinação exigida para fazê-lo funcionar, ou a generosidade de emprestá-lo a outra pessoa?

Confrontados com perguntas desse tipo, europeus e norte-americanos depositaram ênfases diferentes em suas respostas. Na Europa, o filósofo inglês oitocentista Herbert Spencer apropriou-se da *Origem das espécies*, de Darwin, para inventar uma forma de darwinismo social que procurava justificar todos os aspectos do capitalismo desenfreado, opondo-se à intervenção estatal. E, durante toda a primeira metade do século XX, a natureza, e não a cultura, continuou a ser vista como a influência predominante. Um de seus principais defensores foi um primo de Darwin, Francis Galton. Ele defendeu um movimento incipiente de eugenia, dedicado a projetos de cruzamentos seletivos que aprimorassem o reservatório humano. Intelectuais radicais, como George Bernard Shaw e Sidney e Beatrice Webb, sentiram-se atraídos por essas ideias, embora Hitler e o apoio do Terceiro Reich à eugenia logo as tenham tornado inaceitáveis.

Sigmund Freud também aceitou a existência de certos impulsos gerais inatos, mas enfatizou a importância de como os acontecimentos da primeira infância os influenciavam e lhes davam forma. Sua escola de pensamento psicanalítico, juntamente com a de seus competidores, encontrou aceitação mais rápida nos Estados Unidos do que em sua pátria europeia.

Durante grande parte da primeira metade do século XX, a psicologia nos Estados Unidos foi fortemente influenciada — senão dominada — pelo behaviorismo, que afirma que há pouca programação inata no cérebro do recém-nascido, que reagimos em resposta a certos estímulos e que nosso comportamento é produto de nosso condicionamento. Os psicólogos J. B. Watson e, posteriormente, B. F. Skinner despontaram como os principais defensores dessa visão. Houve desdobramentos paralelos nas ciências sociais, com a antropóloga cultural Margaret Mead e outros vendo a mente humana como uma tábula rasa, e a sociedade humana, por conseguinte, como altamente maleável. A cultura, em vez da biologia, estava em ascensão.

A revolta era inevitável. Uma das áreas de debate mais carregadas dizia respeito à hereditariedade da inteligência, particularmente em sua ligação com a raça. Os acadêmicos Arthur Jensen, nos Estados Unidos, e Hans Eysenck, na Grã-Bretanha, despontaram como figuras odiadas, graças a suas convicções, extremamente divulgadas, de que grande parte de nosso caráter e comportamento era herdada. Eysenck, por exemplo, gostava de dizer que a inteligência era moldada pela natureza e pelo meio numa proporção de 4:1.

Uma visão mais coerente e mais solidamente darwiniana do debate natureza/cultura começou a voltar à tona nas últimas três décadas do século, em parte mediante o reconhecimento dos esmerados estudos feitos por behavioristas animais como Konrad Lorenz, Niko Tinbergen e, acima de tudo, E. O. Wilson. Foi Wilson, num livro de 1975 que marcou época — *Sociobiologia: a nova síntese* —, quem ressuscitou mais explicitamente a possibilidade de que as raízes do comportamento humano fossem geneticamente determinadas, e de que as distinções entre os seres humanos e os animais, nesse aspecto, estivessem equivocadas.

As ideias de Wilson criaram uma tempestade em termos intelectuais e políticos. Ele foi acusado de racismo e sexismo, além de descartado como um determinista biológico que afirmava que os genes eram o destino. O termo "sociobiologia" ficou tão desacreditado, que até os simpatizantes do pensamento de Wilson se mostraram relutantes em empregá-lo.

Enquanto isso, um grupo que incluía não apenas biólogos, mas também filósofos e cientistas sociais, havia retornado a Darwin e fundado uma nova escola de estudos evolucionistas. Em termos gerais, a afirmação dessa escola é que, através da seleção natural, nossa espécie adaptou-se a seu longo período de vida na condição de caçadores e coletores. O meio ambiente e a organização social que prevaleciam naquela época eram marcantemente diferentes dos atuais. Falando em termos biológicos, no entanto, somos hoje como éramos então, porque, como força capaz de modificar os seres humanos, a evolução biológica foi largamente superada pela evolução cultural. Assim, os novos programas de comportamento humano aprendido foram enxertados nos antigos programas hereditários. Se você quiser saber o que surgiu "naturalmente" em nossa espécie, diz a argumentação, pergunte como vivíamos há dezenas de milhares de anos.

Uma vez aplicada à fisiologia, essa visão gerou um debate animado e descobertas intrigantes sobre questões como a incidência da obesidade e o aumento das doenças cardíacas.

Mas os problemas continuaram predominantemente não discutidos. A consequência da aplicação desse mesmo princípio ao comportamento humano — a psicologia evolutiva, como é conhecida — gerou uma repetição das brigas em torno da sociobiologia, disciplina da qual ela era uma clara descendente. As discussões sobre a psicologia evolutiva foram ligeiramente menos ásperas, mas não menos acaloradas.

O biólogo Steven Rose, crítico feroz da psicologia evolutiva, chama a síntese emergente entre a ciência do cérebro e a genética de "neurogenética", e descreve seus pretensos efeitos no comportamento humano como "determinismo neurogenético". No livro *Lifelines* [*Linhas de vida*], escreve ele: "Embora só o mais extremado reducionista se dispusesse a buscar as origens da guerra da Bósnia em deficiências dos mecanismos neurotransmissores do cérebro do Dr. Radovan Karadzic, e sua cura na prescrição maciça de Prozac, muitos argumentos oferecidos pelo determinismo neurogenético não estão muito longe desses extremos."

Do outro lado da discussão, o próprio Wilson negou ter dito que os genes eram o destino, e admitiu ter sido ingênuo por não prever a fúria que a sociobiologia provocaria. Entretanto, afirmou compreender a relutância permanente de muitas pessoas em aceitar a ancestralidade como um fator na determinação da conduta, dizendo: "É uma postura mais cômoda, além de mais fácil de compreender, que todas as mentes começam exatamente iguais, todos os potenciais são idênticos, e precisamos apenas modificar o meio para modificar o comportamento humano em qualquer direção."

É difícil dizer até que ponto as descobertas do Projeto Genoma Humano dominarão o debate. Por si só, a identificação de uma carga genética não modifica nada. Mas, à medida que os pesquisadores forem trabalhando com genes e determinando suas diversas funções, esse quadro pode alterar-se. Na verdade, muitos dos que se encontram no "campo da natureza" acreditam que agora os ventos estão soprando firmemente em sua direção. O que começou com os resultados dos estudos sobre gêmeos encontrará confirmação, acreditam eles, na biologia molecular.

Mesmo assim, muitos deles fazem questão de evitar a polarização estéril entre o determinismo genético desenfreado e o determinismo cultural desenfreado. Atualmente, quase todos os cientistas admitem que tanto os genes quanto a cultura desempenham um papel importante. O foco do debate deslocou-se para a influência relativa, em vez da influência absoluta de ambos.

Somos moldados pela natureza ou pelo meio?

Michael Rutter
Professor de psicopatologia do desenvolvimento, Instituto de Psiquiatria, King's College, Londres

Até recentemente, a genética do comportamento voltava-se de modo predominante para a quantificação das influências relativas da natureza e da cultura no desenvolvimento psicológico e nos distúrbios mentais. Os estudos sobre gêmeos e sobre filhos adotivos foram primordialmente usados para separar os efeitos genéticos dos ambientais. Os resultados foram coerentes e importantes para mostrar a força da natureza e da cultura. De modo geral, os efeitos de ambas afiguraram-se aproximadamente iguais, embora os fatores genéticos tivessem clara predominância em alguns distúrbios (como o autismo ou a esquizofrenia), enquanto os fatores ambientais predominavam em outros (como a criminalidade).

Tornou-se claro agora que encarar a natureza e a cultura como separadas e independentes é uma supersimplificação enganosa. Os efeitos dependem da interação entre as duas, em termos de correlações e interações.

As correlações surgem porque os genes influenciam as diferenças individuais na exposição aos riscos do meio, através de três mecanismos distintos. Primeiro, os pais transmitem seus genes aos filhos e proporcionam a estes o meio em que eles são criados. A correlação entre as influências genéticas e culturais reflete o fato de que, no cômputo geral, os pais que transmitem genes que envolvem maior risco de distúrbios mentais também tendem a fornecer meios de criação abaixo do nível ótimo. Por exemplo, os pais seriamente perturbados por sua própria depressão recorrente, ou por problemas persistentes com as drogas ou o álcool, podem ter mais dificuldade de exercer as funções parentais. Assim, os riscos impostos a seus filhos são uma combinação de fatores genéticos e culturais. Nas análises tradicionais, esse efeito conjunto é inteiramente atribuído à genética, quando, na realidade, envolve a ação conjunta da natureza e da cultura.

Segundo, as pessoas escolhem e moldam seu ambiente por seu próprio comportamento. Assim, por exemplo, uma criança com talentos musicais, atléticos ou matemáticos, geneticamente influenciados, tende a gastar mais tempo (e, possivelmente, um tempo de melhor qualidade) nessas atividades do que outras crianças. O desenvolvimento adicional desses talentos, portanto, será influenciado por essas vantagens ambientais, bem como pelos antecedentes genéticos da criança. Os genes terão desempenhado um papel fundamental na moldagem e seleção dos meios, mas a influência refletirá a reunião da natureza com a cultura. Mais uma vez, as análises tradicionais tendem a atribuir todos os efeitos à genética, a despeito do papel mediador do meio.

Terceiro, a conduta geneticamente influenciada das pessoas afeta suas interações com os outros. Por exemplo, os indivíduos antissociais têm maior probabilidade do que outros de agir de modos que provoquem hostilidade ou rejeição, conduzam à falta de apoio social, predisponham ao rompimento das relações e ponham em risco seus empregos. Todos esses efeitos envolvem riscos culturais substantivos. Mais uma vez, os genes são importantes para aumentar (ou diminuir) a probabilidade de que os indivíduos vivenciem meios arriscados, mas, apesar de serem comumente incluídos na estimativa dos efeitos genéticos, os riscos envolvem, na verdade, a mediação genética e cultural.

Essas constatações têm implicações cruciais para a pesquisa genética e psicossocial. No tocante à genética, a mensagem é que parte do efeito genético reside em seu impacto indireto nas variações na exposição aos riscos ambientais. Por conseguinte, ele envolve a natureza e a cultura, e rotulá-lo apenas de genético é enganoso. Quanto à pesquisa psicossocial, a mensagem é paralela: alguns dos efeitos que parecem ser inteiramente culturais são parcialmente mediados, na realidade, pela genética.

Em algumas ocasiões, os evangelistas genéticos têm procurado descartar a pesquisa psicossocial, com base nessas alegações. Mas suas críticas são injustificadas. Primeiro porque os resultados genéticos mostram que, em geral, apenas uma minoria dos supostos efeitos culturais tem uma mediação genética; segundo porque as análises genéticas têm confirmado que existe uma mediação cultural dos riscos. Por exemplo, mostrou-se que fatores culturais respondem pelas diferenças constatadas nos resultados de pares de gêmeos monozigóticos (idênticos), que compartilham todos os seus genes.

É o que basta dizer no tocante à correlação entre os genes e o meio. A interação entre os dois reflete um mecanismo muito diferente. Uma constatação universal na pesquisa dos riscos culturais tem sido que as crianças (e os adultos) variam enormemente em suas reações. Considerando-se qualquer risco ambiental, por mais grave que seja, alguns indivíduos vivem nele um enorme sofrimento, enquanto outros parecem escapar de seus principais efeitos negativos. Os fatores genéticos desempenham um papel crucial nessa variação individual da susceptibilidade ou da vulnerabilidade. Esse tipo de efeito aplica-se a todo o campo da biologia e da medicina. Assim, a exposição ao pólen, durante a primavera, dá origem a uma grave febre do feno em alguns indivíduos, ao passo que outros ficam inteiramente ilesos; há influências genéticas em jogo nessa diferença individual. Além disso, as pesquisas da genética molecular que estudam os efeitos dos genes individuais da susceptibilidade têm confirmado que os genes e o meio ambiente trabalham em conjunto, no que concerne a fatores de risco tão variados quanto o tabagismo, as lesões na cabeça e as infecções. É improvável que tais distúrbios ocorram na ausência de genes de susceptibilidade, assim como é também improvável que ocorram na ausência do fator de risco ambiental. É a presença dos dois que se mostra crucial. Mais uma vez, as análises genéticas quantitativas do estilo antigo atribuiriam a totalidade desse efeito aos genes, quando, na verdade, ele provém da combinação da natureza com a cultura.

A existência e o caráter disseminado das correlações e interações entre os genes e o meio significam que qualquer avaliação dos efeitos precisa (no mínimo) lidar com a natureza, com a cultura e com o efeito conjunto das duas. Existem pouquíssimos dados para respaldar qualquer conclusão geral sobre a dimensão relativa desse efeito conjunto, e é provável que ele varie de acordo com traços ou distúrbios diferentes. Está claro que ele não é trivial, mas também se faz necessário evitar o exagero de sua importância. Ainda precisamos indagar se existem grandes efeitos genéticos que independam de adversidades ambientais, e se existem efeitos ambientais em indivíduos que não são geneticamente susceptíveis.

A importância independente dos efeitos genéticos tem uma base factual extremamente sólida. Os dados concernentes à esquizofrenia e ao autismo, por exemplo, indicam que os riscos genéticos desses distúrbios não dependem de as crianças se depararem com nenhum tipo de risco ambiental. Em certa medida, é provável que o mesmo se aplique a outras características psicológicas. Em contraste, de modo geral, os efeitos do meio são sumamente evidentes nos indivíduos geneticamente susceptíveis. É provável que existam alguns efeitos ambientais que não precisem da susceptibilidade genética, mas eles não foram demonstrados com muita clareza.

Cabe acrescentar outras duas ressalvas à questão da natureza/cultura. Primeiro, as influências não genéticas não necessariamente implicam efeitos culturais específicos. Isso se deve ao fato de o desenvolvimento biológico ser mais probabilístico do que determinista. Em outras palavras, a programação genética derivada da evolução especifica um padrão ou um projeto geral, mas não determina o que fará cada célula nervosa individual (ou qualquer outro tipo de célula). O acaso e as perturbações gerais desempenham um papel considerável. Assim, toda mulher tem dois cromossomos X, mas apenas um deles é atuante, e parece que a determinação de qual dos dois o será é feita predominantemente pelo acaso. Seja ele qual for, isso terá importância em algumas situações, porque um dos X é herdado do pai e o outro, da mãe. As perturbações gerais são muito difundidas no desenvolvimento. Assim, quase todos temos um ou outro tipo de pequenas anomalias — um mamilo extra, um dente a mais, um músculo que falta, uma prega ocular incomum, um padrão cutâneo assimétrico ou orelhas de construção inusitada, por exemplo. Essas anomalias são significativas no nível grupal — são mais comuns nos gêmeos do que em filhos isolados, e mais comuns nos filhos nascidos de mães mais velhas —, mas nenhum fator ambiental específico parece responsável por sua ocorrência no plano individual. Além disso, a maioria das anomalias não tem nenhuma consequência funcional. Ainda assim, elas podem ser importantes, porque apontam para ligeiros erros no desenvolvimento. Os distúrbios podem resultar de uma combinação de riscos genéticos e imperfeições do desenvolvimento, e não de qualquer experiência específica de risco ambiental.

A segunda ressalva é que, embora a quantificação dos efeitos genéticos e culturais considere as diferenças individuais, também precisamos examinar seus efeitos na frequência de determinado traço. Nos últimos cinquenta anos, tem havido uma enorme elevação dos índices de abuso de drogas e de criminalidade entre pessoas jovens, bem como das taxas de suicídio entre jovens do sexo masculino. A velocidade desse aumento aponta claramente para algum tipo de efeito cultural. No decorrer do século XX, houve também uma elevação da altura e do QI e uma redução da idade da menarca. Mais uma vez, os responsáveis devem ter sido fatores culturais. O padrão dos resultados de pesquisa indica que os fatores responsáveis pelas diferenças individuais numa determinada característica não são necessariamente sinônimos dos fatores responsáveis pelo nível ou pela frequência dessa característica na população em geral. Portanto, os fatores genéticos são predominantemente responsáveis pelas diferenças individuais de altura, mas o enorme aumento da estatura média (cerca de doze centímetros) ao longo dos últimos cem anos deve-se, quase certamente, à melhoria da nutrição. O caráter altamente herdável, ou mesmo altissimamente herdável, não significa que uma grande mudança nas condições culturais não possa fazer uma grande diferença.

Onde é que isso deixa a questão de sermos moldados pela natureza ou pelo meio? A resposta para essa pergunta tem que ser: por ambos. Entretanto, os resultados das pesquisas vão além disso, ao enfatizarem a interação entre os dois. Grande parte das variações entre as pessoas provém da combinação sinergística da natureza com a cultura.

Em certo sentido, a pergunta está errada. Não há implicações políticas ou práticas de a herdabilidade ser alta ou baixa (exceto, talvez, quando ela se aproxima de 0% ou de 100%). O que realmente importa não é a força relativa dos efeitos genéticos e culturais (os quais, de qualquer modo, variam conforme as circunstâncias), mas os mecanismos pelos quais eles exercem seus efeitos. É nisso que reside o futuro. Será que as influências genéticas na conduta antissocial atuam através dos riscos indiretos associados à busca de sensações ou à impulsividade, que são os riscos mais diretos ligados à agressividade, ou através dos efeitos protetores associados ao alto grau de ansiedade?

Os geneticistas moleculares deverão desempenhar o papel crucial de proporcionar essa compreensão dos processos causais. Até hoje, a maioria das pesquisas biológicas no campo dos distúrbios mentais tem sido inconclusiva, porque grande parte delas tem tido a natureza de explorações tateantes. Entretanto, quando a genética molecular houver indicado um ou mais genes relevantes em termos de susceptibilidade, e quando a pesquisa funcional do genoma houver demonstrado os efeitos desses genes nas proteínas e nos processos biológicos acarretados pelos produtos proteicos, isso deverá contribuir para restringir mais especificamente a busca dos mecanismos biológicos causais subjacentes.

As pesquisas só terão pleno êxito, entretanto, se incluírem a investigação da interação entre a natureza e a cultura. Isso porque algumas influências genéticas cruciais sobre os resultados dizem respeito ao efeito delas na exposição e na susceptibilidade a riscos ambientais específicos. Assim, a pesquisa precisa ir além dos processos que atuam no interior da célula, estendendo-se aos processos implicados no modo como os indivíduos interagem com seu meio e, portanto, às vias indiretas pelas quais as susceptibilidades geneticamente influenciadas conduzem a determinados comportamentos. Essa tarefa é exequível, mas o sucesso não será fácil, e é provável que demore muito tempo.

Bibliografia recomendada

DENNETT, Daniel. *Darwin's Dangerous Idea.* Allen Lane, 1995.

ROSE, Steven. *Lifelines.* Penguin, 1997.

RUTTER, Michael (com J. Silberg). "Gene-environment interplay in relation to emotional and behavioural disturbance", *Annual Review of Psychology* 2002, vol. 53, p. 463-490.

——. "Nature, Nurture and Development: From Evangelism Through Science Towards Policy and Practice", *Child Development*, vol. 73, nº 1, jan./fev. 2002.

——. *Developing Minds: Challenge and Continuity Across the Lifespan.* Penguin, 1993.

WILSON, E. O. *Sociobiology: The New Synthesis*. Harvard University Press, 1975.

Em que diferem os homens e as mulheres?

Introdução de Aisling Irwin
Autor premiado de textos científicos

"POR QUE A MULHER NÃO PODE ser mais parecida com o homem?", pergunta Henry Higgins no musical *My Fair Lady*, despertando a simpatia instintiva de seus pares. Afinal, os homens são muito melhores nas coisas importantes da vida. Conhecem a virtude do silêncio. Correm com graça, atiram bolas com precisão e estacionam veículos com perfeição na primeira tentativa. Não choram nem se ofendem por banalidades.

Ao longo da última década, os cientistas têm aumentado a lista dos talentos masculinos, mas têm também compilado um índice impressionante de realizações femininas. As mulheres, como demonstra amplamente Eliza Doolittle, a protegida de Higgins, são o sexo mais bem dotado da fala — fluentes e expressivas, elas são mestras da gramática e superiores na leitura. São criaturas mais sutis, capazes de julgar o estado de ânimo e as intenções dos outros com refinamento, e de dirigir redes de relações sociais complexas.

Há séculos, os humoristas e filósofos têm escrito sobre as diferenças sexuais, quase todos acreditando estar descrevendo o imutável. Só no século XX é que a convicção de que a sociedade molda seus próprios estereótipos ganhou força para valer. Aplicada aos gêneros sexuais, essa ideia firmou-se na década de 1960, à medida que os cientistas sociais revelaram a que ponto o comportamento feminino era ditado pela sociedade, em particular pelos modelos de papel social e pela mídia. Muitos cientistas sociais descartaram qualquer papel da biologia na criação das diferenças entre os sexos (excetuadas as diferenças nos mecanismos reprodutores). Hoje em dia, eles são acusados de dogmatismo por uma disciplina de base biológica que vem tentando recuperar terreno.

Os neodarwinistas têm que andar com cautela. Seus predecessores — os darwinistas sociais — usaram a teoria darwiniana da seleção natural para dar uma base aparentemente científica à escravidão, à discriminação racial e à dominação. Hoje em dia, eles se denominam psicólogos evolutivos, e sua postura a respeito das diferenças de gênero é esta: os homens e mulheres, movidos por sua biologia distinta a adotar estratégias reprodutivas diferentes, desenvolveram comportamentos, valores e maneiras de perceber o mundo também diferentes.

Tudo começa no útero, com um grande banho hormonal que desencadeia, apenas doze semanas depois da concepção, a divergência das trajetórias. No útero, até esse momento, o cérebro do feto primitivo é inatamente feminino; a partir daí, os fetos masculinos segregam hormônios masculinos conhecidos como androgênios. Ao irromperem no cérebro, esses hormônios lhe dão forma e o reorganizam, enfatizando algumas redes neuronais e eliminando outras. Está iniciada a masculinidade.

Uma oportunidade de examinar esse processo foi fornecida pela técnica da amniocentese. Retirando do útero uma pequena quantidade de líquido amniótico, os cientistas podem medir a exposição do feto aos androgênios. Em seguida, podem tentar correlacionar o comportamento dos bebês com seu meio hormonal primitivo.

Svetlana Lutchmaya e Simon Baron-Cohen, dois cientistas de Cambridge, fizeram exatamente um estudo desse tipo. Escolheram um comportamento considerado de grande importância no desenvolvimento social normal: o estabelecimento de contato visual com outros seres humanos. A teoria evolutiva prevê que os bebês do sexo feminino manterão mais contato visual do que os meninos, em virtude de uma fascinação mais profunda com os rostos e as emoções, o que constitui o prelúdio do desenvolvimento de maiores aptidões sociais.

Os dois constataram que, aos doze meses de idade, os bebês que tinham sido expostos ao meio androgênico mais fraco no útero eram capazes da maior quantidade de contato visual com os pais. Em geral, esses comunicadores rematados eram meninas, mas havia uma superposição entre os sexos, refletindo uma superposição no volume de exposição intrauterina aos androgênios.

Resultados como esses podem não ser uma indicação direta de que as meninas nascem com melhores aptidões sociais. Em vez disso, é possível que meninos e meninas nasçam com interesses dependentes do sexo, com motivações para buscar experiências diferentes. As meninas, mais interessadas, quase desde o primeiro dia, em observar as expressões e as emoções, tornam-se, aos poucos, mais aptas em termos sociais. É possível que isso se reflita em mudanças cerebrais permanentes.

"A exposição precoce aos hormônios sexuais leva a diferenças na organização cerebral, que podem não ser muito grandes, mas que, ao mesmo tempo, parecem fazer os meninos e meninas tenderem preferencialmente a praticar atividades que aumentam aos poucos essas diferenças iniciais", diz o dr. David Geary, professor de psicologia da Universidade do Missouri, na cidade de Columbia, e autor de *Male, Female, The Evolution of Human Sex Differences* [*Masculino e feminino: a evolução das diferenças sexuais humanas*].

Estudos feitos com crianças de três anos constataram outras diferenças. No caso de algumas meninas, o banho intrauterino dá errado e, em consequência da doença conhecida como hiperplasia adrenal congênita (HAC), elas são expostas a níveis incomumente altos de androgênio. Comparadas a meninas não afetadas por essa síndrome, as meninas com HAC são mais competitivas em termos atléticos, de acordo com Melissa Hines, psicóloga da City University, em Londres. Elas preferem brinquedos mecânicos e estruturados às bonecas, e brincadeiras brutas às brincadeiras de cuidar de bebês.

Mais ou menos entre os oito e os onze anos de idade, há outros indícios de uma divergência nas trajetórias e no desenvolvimento de aptidões espaciais nos meninos. Nessa faixa etária, os meninos vagueiam por áreas mais amplas do que as meninas. Em parte, isso decorre de lhes ser dada maior liberdade pelos pais, mas os estudos procuraram excluir essa influência. Constataram que, embora a maioria das meninas demonstre menos entusiasmo por fazer grandes explorações, elas aprimoram suas aptidões de orientação quando são estimuladas a perambular. Mais uma vez, as diferentes experiências culturais que os meninos buscam instintivamente talvez aprimorem alguns circuitos cerebrais e diminuam outros.

O efeito hormonal prossegue até a idade adulta. Alguns pesquisadores constataram que as aptidões linguísticas das mulheres oscilam de acordo com seus ciclos de estrogênio, enquanto os homens que mudam de sexo exibem uma melhora em algumas medidas de aptidão linguística depois do tratamento hormonal.

A ligação entre os níveis hormonais e o comportamento tem sido mais fácil de demonstrar do que o vínculo entre a estrutura cerebral e o comportamento. Alguns cientistas acreditam haver descoberto diferenças estruturais entre os cérebros masculino e feminino. Por exemplo, Godfrey Pearlson, da Universidade Johns Hopkins, acredita que, através de exames de ressonância magnética, descobriu uma região cerebral no córtex, chamada lóbulo parietal inferior, que é significativamente maior nos homens do que nas mulheres. Mas pouquíssimos desses resultados foram corroborados. E o trabalho realizado até hoje para correlacionar essas diferenças com o comportamento é "muito rudimentar", nas palavras de Roger Gorski, neurobiologista da Universidade da Califórnia em Los Angeles: "Isso é muito, muito difícil; o cérebro tem inúmeros mecanismos de controle redundantes."

Os cientistas realmente parecem haver constatado diferenças sistemáticas de atividade cerebral. Talvez o exemplo mais conhecido provenha do escaneamento por imagem dos cérebros de homens e mulheres, enquanto eles executam tarefas linguísticas. A maioria das mulheres usa os hemisférios cerebrais direito e esquerdo, ao passo que a maioria dos homens usa apenas um deles. Acredita-se que o uso dos dois hemisférios permita flexibilidade, fluência e uma capacidade de perceber ligações mais facilmente.

Para os que aceitam que o comportamento diferente das meninas e meninos tem de fato um componente biológico, o passo seguinte é compreender por quê. Os psicólogos evolutivos encontram respostas na seleção sexual. Esse é o segundo grande mecanismo da evolução darwiniana, enquanto o primeiro é a sobrevivência dos mais aptos. Não é apenas a sobrevivência que garante a transmissão de um gene para a geração seguinte — o sucesso reprodutivo também é essencial. Por isso, os genes que promovem o sucesso reprodutivo são selecionados no correr das gerações. Em termos cruciais, os genes que conferem sucesso reprodutivo às mulheres diferem dos que conferem esse sucesso aos homens. Isso decorre das realidades biológicas básicas da reprodução. Por mais que se esforce, a mulher só pode produzir aproximadamente um filho por ano, enquanto as possibilidades reprodutoras do homem são quase infinitas. Essas duas realidades requerem estratégias diferentes de acasalamento.

Na maior parte do reino animal, inclusive entre os seres humanos, os métodos de acasalamento têm dois componentes distintos: competir com os membros do próprio sexo pelo acesso aos parceiros do sexo oposto e/ou escolher o parceiro entre os que estão disponíveis. Assim, os psicólogos evolutivos concordaram quanto a quatro mecanismos principais mediante os quais entender como surgiram as diferenças masculino/feminino: competição masculino-masculino e escolha feminina (o par mais comum), e competição feminino-feminino e escolha masculina. O grau em que predomina cada um desses mecanismos depende do meio cultural.

Em muitas espécies e, ao que se afirma, nas sociedades humanas, a competição pelo acesso às mulheres é a atividade dominante da vida do homem. O sucesso pode fazer a diferença entre monopolizar o acesso a muitas mulheres, por um lado, e não produzir um único filho ou filha, por outro. Os genes que ajudam os homens a chegar à dominação social, através, por exemplo, da capacidade superior de luta ou das aptidões políticas, são transmitidos para a geração seguinte.

As mulheres, tradicionalmente vulneráveis durante a gravidez e o início da maternidade, e investindo maciçamente no bem-estar de um número menor de filhos, obtêm mais sucesso quando escolhem homens capazes de lhes proporcionar recursos materiais e estabilidade social. Com isso, a discriminação feminina traz para o primeiro plano algumas características masculinas — nas sociedades pré-industriais, o sucesso na caça, por exemplo, para o qual eram indispensáveis as aptidões de orientação espacial e a grande capacidade atlética. De acordo com um estudo feito pelo psicólogo David Buss, em 37 países do mundo inteiro, as preferências femininas continuam semelhantes, quer a sociedade seja industrializada ou pré-industrial, da Idade da Pedra, ocidental, oriental ou africana.

O terceiro mecanismo da evolução darwiniana, o da concorrência entre mulheres pelos parceiros desejáveis, é considerado primordialmente linguístico. O psicólogo Robin Dunbar, da Universidade de Liverpool, mostrou que as conversas das moças e mulheres exibem frequentemente a tendência a excluir aquelas percebidas como rivais — o que talvez constitua a raiz dos mexericos e do "comportamento maldoso". Mexericar sobre a infidelidade sexual pode estragar as perspectivas de casamento de uma mulher.

Uma das descobertas mais sensacionais dos últimos anos diz respeito à última força — a escolha masculina. O estudo de Buss revelou que homens do mundo inteiro gostam que as mulheres tenham a forma de uma ampulheta. Mais exatamente, gostam de uma proporção de 0,7 entre a cintura e os quadris (tamanho da cintura dividido pelo tamanho dos quadris). Os psicólogos evolutivos afirmam que essa proporção, que significa que a cintura é 30% mais estreita do que os quadris, reflete uma combinação de saúde, juventude e fecundidade. Uma proporção acima de 0,85, por exemplo, submete as mulheres ao risco de diversos distúrbios fisiológicos e reduz sua chance de conceber.

Algumas dessas descobertas e observações talvez pareçam rudimentares, mas é importante entender que quase todos os psicólogos evolutivos afirmam que esse é apenas o início da compreensão das diferenças de gênero. As tendências de base biológica podem ser intensificadas ou reduzidas, redirecionadas, combatidas ou eliminadas pelo meio cultural. A cultura pode esculpir o instinto de competição masculino sob a forma de uma violência homicida ou da busca de graus universitários superiores. Diferimos do sexo oposto porque a evolução nos obriga a ser diferentes e porque os hormônios modificam a matéria-prima. Mas o que fazemos desse material depende da sociedade.

Em que diferem os homens e as mulheres?

Janet Radcliffe Richards
Professora assistente de bioética da University College, em Londres

Será que os tradicionalistas tinham razão, afinal, a respeito dos homens e mulheres? Eles sempre disseram que os sexos eram diferentes, e usaram suas ideias sobre essas diferenças como desculpa — toda vez que havia necessidade de desculpas — para relegar as mulheres à sua esfera subalterna. Se a ciência parece agora estar confirmando essas antigas crenças, não é de admirar que haja um sentimento generalizado de alarme e uma negação insistente entre as feministas e seus simpatizantes.

A abordagem científica da natureza humana foi a primeira a questionar a visão tradicional. Os sexos podiam parecer muito diferentes, mas, como assinalou o filósofo John Stuart Mill, era impossível dizer até que ponto essas aparências refletiam diferenças naturais, porque os homens e mulheres sempre tinham estado em meios sistematicamente diferentes. E a tese contrária à tradição pareceu ganhar força à medida que esse agnosticismo foi substituído pela convicção dos cientistas sociais de que as diferenças observadas entre os sexos eram constructos culturais. As feministas adotaram o termo "gênero" para se referirem a essas diferenças não biológicas, e um sinal de como a visão do constructo social tornou-se essencial para o feminismo é que a substituição de "sexo" por "gênero" parece ter-se tornado compulsória entre os politicamente esclarecidos.

Mesmo assim, por mais que possa ter-se tornado largamente aceita, a visão do constructo cultural das diferenças psicológicas sempre foi implausível. Se os seres humanos são considerados inteiramente pertencentes ao mundo natural, e se suas emoções e sua inteligência são vistas — não importa quão misteriosamente — como funções da matéria, e não propriedades de uma alma separadamente infundida, as diferenças mentais, em última instância, devem estar ligadas a diferenças corporais. Seria surpreendente que a principal divisão sistemática da espécie houvesse conseguido evitar qualquer correlação com diferenças mentais, e a ciência, que progrediu muito desde a época de Mill, vem provando cada vez mais que ela não conseguiu. Temos agora provas fisiológicas diretas de diferenças mentais e emocionais entre os sexos, e um número ainda maior delas tem vindo da nova orientação de abordagem proporcionada pela psicologia evolutiva.

A psicologia evolutiva lida com o problema de discernir as diferenças naturais e culturais entre os sexos, mediante o uso de nossa compreensão dos processos evolutivos para gerar hipóteses sobre as diferenças naturais. O próprio Darwin reconhecia que, tão logo a evolução produzisse criaturas dotadas de emoções e inteligência, essas qualidades seriam tão relevantes para o destino evolutivo de seus possuidores quanto qualquer outra coisa neles. E quando os sexos — de quase qualquer espécie senciente — são considerados por esse prisma, fica claro que é previsível que machos e fêmeas tenham temperamentos significativamente diferentes, pelo simples fato de seus sistemas reprodutores serem muito diferentes.

A fêmea humana, reproduzindo seguidamente, só consegue gerar aproximadamente um filho por ano. O potencial reprodutor do macho humano só é limitado — embora o seja inteiramente, é claro — por sua capacidade de engravidar as mulheres. Por si só, isso sugere que teriam sido necessárias características psicológicas diferentes para haver sucesso reprodutivo. A mulher não precisa fazer nenhum esforço para ter filhos; o homem, a menos que ativamente mantido à distância, cuidará disso. Não há volume de atividade sexual capaz de aumentar o potencial de reprodução da mulher, de modo que o melhor para ela, se suas emoções a levarem a maximizar a qualidade de sua prole, será escolher parceiros que tenham alta qualidade genética e que também tenham (de preferência) recursos importantes, com os quais se possa contar para serem dados a essa prole. O macho, por outro lado, faz apostas mais altas, uma vez que pode ter muito mais do que sua cota adequada de filhos, e também se arrisca a perdas maiores, já que pode não ter nenhuma. Para ter sucesso na competição evolutiva, ele precisa de características emocionais muito diferentes das fêmeas.

O raciocínio conduzido nesses moldes produziu dezenas de hipóteses sobre as diferenças entre homens e mulheres. E o problema é que muitas delas, descartadas pelo feminismo recente como culturalmente induzidas, vêm-se revelando hipóteses que bem poderíamos esperar que a seleção natural houvesse plantado nas profundezas da natureza dos sexos.

O raciocínio evolutivo sugeriu, por exemplo, que as mulheres se sentiriam atraídas por homens imponentes e de posição elevada, de quem buscariam apoio e compromisso singulares, e seriam intensamente dedicadas ao cuidado dos filhos. Os homens seriam competitivos, aventureiros e ávidos de possuir as mulheres e controlar sua sexualidade. Prefeririam a juventude e a beleza nas mulheres, mas também ansiariam por agarrar qualquer oportunidade sexual que se apresentasse.

Começa a parecer que, depois de toda a sua promessa inicial como aliada da liberação, a ciência da natureza humana vai-nos reconduzindo diretamente à visão tradicional. Assim, não chega a surpreender que, em muitos círculos, todo o projeto da psicologia evolutiva seja descartado como uma pseudociência de motivação política, e enfrente acusações de determinismo genético, essencialismo, supersimplificação grosseira, insensibilidade à variação e à superposição, categorização, estereotipia e sexismo desenfreado.

Na verdade, porém, as novas afirmações sobre as diferenças sexuais, embora possam soar como as antigas, são bem diferentes.

Em primeiro lugar, embora a nova ciência pareça vir confirmando várias visões tradicionais sobre a natureza masculina e a feminina, convém frisar que ela não produziu nada que se assemelhe a uma vitória completa. Não há absolutamente nada na psicologia evolutiva que corrobore, por exemplo, as visões tradicionais sobre a inferioridade da inteligência feminina, ou sobre a incapacidade de as mulheres se defenderem sozinhas e protegerem sua prole, nem tampouco sobre sua relativa fraqueza em qualquer aspecto, excetuada a força na parte superior do corpo.

Há também uma questão mais fundamental e mais sutil. Mesmo quando as afirmações modernas sobre as diferenças entre a natureza masculina e a feminina soam como as tradicionais, na verdade elas não são as mesmas, porque houve uma mudança radical em toda a ideia de natureza e do que significa compreender a natureza de algo.

O tipo de mudança em questão pode ser ilustrado pelo textos antifeministas do jurista James Fitzjames Stephen, um dos mais loquazes críticos contemporâneos de Mill. Ele partiu da afirmação de que os homens e mulheres eram diferentes "desde os fios de cabelo até a sola dos pés", sendo "os homens mais fortes do que as mulheres em todas as formas"; e, com base nisso, defendeu a subordinação tradicional das mulheres aos homens no casamento. Seu argumento oficial para chegar a essa conclusão foi que esse arranjo servia para a proteção das mulheres. Isso era um absurdo flagrante: não se protege os fracos colocando-os sob o poder legal dos fortes e enfraquecendo-os ainda mais. Por trás disso, no entanto, encontramos indícios do que realmente subjaz a suas convicções. Ele fala da necessidade de as instituições "equipararem, protegerem e sustentarem a sociedade na posição que ela assume naturalmente". A seu ver, a mulher deve submeter-se ao julgamento do marido, tal como um capitão-tenente se submete ao do comandante de um navio, e demonstra um "gênio vil, indigno e rebelde" quando se ressente disso. Stephen acha ainda que isso é para "o bem comum das duas grandes divisões da humanidade", que têm tão pouca possibilidade de possuir interesses diferentes quanto as diversas partes de um mesmo corpo.

Tudo isso sugere que o trabalho de Stephen tinha por pano de fundo uma visão profundamente arraigada e tradicional do mundo como um todo naturalmente ordeiro, no qual tudo era harmonioso, desde que cada coisa se mantivesse em seu devido lugar. Quando algo corria mal, isso decorria da interferência na ordem natural das coisas ou da revolta contra ela. Essa ideia aparece em muitas versões diferentes, a mais conhecida das quais é hoje a visão religiosa, que considera a ordem e a complexidade como alicerçadas num desígnio inteligente.

Com base nessas tradições, compreender a natureza de algo equivale a compreender seu lugar adequado no esquema das coisas, e compreender a natureza dos homens e mulheres é saber como eles devem conviver em harmonia.

Mas a explicação darwiniana da evolução pela seleção natural, que mostrou, em princípio, que a complexidade podia surgir da simplicidade, sem nenhum desígnio ou intenção, revelou um mundo muito diferente, no qual não havia ordem natural subjacente nem harmonia natural. Nesse mundo — como, de resto, no mundo da ciência moderna em geral —, descrever a natureza de algo não significa dizer coisa alguma sobre seu lugar natural ou o que é bom para ele. Equivale apenas a fornecer uma descrição neutra do que ele é e de como interage com as outras coisas.

O problema, entretanto, é que as ideias pré-científicas e pré-darwinianas sobre a natureza estão profundamente arraigadas em nossa consciência e persistem até mesmo entre pessoas que, em tese, já as abandonaram. Isso leva a uma interpretação — ou apresentação — sistematicamente equivocada dos tipos de afirmações feitas pela psicologia evolutiva.

No mundo darwiniano, por exemplo, as afirmações sobre como a evolução moldou as emoções masculinas e femininas não têm nenhuma implicação de homogeneidade psicológica dentro dos sexos, nem de fronteiras bem definidas entre eles — como afirmam com frequência os críticos. Uma vez que a variação é a matéria-prima da evolução pela seleção natural, essa variação é de se esperar. As ideias de essências fixas e distinções claras entre tipos naturais só fazem parte das ideias mais antigas de um universo ordeiro.

Num mundo darwiniano, similarmente, as afirmações feitas sobre as diferenças sexuais não têm nenhuma implicação de qualquer tipo de determinismo genético. Dizer que homens e mulheres são diferentes por natureza não implica que seu desenvolvimento e seus atos estejam fixados em seus genes; implica apenas que, na medida em que são diferentes, eles reagem de modos diferentes a meios semelhantes.

Compreender a natureza de algo é, precisamente, compreender em que circunstâncias essa natureza se modifica. A ideia de que as naturezas são imutáveis também pertence ao mundo pré-darwiniano, e nada tem a ver com as afirmações da psicologia evolutiva.

E, o que é mais importante, num mundo darwiniano, as descobertas sobre a natureza dos sexos não têm nenhuma implicação direta para o modo como eles devem viver e se relacionar um com o outro. Não há a menor razão para esperar que seus interesses — evolutivos ou pessoais — coincidam. Aliás, diz o autor evolutivo Robert Wright que os sexos parecem quase destinados a infelicitar um ao outro. A seleção natural só produz harmonia na medida em que a harmonia promove a reprodução. Em termos evolutivos, os sexos são rivais. Independentemente do que possa ser alcançado por indivíduos que combinem bem ou estejam bem motivados, não há nenhuma receita natural para a harmonia doméstica ou a justiça social. Pensar de outra maneira equivale, mais uma vez, a importar para o mundo da ciência moderna ideias tradicionais e incompatíveis de um universo ordeiro.

E, paradoxalmente, o mesmo erro se manifesta até na ideia aparentemente contrária de que o darwinismo justifica a luta constante. Uma ideia popular entre alguns machos da espécie é que, se suas propensões a ser mulherengos, ou até a cometer estupros, são adaptações evolutivas, não se deve impedir o progresso da evolução tentando cerceá-los. Mas as ideias da evolução como progresso para todos os fins também dependem da ideia de uma ordem natural, através da qual a evolução progrediria. A evolução darwiniana não tem essa trajetória para a frente e para cima. A única esperança de qualquer tipo de progresso reside em decidirmos o que se considera progresso e, a partir daí, em nossa tentativa de promovê-lo.

O que quer que pretendamos fazer, não podemos fazê-lo sem compreender o que enfrentamos. Se a ciência nos tem mostrado que os homens e as mulheres são diferentes, como decerto parece vir fazendo, isso é algo que precisamos saber. A última coisa que nos podemos permitir é uma resistência proveniente de cumularmos de fósseis de um mundo pré-darwiniano às afirmações darwinianas sobre a natureza humana.

Bibliografia recomendada

GEARY, David. *Male, Female, The Evolution of Human Sex Differences.* American Psychological Association, 1998.

RICHARDS, Janet Radcliffe. *Human Nature After Darwin.* Routledge, 2000.

——. *The Sceptical Feminist.* Penguin, 1984.

RIDLEY, Matt. *The Red Queen: Sex and the Evolution of Human Nature.* Penguin, 1995.

ROSE, Steven e Hilary (orgs.). *Alas Poor Darwin: Arguments Against Evolutionary Psychology.* Jonathan Cape, 2000.

O que faz com que nos apaixonemos e nos desapaixonemos?

Introdução de Tim Birkhead
Professor de ecologia comportamental
da Universidade de Sheffield

TODOS JÁ SENTIMOS AQUELE pequeno frêmito ao ver alguém que nos agrada, e um frêmito muito maior quando esses sentimentos são correspondidos. Que acontece aí? Podemos responder em dois níveis à indagação sobre o porquê de experimentarmos esses frêmitos: primeiro, perguntando o que torna uma pessoa atraente, e, segundo, perguntando por que evoluímos no sentido de considerar atraentes certos traços. A primeira é uma pergunta sobre causas imediatas, enquanto a segunda aborda o significado evolutivo da atração. Em geral, esses dois tipos de perguntas são abordadas por conjuntos diferentes de pesquisadores, que se concentram, respectivamente, em mecanismos fisiológicos e em fatores evolutivos. Mas os biólogos evolutivos interessados na atração sexual as têm abordado em conjunto.

Muitas vezes, os biólogos evolutivos que estudam o comportamento animal confiam em que sabem por que determinado macho e determinada fêmea acabaram copulando. É que ou a fêmea escolheu o macho, ou o macho competiu por ela e a "conquistou", ou os dois parceiros chegaram a um acordo mútuo sobre gostar um do outro.

Charles Darwin foi o primeiro a inserir a atração sexual num contexto evolutivo. Ao formular suas ideias sobre a seleção natural, ele se interessou por traços que nada faziam para promover a sobrevivência de seus possuidores. A plumagem extravagante de certos pássaros do sexo masculino, assim como os chifres dos veados, tornavam seus donos muito visíveis e vulneráveis aos predadores, portanto, como podiam ter evoluído pela seleção natural? A resposta de Darwin foi a seleção sexual. Provavelmente, os traços extravagantes efetivamente reduziam a sobrevivência de seus possuidores, por torná-los mais vulneráveis aos predadores, porém mais do que compensavam esse inconveniente, por torná-los mais competitivos ou irresistivelmente atraentes para os membros do sexo oposto, com isso fazendo com que eles deixassem uma prole mais numerosa — mais cópias de seus genes — do que os machos menos ornamentados.

A seleção sexual responde por muitas das diferenças entre machos e fêmeas, e Darwin a viu em ação por meio de dois processos: a competição entre membros do mesmo sexo — em geral, machos competindo por fêmeas — e a escolha que um sexo fazia de alguns membros do outro — em geral, a escolha que as fêmeas faziam de certos machos. A competição entre os machos explicou a evolução de armas como dentes, esporões e chifres, enquanto a escolha das fêmeas respondeu por adornos que de outro modo seriam inúteis, como plumas, barbelas e perfumes. A seleção sexual diz respeito a um sucesso reprodutivo diferenciado — quanto mais atraentes ou competitivos forem os indivíduos, mais descendentes deixarão.

Os contemporâneos de Darwin não tiveram dificuldade com o conceito de competição entre machos. Podiam vê-la acontecer em todos os terreiros de fazendas, e essa ideia combinava bem com a visão vitoriana de que o sexo era impulsionado por machos ativos, que perseguiam fêmeas passivas. Já a escolha feita pelas fêmeas foi outra história. Não era visível e, de qualquer modo, diziam eles (os homens), provavelmente as fêmeas não teriam capacidade cerebral suficiente para fazer essas escolhas fundamentadas.

Quando Darwin morreu, em 1882, a ideia da escolha feminina praticamente morreu com ele e, tal como a Bela Adormecida, permaneceu (praticamente) inconsciente por cem anos. A pessoa que deu o beijo intelectual para despertá-la, e elevou todo o campo da seleção sexual a novas alturas, foi o ecologista comportamental Malte Andersson, da Universidade de Gotemburgo, na Suécia. Ele conduziu um experimento engenhoso e simples, que consistiu em encurtar e alongar (usando tesoura e cola adesiva) as plumas da cauda de tecelões [família dos ploceídeos] machos, e mostrou que as fêmeas preferiam os machos de cauda longa. A escolha feminina voltou à tona com vigor renovado e, com um pouco mais de experimentação, outros investigadores constataram que ela se disseminava por todo o reino animal.

Os ecologistas comportamentais redescobriram Darwin no início da década de 1970. Foi uma mudança de paradigma que, como tantas outras, começou por reflexões descuidadas e muita controvérsia. Em 1981, por exemplo, o paleontólogo Stephen Jay Gould e o geneticista evolutivo Richard Lewontin acusaram os ecologistas comportamentais de contarem histórias fantasiosas e encontrarem provas que combinassem com elas. Mas essa abordagem acabou proporcionando ricos resultados, depois de se aperfeiçoar. Como mostraram os ilustres ecologistas comportamentais Martin Daly e Margo Wilson, em seu estudo sobre os maus-tratos infantis e os padrastos e madrastas, a abordagem evolutiva forneceu, por exemplo, um discernimento muito mais profundo da natureza das relações entre parentes e não parentes.

Cerca de uma década depois, vieram os psicólogos evolutivos — a redescoberta psicológica de Darwin. A história se repetiu, com mais reflexões confusas e mais controvérsias — e alguma recompensa? Bem, alguns deles fazem conjecturas interessantes sobre nossa evolução.

A psicologia evolutiva é controvertida porque a verificação de hipóteses sobre o comportamento humano é confundida pela influência da cultura. Alguns problemas poderiam ser evitados, se fossem feitos estudos sobre sociedades pré-alfabetizadas, mas restam poucas delas. A alternativa, usada por muitos psicólogos evolutivos, é buscar o que eles chamam de "universais" — traços percebidos da mesma maneira em todas as culturas humanas. Foi o que fez David Buss. O que ele descobriu, ao estudar diversas culturas, foi que o que os homens acham atraente nas mulheres são a juventude e a beleza, porque todas as características que embelezam a mulher, como a pele hígida, os cabelos viçosos, a cintura fina e assim por diante, são sinais de fertilidade. À luz fria e dura da evolução, o que os machos querem (em geral, de modo inconsciente) são a fecundação e os descendentes. As mulheres estão programadas para fazer exatamente a mesma coisa, mas de forma diferente.

Que escolhem as mulheres? A resposta, dizem psicólogos evolutivos como Buss e Robert Wright, autor de *The Moral Animal* [*O animal moral*], é que as mulheres escolhem os homens menos com base na aparência do que no *status*, nos recursos e na disposição de compartilhar esses recursos —

sobretudo quando escolhem parceiros a longo prazo. As mulheres precisam de recursos para criar seus filhos, e os recursos masculinos costumam vir no mesmo pacote que o *status*. Em sociedades pré-alfabetizadas, como os ianomâmis da América do Sul, os caciques têm mais esposas, mais aventuras extraconjugais e mais filhos do que os outros homens. Naturalmente, a associação entre a posição elevada do homem e o sucesso reprodutivo pode decorrer, em parte, da competição entre os varões, e não da escolha feminina, e, em circunstâncias como essas, muitas vezes é realmente difícil distinguir entre as duas.

Os cientistas sociais criticam os estudos dos psicólogos evolutivos porque estes se concentram nas diferenças entre o que cada sexo deseja do parceiro, e desconhecem as semelhanças mais amplas, que eles consideram ser muito maiores. A isso os psicólogos evolutivos respondem com o argumento de que concentrar-se nas semelhanças e ignorar as diferenças é como achar que os chimpanzés e os bonobos são efetivamente humanos, pois compartilham conosco 98% de seu DNA.

Todavia, os cientistas sociais reconhecem que as mulheres são atraídas por homens de alta posição. Sendo assim, como é que os homens adquirem *status*? A resposta é: como puderem. Quando pensamos em *status* elevado entre os seres humanos, tendemos a pensar em presidentes e jogadores de futebol milionários, mas o *status* é relativo e os homens competem por ele de uma multiplicidade de maneiras. Em *The Mating Mind* [*A mente acasaladora*], Geoffrey Miller sugere que a evolução rápida e maciça do tamanho do cérebro nos seres humanos ocorreu como um resultado direto da seleção sexual — porque as fêmeas escolhem, preferencialmente, os homens bem-sucedidos. Miller concentra-se no espetacular: a produção prodigiosa de Picasso, a *Comédia humana* de Balzac, e o Concerto Número Três para piano, de Rachmaninov, mas até uma exibição modesta é melhor do que nenhuma. Nas regiões pobres da zona rural espanhola, correr com os touros é uma grande estratégia para aumentar o prestígio — é arriscada, mas as recompensas são consideráveis. Quando se é menos jovem ou menos apto, sempre há a disputa de pombos, na qual os homens jogam seus pombos machos contra outros, para ver qual deles uma dada pomba escolherá. Não é particularmente arriscado nem muito sensual, mas é melhor do que nada. Na Grã-Bretanha, os equivalentes consistem em o indivíduo fazer parte do time local de futebol, ou, se não estiver em muito boa forma, da equipe de dardo.

De modo geral, os homens competem com mais frequência e chegam a extremos maiores do que as mulheres, em tudo. Basta consultar o *Guinness Book of Records*, na categoria da miscelânea de realizações humanas. Os homens superam largamente o número de mulheres em suas atividades diversas, porém extremadas. O que agora se faz necessário são estudos concebidos para verificar as ideias dos psicólogos evolutivos de que todo comportamento masculino humano é motivado pelo sexo, quer os homens percebam, quer não. Por exemplo, seria possível medir o sucesso reprodutivo masculino e verificar se ele se correlaciona com o *status* dos homens nos grupos de pares, e não em escala global. O problema é que seria necessário usar análises moleculares de confirmação de paternidade, a fim de identificar qualquer descendente extraconjugal, e, por questões éticas, seria extremamente difícil fazê-lo.

A visão clássica da seleção sexual, proposta por Andersson, por exemplo, em *Sexual Selection*, é que há por aí alguns homens de alta qualidade com quem todas as mulheres adorariam formar uma parceria. Quando conseguem se acasalar com eles, o que ganham as mulheres? A primeira possibilidade é de que os homens mais atraentes sejam geneticamente superiores, e há muitos debates para determinar se isso é verdade até em seres não humanos. A outra possibilidade, menos polêmica, é que os machos mais atraentes tenham mais recursos passíveis de ser usados pelas mulheres para ajudar a criar sua prole. Embora o *status* masculino e os recursos que ele traz consigo pareçam ser universalmente admirados pelas mulheres, há também muitos outros fatores sutis em ação. A escolha de parceiros é complexa, e tanto os humanos quanto os não humanos empregam uma vasta gama de informações para escolhê-los, parte destas compilada a partir das experiências vividas durante o desenvolvimento.

Por exemplo, quando filhotes de tentilhão-listrado [*Poephila guttata*] são criados por pintassilgos [*Carduelis spinus*], eles preferem estes últimos a indivíduos de sua própria espécie ao atingirem a maturidade sexual — fenômeno que é conhecido como estampagem ou "*imprinting*" sexual. Em *Keeping the Love you Find* [*Conservando o amor encontrado*], Harville Hendrix sugere que ocorre algo semelhante com os seres humanos. Diz ele que o fundamental é indagar por que evoluímos de tal modo que nossa escolha de um parceiro é influenciada pelo comportamento de nossos pais. Por que será adaptativo o homem escolher uma parceira que se pareça com sua mãe, e a mulher, um parceiro que se pareça com seu pai? Uma das respostas possíveis, originalmente proposta por Patrick Bateson, em Cambridge, com base num estudo sobre codornas, é que, desde que se evite o acasalamento com parentes próximos, os indivíduos que procriam com outros que lhes são genética e culturalmente semelhantes deixam mais descendentes do que os que se reproduzem de outro modo.

Alguns estudos recentes também sugerem que o odor corporal pode dar alguma informação sobre a qualidade do macho — não no sentido absoluto, mas em relação ao odor da fêmea. O grande complexo de histocompatibilidade (GCH) é um conjunto de genes que responde pela capacidade de combater infecções. As técnicas moleculares atuais permitem-nos levantar o "tipo" de GCH dos indivíduos, e verifica-se que esse conjunto de genes varia enormemente de um para outro. Os camundongos machos anunciam seu tipo de GCH através de um odor na urina. Havendo possibilidade de escolha, as fêmeas optam por cruzar com machos cujo GCH difira dos delas, isto é, seja-lhes complementar. Quando a fêmea vive no território de um camundongo macho cujo GCH é idêntico ao dela, tenta procurar acasalamentos extraconjugais com um macho que tenha outro tipo de GCH. O mesmo acontece com as pessoas, no sentido de que, havendo possibilidade de escolha de odores corporais masculinos, as mulheres preferem os de homens com GCH diferente do delas. Essa pesquisa, conduzida por Claus Wedekind na Universidade de Edimburgo, é controvertida, mas seus resultados fazem sentido em termos evolutivos. O aborto espontâneo (de embriões muito precoces) é muito mais comum nos seres humanos do que se supunha anteriormente, e é particularmente comum nos casais cujos GCHs são semelhantes. Portanto, deve haver vantagens genéticas em escolher determinados homens, afinal.

O que faz com que nos apaixonemos e nos desapaixonemos?

David M. Buss

Professor de psicologia da Universidade do Texas

A razão por que alguém se apaixona por uma pessoa e não por outra, dentre os milhares de parceiros potenciais com que se depara, continua a ser um mistério de proporções profundas. O acaso, a química e a probabilidade de que duas pequenas aberturas para a receptividade ocorram ao mesmo tempo, no exato momento do encontro, garantem a imprevisibilidade. Apesar dessa mística, a ciência tem feito algumas incursões modestas na compreensão dos apaixonamentos e desapaixonamentos.

Ao contrário dos mitos comuns disseminados pelas ciências sociais no século XX, o amor não foi inventado há alguns séculos por poetas da Europa Ocidental. Os dados apontam para a conclusão inversa — o amor é um sentimento universal transcultural, e é provável que o tenha sido desde o surgimento dos laços conjugais de longa duração, nas remotas brumas da história evolutiva humana. Desde os zulus da África do Sul até os inuítes da região ártica do Alasca, as pessoas informam vivenciar as obsessões mentais e as paixões afetivas que os habitantes do mundo ocidental associam ao amor.

Num levantamento de 168 culturas diversificadas, o antropólogo Bill Jankowiak encontrou sólidos indícios da presença do amor romântico em quase 90% delas. Quanto aos 10% restantes, os dados antropológicos foram incipientes demais para permitir conclusões definitivas.

Muitas pessoas do mundo inteiro também informam estar atualmente apaixonadas. A socióloga Sue Sprecher e seus colaboradores entrevistaram 1.667 homens e mulheres na Rússia, no Japão e nos Estados Unidos. Constataram que 61% dos homens russos e 73% das mulheres russas disseram estar amando. As cifras correspondentes entre os japoneses foram 41% dos homens e 63% das mulheres; entre os norte-americanos, 53% dos homens e 63% das mulheres.

Meu estudo sobre as preferências de parceiros de 10.047 indivíduos de 37 culturas diferentes, localizadas em seis continentes e cinco ilhas, também revelou a importância e a universalidade do amor. Constatei que "amor e atração mútua" eram considerados os mais indispensáveis dentre dezoito atributos possíveis da pessoa com quem elas se casariam — de ambos os sexos, em todas as culturas. Atravessando as extravagâncias das receitas culturais, a diversidade dos sistemas de acasalamento, as agitações dos regimes políticos, as disparidades das condições econômicas e a multiplicidade das exortações religiosas, os seres humanos de toda parte parecem ansiar pelo amor.

As qualidades essenciais que as pessoas desejam num parceiro definem as regras básicas do acasalamento humano. Os desejos determinam por quem nos sentimos atraídos e a tática eficiente para atraí-lo(a). As violações do desejo geram conflitos e preveem a dissolução conjugal. Satisfazer o desejo um do outro torna-se um modo de conquistar e preservar um parceiro. A realização do desejo aumenta a probabilidade de um amor duradouro.

As 37 culturas estudadas esclareceram, com maior precisão do que antes, quais são esses componentes do desejo. As pessoas do mundo inteiro querem parceiros que sejam bondosos, compreensivos, inteligentes, dignos de confiança, emocionalmente estáveis, serenos, atraentes e saudáveis. Mas as culturas diferem enormemente quanto à importância que atribuem a algumas qualidades. A virgindade, por exemplo, foi considerada praticamente indispensável num parceiro potencial pela maioria dos chineses do território continental, mas irrelevante pela maioria dos suecos e holandeses.

O que surpreendeu os cientistas sociais foi a descoberta de diferenças sexuais universais. Homens do mundo inteiro dão mais importância à juventude e à atração física, qualidades que hoje sabemos serem sinais importantes da fertilidade da mulher e de seu potencial reprodutivo futuro. Mulheres de todo o mundo querem homens que sejam ambiciosos, tenham uma posição social digna, disponham de recursos ou do potencial para adquiri-los, e tenham nascido alguns anos antes delas. Na vasta extensão da história evolutiva humana, os filhos da mulher têm sobrevivido e prosperado mais através da escolha de um homem de recursos que tenha um compromisso com ela.

Mas será que o amor é uma avaliação fria das especificações da pessoa, ou uma emoção que nos cega para seus defeitos? Um pouco de cada coisa. As pessoas raramente se apaixonam por outras que não tenham as qualidades desejadas. Num estudo sobre as reações de mulheres e homens a anúncios de parceiros sentimentais, os homens mostraram-se mais propensos a procurar estabelecer contato com as mulheres que houvessem mencionado a beleza física e a juventude em suas descrições pessoais. As mulheres tenderam mais a buscar o estabelecimento de contato com homens que tivessem mencionado uma renda digna e um nível de instrução respeitável.

Embora a pessoa a quem amamos esteja submetida, muitas vezes, a uma lógica implacavelmente utilitarista, é possível que o amor tenha evoluído a fim de nos cegar para as deficiências do parceiro. Poucas pessoas possuem todo o leque das qualidades desejadas, e a maioria de nós tem que se acomodar com menos do que desejaria num mundo ideal. Em geral, só os altamente desejáveis conseguem atrair outros em situação comparavelmente elevada. Talvez a lei amorosa mais documentada em termos científicos seja o acasalamento preferencial, o emparelhamento disseminado de pessoas parecidas entre si. As pessoas inteligentes e instruídas casam-se com as que têm em comum o mesmo discernimento e erudição. Os glamourosos formam pares com pessoas glamourosas. Embora os opostos ocasionalmente se atraiam, é típico, quando se trata de amor duradouro, os "8s" casarem-se com outros "8s", enquanto os "6s" ficam com outros "6s".

Não vale a pena arengar sobre deficiências quando se está ficando apaixonado. Na verdade, um estudo recente relatou que a maioria das pessoas exibe a "ilusão amorosa" de ser demasiadamente otimista quanto às suas probabilidades de sucesso conjugal. Embora cerca de 50% dos casamentos terminem em divórcio, apenas 11% das pessoas casadas julgaram que seu casamento viesse a ter esse fim. Num grupo mais jovem de indivíduos solteiros, apenas 12% acharam que seu casamento futuro teria 50% de probabilidade de resultar em separação. Entre os que estão se casando agora, o índice provável de divórcios subiu para 64%. Esses resultados talvez reflitam vieses adaptativos que, embora errem claramente o alvo, funcionam no sentido de aumentar a probabilidade de êxito. Segundo essa explicação, o amor é um afeto que motiva as pessoas a perseverarem nos bons e nos maus momentos, ainda que, no fim, isso nem sempre funcione. Em suma, o amor pode cegar-nos de duas maneiras: primeiro, deixando-nos felizes por ficarmos com alguém que está aquém de nosso ideal fantasiado, e segundo, tornando-nos otimistas quanto ao futuro do romance e, com isso, melhorando suas probabilidades.

O economista evolutivo Robert Frank afirma que o amor é uma solução para o problema do compromisso. Quando um parceiro nos escolhe por parâmetros racionais, ele ou ela pode deixar-nos pelos mesmos parâmetros racionais, ao encontrar alguém ligeiramente mais desejável segundo todos os critérios "racionais". Isso cria um problema quanto ao compromisso: como podemos ter certeza de que uma pessoa ficará conosco? Quando nosso parceiro é cegado por um amor incontrolável, que não tem remédio e não pode ser escolhido, um amor apenas por nós e mais ninguém, o compromisso não vacila. O amor suplanta a racionalidade. É o afeto que garante que o sujeito não irá embora quando aparecer alguém mais desejável, e dá ao parceiro um sinal de intenção e determinação duradouras.

É provável que a seta causal também tome o rumo inverso. O amor pode ser a recompensa psicológica que sentimos quando o problema do compromisso é solucionado com êxito. Ele é um ópio da mente/corpo que assinala que os problemas adaptativos da escolha do parceiro, da relação sexual, da dedicação e da lealdade foram bem resolvidos. A explicação científica é que a evolução instalou no cérebro humano mecanismos de recompensa que nos mantêm no exercício de atividades que levem ao sucesso reprodutivo. O aspecto negativo é que a droga perde potência com o tempo. Alguns entram numa roda-viva hedônica, perseguindo a euforia que acompanha o amor. Repetir o sucesso do acasalamento com novos parceiros traz de volta essa euforia, embora talvez nunca a leve ao nível anterior.

O amor pode ser uma solução para o problema do compromisso ou uma recompensa inebriante pela resolução bem-sucedida, ou ambas as coisas, mas não há dúvida de que é uma emoção intimamente ligada ao compromisso. Em meus estudos de 115 atos diferentes que indicam se uma pessoa está realmente amando, os gestos de compromisso situaram-se no topo da lista, a exemplo do falar em casamento ou manifestar o desejo de constituir família. Os atos amorosos mais destacados apontam para o compromisso dos recursos sexuais, econômicos, afetivos e genéticos com uma só pessoa.

Infelizmente, a história evolutiva não termina aí. Uma vez que exista o desejo de amor, ele pode ser manipulado. Os homens enganam as mulheres sobre a profundidade de seus sentimentos amorosos, para obter acesso sexual a curto prazo. As mulheres, por sua vez, desenvolveram simultaneamente defesas contra a exploração sexual, como impor um processo mais longo de corte antes de consentir na relação sexual, tentar identificar o engodo e desenvolver uma capacidade superior de decodificar os sinais não verbais. A corrida armamentista coevolutiva da tapeação e da detecção continua, sem que haja um término à vista.

Outro problema é que as pessoas se desapaixonam de maneira tão arrasadora quanto se apaixonam. Não podemos prever com certeza quem deixará de amar, mas os estudos recentes fornecem algumas pistas. Assim como a realização do desejo sobressai quando se começa a amar, as violações do desejo pressagiam conflitos. Um homem parcialmente escolhido por sua bondade e seu ímpeto pode ser abandonado ao se tornar cruel e preguiçoso. Uma mulher parcialmente escolhida por sua juventude e beleza pode sair perdendo quando um modelo mais novo faz sinal para seu parceiro. Um parceiro inicialmente atencioso pode tornar-se condescendente. E a infertilidade do casal, após episódios sexuais repetidos, pode instigar cada um a buscar uma união mais fecunda noutro lugar.

Além disso, devemos levar em conta a dura métrica do mercado de acasalamento. Consideremos um casal no início de sua trajetória profissional. Quando a carreira da mulher dispara e o homem é despedido do emprego, isso submete ambos à tensão, porque seus valores de mercado passam a diferir. Para a mulher, um "9" antes inacessível coloca-se a seu dispor. Na selva evolutiva do acasalamento, podemos admirar a mulher que fica ao lado do marido derrotado. Mas as que o fizeram não são nossas ancestrais. Os seres humanos modernos descendem daqueles que trocaram seus parceiros por outros melhores, quando o benefício foi suficiente para compensar os múltiplos custos enfrentados pelas pessoas em consequência da separação.

Deixar de amar tem muitos aspectos sombrios. A falência pode ser fisicamente perigosa para as mulheres e psicologicamente traumática para ambos os sexos. Em muitos casos, o homem rejeitado pela mulher amada a maltrata emocionalmente e, às vezes, fisicamente. Em nossos estudos recentes, constatamos que um número alarmante de homens abandonados sem cerimônia começam a ter fantasias homicidas. Assim como a evolução instalou mecanismos de recompensa que nos inundam de prazer quando temos sucesso no acasalamento, é possível que também nos tenha dotado de mecanismos que liberam o sofrimento psicológico quando experimentamos o fracasso.

Bibliografia recomendada

ANDERSSON, Malte. *Sexual Selection.* Princeton University Press, 1994.

BIRKHEAD, Tim. *Promiscuity.* Faber & Faber, 2000.

BUSS, David M. *The Evolution of Desire: Strategies of Human Mating.* Basic Books, 1995.

——. *The Dangerous Passion: Why Jealousy is as Necessary as Love and Sex.* Bloomsbury, 2000.

DALY, Martin, e Margo Wilson. *The Truth about Cinderella: A Darwinian view of parental love.* Weidenfeld & Nicolson, 1998.

GOULD, Stephen Jay, e Richard C. Lewontin. "The Spandrels of San Marcos and the Panglossian paradigm: A critique of the Adaptationist Programme". *Proceedings of the Royal Society of London B, Biological Sciences*, 205: 1979, p. 581-598.

MILLER, Geoffrey. *The Mating Mind.* Heinemann, 2000.

WRIGHT, Robert. *The Moral Animal: Evolutionary Psychology and Everyday Life.* Vintage, 1994.

O que causa a agressão?

Introdução de Chris Bunting
Jornalista

UM TOUREIRO SOLITÁRIO E UM TOURO semienlouquecido reencenaram seus papéis num velho e violento ritual, numa arena ensolarada do sul da Espanha. Era o verão de 1964, mas o filme do incidente é exibido em salas de aula até hoje. Quando o touro investiu contra o homem desarmado, ficou evidente que a capa vermelha não estava sendo manejada com o garbo usual dos toureiros. Estava frouxa e imóvel. Na verdade, o homem no centro da arena, o neurocientista José Delgado, nunca havia enfrentado a investida de um animal em sua vida.

Mas os chifres nunca chegaram a atingir o médico. Segundos antes do impacto, Delgado pressionou um botão do pequeno radiotransmissor que segurava e o touro estacou. Em seguida, ele apertou outro botão e o animal virou-se mansamente para a direita e se afastou, trotando.

Delgado havia triunfado. Após quinze anos de estudos sobre o funcionamento do cérebro, provara da maneira mais dramática que a compreensão e o controle de seus mecanismos haviam atingido um grau de refinamento que permitia que a agressão de um animal fosse acionada e desligada por controle remoto. O cientista explicou que vinha brincando com macacos e gatos "como brinquedinhos eletrônicos", fazendo-os brigar, acasalar e adormecer, com o uso da mesma técnica de inserção de sondas no cérebro e estimulação elétrica dos tecidos pertinentes.

"Chegamos a um ponto crucial no estudo da mente", anunciou ele. "Realmente creio que a compreensão das bases biológicas dos comportamentos sociais e antissociais e das atividades mentais, que agora, pela primeira vez na história, podem ser explorados no cérebro consciente, podem ser de importância decisiva na busca de soluções inteligentes para algumas de nossas aflições atuais." Esse foi o ponto alto da crença dos cientistas em sua capacidade de não apenas explicar, mas também intervir no funcionamento cerebral e, mais especificamente, em sua capacidade de prevenir as agressões antissociais.

Hoje em dia, Delgado e seus contemporâneos ainda são considerados uma inspiração por muitos de seus sucessores. Felicity Huntingford, especialista em agressão animal na Universidade de Glasgow, descreve Delgado como "um pioneiro e um brilhante comunicador da ciência, que nos mostrou o que podia ser feito. Ele levou muita gente a enveredar por este caminho".

Mas havia um lado mais sombrio na confiança ilimitada de meados do século XX no potencial das explicações e tratamentos fisiológicos de processos cerebrais, segundo a professora Huntington. Nos trinta anos anteriores ao talento dramático de Delgado, estima-se que 40 mil a 50 mil pessoas tenham sido lobotomizadas apenas nos Estados Unidos, amiúde para prevenir a agressividade anormal.

Walter Freeman, o persistente popularizador desse tratamento nos Estados Unidos, confiava em que enfiar um "furador de gelo" cirúrgico no cérebro dos pacientes e destruir o tecido próximo do "tálamo", área cerebral que ele teorizava ser responsável pela hiperatividade emocional, ajudaria a eliminar as causas da agressão e uma multiplicidade de outros problemas. Havia pouca comprovação de suas teorias, mas milhares de pessoas foram transformadas em vegetais pelas cirurgias (incluindo, entre os casos mais famosos, o da irmã de John F. Kennedy, Rosemary).

Desde então, campeia a controvérsia sobre tratamentos mais respeitáveis em termos acadêmicos, como o proposto pelo neurocirurgião Vernon Mark e pelo psiquiatra Frank Ervin em 1970. Em *Violence and the Brain* [*A violência e o cérebro*], eles afirmaram, como Delgado, serem capazes de determinar com exatidão as partes do cérebro responsáveis pela agressividade. Disseram haver grandes melhoras no comportamento, uma vez destruídas as "áreas problemáticas" através do uso de eletrodos, embora outros pensassem que o principal resultado eram graves lesões cerebrais. Os métodos químicos para atingir as mesmas partes do cérebro, como a chamada droga da lobotomia química, a torazina, que ainda é popular, provocaram discordâncias similarmente apaixonadas.

Por que as lobotomias, as lobotomias químicas e outros tratamentos semelhantes, provocam tanta inquietação? Em muitos casos, elas têm sido sumamente eficazes para tratar a agressividade. Quaisquer que tenham sido as imperfeições da compreensão que Freeman tinha do cérebro, ele estava fazendo alguma coisa certa — transformando sistematicamente pessoas de agressividade incontrolável em membros incomumente dóceis e submissos da sociedade. Mas havia algo de profundamente perturbador nos zumbis sorridentes por cuja criação ele e outros foram responsáveis.

"O que as pessoas não compreendiam, e algumas ainda não parecem compreender, é que nossa capacidade de agressão e outros processos mentais são extremamente complexos e interligados", diz a professora Huntingford. "Não se trata apenas de retirar tal ou qual pedacinho do cérebro e corrigir um problema. Aquilo com que estamos lidando é algo muito próximo do centro do que nos faz ser quem somos."

Anthony Burgess deixou isso claro em seu romance *Laranja mecânica*, que faz um relato chocante do modo como a extrema agressividade do anti-herói do livro, Alex, é tratada com êxito mediante o uso de uma forma brutal de terapia aversiva. Ao final da terapia, Alex não mais constitui uma ameaça à sociedade, mas também fica privado de um aspecto crucial de sua humanidade. Na visão de Burgess, o homem é, em seu âmago, "gloriosamente criativo e bestialmente destrutivo". É impossível ter uma coisa sem a outra.

Houve um grande avanço na compreensão da fisiologia do cérebro desde a frenologia simplista de Freeman. As pesquisas recentes têm-se concentrado nos neurotransmissores — substâncias químicas que transmitem mensagens entre as células cerebrais — e, especificamente, num neurotransmissor chamado serotonina, que parece ter uma forte correlação com a conduta agressiva. Alguns estudos constataram que, às vezes, ministrar a animais drogas que reduzem os níveis de serotonina torna-os mais agressivos, e que a elevação desses níveis pode ter o efeito inverso.

Mas o papel da serotonina não está claro. O cérebro tem pelo menos quatorze receptores de serotonina, e os investigadores ainda não sabem exatamente qual é o papel de cada um deles. Os níveis desse neurotransmissor também estão associados a problemas como depressão e distúrbios alimentares, e o comportamento de alguns receptores é sumamente complexo. Por exemplo, um deles, conhecido como 1B, parece diminuir a agressividade em camundongos e macacos ao ser ativado. Entretanto, esse efeito está associado à redução dos níveis de serotonina, e não ao aumento esperado.

Outra série de estudos, que associa o neurotransmissor vasopressina à agressividade, tornou as águas ainda mais turvas, ao indicar que o comportamento agressivo pode ser regido por uma interação complexa de substâncias químicas do cérebro.

As pesquisas genéticas têm revelado um quadro similarmente confuso. Houve alguns resultados dramáticos. Um dos estudos, por exemplo, ligou uma história de extrema violência numa família holandesa a defeitos num gene que rege a decomposição dos neurotransmissores. Todavia, as manchetes espalhafatosas que afirmam que os pesquisadores estão prestes a identificar os genes da agressividade desconhecem as dificuldades da interpretação desses resultados. Uma experiência de laboratório com camundongos, por exemplo, pode mostrar um aumento das brigas pela desativação de um gene que rege seu olfato — os animais ficariam impossibilitados de usar feromônios para fazer sinais uns aos outros e, com isso, evitar os conflitos.

Outro conjunto de pesquisadores insiste em que, de qualquer modo, esses estudos com camundongos são de uso extremamente limitado para a compreensão da violência humana. Adrian Raine, da Universidade da Califórnia Meridional, acredita que nosso córtex pré-frontal, extremamente desenvolvido, e que é minúsculo em mamíferos inferiores como os camundongos, exerce um papel vital no manejo da agressividade. Algumas pesquisas mostraram que os assassinos têm níveis incomumente baixos de metabolismo da glicose no córtex frontal, o que indicaria problemas nessa região do cérebro.

Uma ilustração da complexidade do assunto, entretanto, é que a maioria das teorias sobre a agressividade nem sequer examina a composição física do cérebro. Desde a década de 1920, as abordagens têm ido desde a teoria de Sigmund Freud de que a agressividade é uma externalização do desejo de morte de todo ser humano, e existe com ou sem provocação externa, até a conclusão de Konrad Lorenz, baseada em estudos etológicos de peixes e aves, de que ela é um impulso que os seres humanos compartilham com a maioria dos demais integrantes do reino animal.

Uma das abordagens mais férteis, que contradiz a tendência das teorias biológicas a se concentrarem no estado cerebral dos indivíduos, examinou o papel crucial das forças sociais na motivação e manejo do comportamento agressivo. Consideremos as causas dos ataques terroristas ao World Trade Center e ao Pentágono, em setembro de 2001. Embora seja concebível que alguns dos bombardeadores suicidas tivessem baixos níveis de serotonina no organismo, a religião, a cultura, a ideologia, a influência da autoridade e a história parecem ter uma pertinência mais direta para explicar por que eles mataram tantas pessoas.

A capacidade humana de reflexão intelectual, aprendizagem e comunicação complexa tem sido usada, muitas vezes, para nos elevar acima dos animais, porém essas qualidades também podem contribuir para o comportamento agressivo.

Alguns estudos mostraram que as crianças a quem a violência é exibida são muito mais agressivas, ao serem provocadas, do que aquelas a quem se mostram comportamentos pacíficos. Em 1994, uma resenha de 35 anos de pesquisas sobre a relação entre a violência da televisão ocidental e a agressividade constatou uma correlação positiva significativa. Entrementes, os antropólogos afirmam que algumas sociedades tradicionais do Taiti e os inuítes exibem pouca agressividade antissocial, em decorrência da intensa reprovação cultural do comportamento agressivo.

Albert Bandura, um eminente pesquisador da aprendizagem social, chega até a questionar a importância do conceito de agressividade para a compreensão de grande parte da desumanidade do homem com o homem: "O que realmente me interessa não são os sentimentos agressivos, mas os padrões morais e o quanto somos habilidosos em nos desvincular deles. Esse me parece ser o verdadeiro determinante de ferirmos alguém ou não: saber se o eliminamos da consideração moral."

Por que um homem atira um avião de passageiros contra um edifício com milhares de civis, ou mesmo por que alguém rouba a bolsa de uma senhora idosa? Talvez seja menos importante saber quão agressivo ele se sente nesse dia do que compreender o que pensa que conseguirá com esse ato, e como se convenceu a ignorar o sofrimento de suas vítimas.

O que causa a agressão?

Dolf Zillmann
Professor emérito de ciências da informação e psicologia da Universidade do Alabama

A análise da agressividade entre os animais revela um conjunto básico de condições em que mais ou menos todas as espécies, em particular as que se aproximam da extremidade superior da escala evolutiva, recorrem à inflicção de ferimentos e morte a outras espécies, bem como a membros da mesma espécie. O comportamento predatório voltado para o próprio sustento é a causa mais patente do comportamento destrutivo contra outras espécies. A obtenção de territórios que propiciem as condições necessárias à subsistência instiga outras formas de violência. Em geral, essas situações se traduzem na agressão em busca de alimento e abrigo, perpetrada em nome da autopreservação. A agressividade intraespecífica atende à mesma finalidade nas situações em que há escassez de recursos.

Além disso, a agressão intraespecífica visa a fins reprodutivos, como quando os machos competem pelo acesso sexual às fêmeas receptivas. Pode-se considerar que essa agressividade serve à preservação da espécie. Entretanto, é comum afirmar que, em contraste com a agressão predatória, as lutas intraespecíficas não visam infligir ferimentos e morte. Seu objetivo é induzir os rivais a cederem na competição pelos recursos.

Será que a agressão entre os seres humanos é precipitada pelas mesmas circunstâncias? Alguns estudiosos sugerem que as condições provocadoras de agressividade são essencialmente idênticas em todas as espécies, e que não há nada de singular na agressividade humana. Afinal, os seres humanos abatem fartamente outras espécies para se alimentar, travam guerras territoriais uns com os outros, ferem e matam seus semelhantes para lhes usurpar os bens, e recorrem à violência para defender o que quer que lhes seja caro. Muitas vezes, as rivalidades sexuais também se intensificam a ponto de chegar à brutalidade. Portanto, tal como muitas outras espécies, os seres humanos parecem dispostos a usar a força destrutiva para conseguir o que querem.

Outros estudiosos consideram precárias essas analogias. Apontam para a evolução do neocórtex humano e para o fato de que sua capacidade mental ultrapassa em muito a de outras espécies. A contemplação moral — a capacidade de avaliar o que é bom e correto em determinadas circunstâncias — e o controle volitivo — nesse caso, a capacidade de alinhar os próprios atos com as avaliações morais — ocupam o centro do palco nesse tipo de teorização. Tais estudiosos podem admitir a existência de impulsos agressivos arcaicos, mas acreditam que, como norma geral, a racionalidade é capaz de reprimi-los. Assim, eles afirmam que pouco ou nada se pode aprender com as análises que transpõem a linha divisória entre o humano e o não humano.

Adoto uma postura mais integradora, reconhecendo tanto nossa antiga herança evolutiva quanto a expansão comparativamente recente de nossas faculdades cognitivas.

Em geral, afirma-se que a evolução do cérebro partiu de um núcleo reptiliano, que foi encapsulado por estruturas paleomamíferas, conhecidas como o sistema límbico, as quais, por sua vez, foram envolvidas por estruturas neomamíferas — o neocórtex. A despeito do desenvolvimento de um neocórtex particularmente volumoso, nosso cérebro reteve a estrutura tripartite que integrou as antigas estruturas de evolução anterior. E, o que é mais importante, essas estruturas continuam a exercer influência em todos os comportamentos humanos vitais, tal como fizeram durante milênios.

O sistema límbico controla todas as emoções humanas, e a amígdala, que faz parte desse sistema, despontou como a estrutura mais importante no controle da agressividade. Essa estrutura está envolvida na monitoração do ambiente em busca de sinais de perigo. Ao se deparar com tais sinais, implica-se na iniciação de processos endócrinos que ajudam as pessoas a lidar fisicamente com eles, de maneira eficaz.

Enfrentar ameaças imediatas de perigo requer que o indivíduo seja instantaneamente suprido de energia para uma ação vigorosa, primeiramente para afastar a ameaça, atacando-a, ou para escapar dela, recuando com rapidez. A energia necessária é mediada pela liberação sistêmica de hormônios, sobretudo adrenais, que favorecem a excitação simpática, em grande parte por suprirem de glicose a musculatura esquelética.

Esse conjunto de respostas define a conhecida reação de luta e fuga, que é ideal para as emergências comportamentais passíveis de ser resolvidas por um episódio de ação vigorosa. Em termos evolutivos, o mecanismo dessa ação foi de muita serventia para a espécie. Ajudou os seres humanos a sobreviverem a confrontos inesperados com predadores e com outros seres humanos hostis. Ficar desperto e agitado, sentindo-se forte e capaz de enfrentar um desafio, e concentrar-se inteiramente no aqui e agora do enfrentamento do perigo, tudo isso se revelou sumamente adaptativo.

Só na sociedade moderna é que esse valor adaptativo ficou comprometido. De modo geral, as ameaças de perigo já não podem ser enfrentadas mediante o ataque direto ou a fuga espontânea. As consequências adversas do gás radônio dentro de casa, por exemplo, não podem ser eliminadas por um ato físico instantâneo, por maior que seja a energia de excitação produzida pelo corpo para lidar com a aparente emergência. Tampouco nos é útil recorrer à luta ou à fuga para lidar com problemas como a tributação ou o aquecimento global. O mais importante, provavelmente, é que as sanções da sociedade cerceiam, através da ameaça de punições, a resolução de conflitos comuns mediante atos violentos ou evasivos. Não é aconselhável que uma pessoa cujo carro é amassado por um motorista descuidado, espanque esse motorista num acesso de raiva, e, em geral, para o indivíduo que atrasa a pensão de alimentos devida, não é viável fugir do país num impulso. Todos esses casos de provocação e frustração, no entanto, acionam as estruturas cerebrais arcaicas que dão início a reações potentes, a despeito de essas reações terem perdido grande parte de sua utilidade. Muitas vezes, isso fomenta uma raiva insuportável e desencadeia atos violentos, que são incapazes de eliminar a causa da emoção.

Para compreender os sentimentos de medo e raiva é importante reconhecer sua função inicial, bem como sua disfunção mais recente. A função inicial era dupla. Consistia em prover energia para um período de ação e em concentrar a atenção no aqui e agora dessa ação. Essas duas respostas, conhecidas como impulsividade para a ação e déficit cognitivo, ainda caracterizam a raiva e a fúria. Uma delas exorta à ação agressiva, independentemente da utilidade última dessa ação. A outra, por força da preocupação cognitiva com a situação imediata, faz com que os indivíduos negligenciem quaisquer implicações não imediatas de seus atos. Essa deterioração do controle cognitivo, que faz as pessoas esquecerem as consequências de seus atos violentos, é bastante invasiva para ser largamente considerada uma forma de insanidade temporária, que reduz a responsabilidade.

Não há dúvida de que a propensão a cometer atos de violência destrutiva reside em todos nós. As ameaças de prejuízo e degradação despertam reações que, ao atingirem níveis extremos, estão fadadas a levar a um comportamento agressivo descontrolado e impulsivo. Muitas vezes, resíduos de frustrações e desafios não relacionados, provenientes da vida cotidiana, entram na reação a circunstâncias específicas. Uma vez que a raiva pode ser alimentada por estímulos vindos de fontes diferentes, desavenças aparentemente insignificantes comumente evoluem para a fúria e o conflito violento.

Até aqui, vimos examinando a influência — às vezes disfuncional — das estruturas cerebrais arcaicas. Agora, consideraremos a influência das novas estruturas que nos distinguem das outras espécies: o neocórtex, com suas faculdades associativas, antecipatórias e inferenciais.

A maioria dos investigadores da agressividade abraça a ideia de que a racionalidade superior que nos é conferida pelo neocórtex é o antídoto contra a violência. A racionalidade é vista como a panaceia para todas as compulsões humanas mais vis. Não há dúvida de que a racionalidade pode prevenir, e amiúde previne, as explosões violentas. Mas até uma inspeção superficial do histórico da violência impulsiva e destrutiva mostra que, quando se trata de prevenir a violência, a razão habitualmente nos falta.

E, o que é mais importante, a racionalidade não só deixa de proporcionar um antídoto eficaz contra a violência, como é também a causa direta de inúmeros atos de violência perpetrados por seres humanos uns contra os outros. É nossa capacidade de raciocinar que nos diz que usurpar os valores de terceiros, de um modo que consiga minimizar ou contornar inteiramente as repercussões, é uma fórmula vitoriosa. Em consonância com isso, nossas aptidões antecipatórias são utilizadas para construir estratégias que tornem compensadora a violência. Elas não apenas deixam todos os indivíduos expostos ao risco de coagir outros por meio de atos agressivos, como também inspiram a violência organizada e a guerra.

A agressividade humana não é meramente ajudada pelas aptidões antecipatórias superiores e pelas estratégias que estas geram. É também impulsionada pelo que alguns consideram a mais alta forma de racionalidade: o raciocínio moral. Os conceitos morais de equidade e retaliação constituem grandes fontes de agressividade. As comparações em termos de justiça social que nos situam no extremo desfavorecido das recompensas, a despeito de envidarmos esforços equiparáveis, causam enfurecimento e, por isso, instigam à agressão. A violação de nosso senso de justiça exige retaliação. Se fomos injustiçados, devemos "ir à forra". O desejo de retaliar, para corrigir o que está errado, frequentemente leva a choques interpessoais. Muitas vezes, as guerras são travadas porque alguém convence a população de que as humilhações sofridas no passado não podem ficar impunes. Vez por outra, até a perpetração da mais vil das atrocidades é interpretada como uma imposição moral, habitualmente referida à autoridade divina.

Portanto, embora nos habilite a reconhecer os males sociais e os perigos globais da violência, o neocórtex tem fornecido razões e vias novas e singularmente humanas para a agressão. Nem a concepção minuciosamente ponderada de estratégias para uma agressão eficaz nem a imposição moral da agressão encontram-se em outras espécies. Esses motivos de agressão, portanto, distinguem-nos dos outros animais. Ao mesmo tempo, entretanto, continuamos a compartilhar com outros primatas, bem como com outras espécies, os motivos de agressão que residem nas estruturas arcaicas de nosso cérebro trinitário.

Bibliografia recomendada

ARCHER, John. *The Behavioural Biology of Aggression*. Cambridge University Press, 1988.

BANDURA, Albert. *Aggression: A Social Learning Analysis*. Prentice-Hall, 1973.

JOHNSON, Ernest H. *The Deadly Emotions: the role of anger, hostility and aggression in health and emotional well-being*. Praeger, 1990.

JOHNSON, Roger N. *Aggression in Man and Animals*. Saunders, 1972.

LINSKY, Arnold S., Ronet Bachman e Murray A. Strauss. *Stress, Culture and Aggression*. Yale University Press, 1995.

MONTAGU, Ashley. *The Nature of Human Aggression*. Oxford University Press, 1976.

RENFREW, John. *Aggression and its Causes: A Biopsychosocial Approach*. Oxford University Press, 1997.

ZILLMANN, Dolf. *Connection between Sexuality and Aggression*. Lawrence Associates, 1998.

É certo interferir na natureza?

Introdução de Caroline Davis

Repórter do Times Higher Education Supplement

EM JULHO DE 2001, o Congresso dos Estados Unidos rejeitou uma moção para permitir a clonagem humana, juntamente com uma emenda que permitiria a clonagem terapêutica mais limitada. Usando a palavra no debate, um deputado republicano de Oklahoma, J. C. Watts, declarou: "Esta casa não deve dar o sinal verde para que cientistas loucos brinquem com o dom da vida. A clonagem é um insulto à humanidade. É a ciência enlouquecida." Três meses depois, dois desses "cientistas loucos" — pioneiros em técnicas usadas com células-tronco e na fecundação *in vitro* — foram homenageados com o Prêmio Lasker, o equivalente norte-americano do Prêmio Nobel. Na comunidade científica, seu trabalho foi visto como uma contribuição valiosa para ampliar o conhecimento humano.

Vez após outra, a curiosidade humana e os avanços científicos dela resultantes esbarram na cautela humana a respeito de possíveis efeitos colaterais, e em temores de que as consequências ocultas de uma descoberta venham a superar seus benefícios. O debate norte-americano sobre a clonagem serviu-se da difundida desconfiança popular em relação aos cientistas e da crença em que a interferência científica na natureza deve ser um erro.

Esse medo não é novo. Entretanto, para Lewis Wolpert, professor de biologia aplicada à medicina no University

College London, é equivocado. Ele prometeu uma garrafa de champanhe a quem conseguir apresentar-lhe um único problema ético novo levantado pela clonagem humana, e traçou uma distinção entre a ciência e sua aplicação — a tecnologia. Afirma ele que a ciência em si é isenta de valores; é o que a sociedade opta por fazer com ela que tem valor moral. Em *The Unnatural Nature of Science* [*A natureza antinatural da ciência*], Wolpert discute o desenvolvimento da bomba atômica que matou 200 mil pessoas em Hiroshima, em 1945. A bomba explorou a equação "$E=mc^2$", de Einstein, publicada em 1905 em sua *Teoria especial da relatividade*, que simplesmente afirma que uma grande quantidade de energia pode ser liberada de uma pequena quantidade de material. A decisão de construir a bomba, no dizer de Wolpert, foi política, não científica. Sua tese é de que é impossível barrar o avanço do conhecimento. Embora os cientistas devam informar o público sobre as possíveis implicações de seu trabalho e a confiabilidade deste, a aplicação dos conhecimentos não é responsabilidade deles.

O próprio Einstein teria discordado. Juntamente com o filósofo Bertrand Russell, ele lançou em 1955 um manifesto, convocando cientistas de todas as orientações políticas para discutirem a ameaça representada pelas armas termonucleares. A primeira reunião do que veio a ser conhecido como as Conferências Pugwash, em 1957, atraiu 22 cientistas eminentes, e as conferências continuam a se realizar regularmente até hoje.

A ideia de que é ruim conhecer demais a natureza é explorada em mitos que são centrais à cultura ocidental de que evoluiu a ciência moderna. Antigos mitos gregos contam que, por haver roubado o fogo dos deuses e tê-lo dado à humanidade, o titã Prometeu foi acorrentado a um rochedo onde uma águia bicava seu fígado, que tornava a crescer todos os dias. Adão e Eva foram expulsos do Paraíso ao provarem da árvore do conhecimento. Na versão de John Milton para essa história, *O paraíso perdido*, escrita em 1667, a serpente dirige-se à arvore como "Mãe da Ciência". O alquimista medieval Dr. Fausto, personagem do dramaturgo Christopher Marlowe, dispõe-se a vender o corpo e a alma ao diabo em troca do saber.

O romance gótico escrito por Mary Shelley em 1818, *Frankenstein ou o Prometeu moderno*, tornou-se o modelo dos cientistas que querem saber demais e tentam interferir na natureza. Victor Frankenstein, um jovem estudante idealista, descobre o segredo da vida. Cria um ser vivo que, apesar de meigo e amoroso, a princípio, torna-se amargo em função do medo e da rejeição com que é recebido pela sociedade, e pratica uma vingança medonha contra seu criador.

Nos últimos cinco anos, "Frankenstein" tornou-se um qualificativo que é quase sinônimo de "geneticamente modificado" — a prática de alterar o genoma de um organismo através da retirada ou da introdução de genes, às vezes de outras espécies. Os tabloides cunharam essa expressão quando queijos vegetarianos e massa de tomate que continham ingredientes modificados foram introduzidos no cético mercado do Reino Unido. A revolta popular não tardou a levar os lojistas a recolherem esses produtos e a se declararem "livres de produtos GM [geneticamente modificados]". Enquanto isso, os jornais falavam de florestas Frankenstein, peixes Frankenstein e bebês Frankenstein. A implicação era que os cientistas tinham ido longe demais em seu mergulho na natureza, e as consequências só poderiam ser terríveis.

Com frequência, a opinião pública tende para a visão de que interferir na natureza só pode levar a maus resultados. As afirmações dos cientistas de que os produtos geneticamente modificados poderiam ajudar a alimentar os países em desenvolvimento, bem como a reduzir a quantidade de fertilizantes químicos e pesticidas, foram predominantemente ignoradas pela opinião pública da Grã-Bretanha no fim da década de 1990. Manifestantes invadiram plantações e destruíram áreas de cultivo experimental de produtos GM, alegando que essa tecnologia não fora testada e não era passível de controle. Em 1999, o príncipe Charles exortou a um boicote popular dos alimentos GM, declarando que eles eram desnecessários e perigosos para o meio ambiente. O primeiro-ministro Tony Blair emitiu um alerta contrário sobre os perigos da postura anticientífica, acrescentando que era um erro transformar em heróis aqueles que impediam a pesquisa científica básica.

Os temores sobre as novas descobertas científicas têm certo fundamento. Por exemplo, os cientistas consideraram tão seguro o sedativo talidomida, que ele foi receitado a mulheres grávidas para controlar os enjoos matinais. O primeiro bebê da talidomida nasceu em 1956, e o medicamento foi retirado do mercado em 1961, depois de ser vinculado a graves defeitos congênitos, altos índices de abortos espontâneos e uma taxa de mortalidade estimada em 40%, antes de as vítimas completarem um ano de idade.

No entanto, outras tecnologias, inicialmente desdenhadas e rejeitadas pela opinião pública, revelaram-se benéficas e passaram a ser largamente aceitas pela corrente dominante. Em 1798, Edward Jenner descobriu que inocular as pessoas com um pequeno preparado de varíola bovina (*vaccinae*, do termo latino correspondente a vaca, *vacca*) imunizava-as contra a varíola. Essa "vacinação", como veio a ser chamada, salvou muitos milhões de vidas e, em 1980, levou a Organização Mundial da Saúde a declarar que a doença fora erradicada. Entretanto, na época de sua descoberta, houve cartunistas que publicaram tirinhas mostrando cabeças de vaca brotando do corpo de pessoas que tinham sido vacinadas. Houve quem temesse receber injeções de um material proveniente de vacas, dizendo não querer ser tratado com substâncias vindas das criaturas inferiores de Deus. Quando a vacinação tornou-se obrigatória, em 1853, houve passeatas de protesto.

O nervosismo popular também acompanhou o nascimento de Louise Brown, o primeiro bebê de proveta, em 1978. O trabalho pioneiro de Robert Edwards e Patrick Steptoe, os pesquisadores britânicos que aperfeiçoaram a fecundação *in vitro* de óvulos humanos, gerou preocupações sobre bebês de encomenda, eugenia e híbridos de seres humanos e animais. Isso levou o governo a criar uma comissão de inquérito em 1982, sob a presidência de *Dame* Mary Warnock. O Relatório Warnock, publicado em 1984, recomendou a criação de um órgão regulador para supervisionar todos os tratamentos de fecundação. A Human Fertilisation and Embriology Authority (HFEA) [Superintendência de Fecundação e Embriologia Humanas] implementou eficazmente as propostas do relatório em 1991.

Todos os embriões manipulados no Reino Unido têm que receber uma licença da HFEA, quer se destinem a armazenamento, quer à utilização em tratamentos da infertilidade ou na pesquisa. Desde sua criação, esse órgão concedeu licenças para a criação de quase um milhão de embriões, cerca de 6% dos quais foram doados à pesquisa. São concedidas licenças para pesquisas sobre abortos espontâneos, tratamentos da infertilidade e contracepção. Mudanças introduzidas na legislação em 2001 permitiram que os embriões também sejam usados em pesquisas sobre o desenvolvimento embrionário, bem como para aumentar o conhecimento sobre doenças graves. Isso significa que a HFEA também seria responsável pelas pesquisas sobre clonagem humana.

Isso tornou-se um assunto debatido por governos do mundo inteiro, depois que as técnicas de clonagem foram expostas como que numa vitrine por uma equipe do Instituto Roslin, de Edimburgo, em 1997. Essa equipe do Roslin apresentou a ovelha Dolly, que fora criada pela transferência do núcleo de células somáticas. Nesse processo, o núcleo de uma célula não reprodutora é transplantado para um óvulo cujo núcleo foi removido. Quando esse óvulo é fecundado, a prole resultante traz o material genético do núcleo transplantado, e não o do óvulo original. As células-tronco acham-se presentes no embrião durante um período limitado de seu desenvolvimento inicial. Essas células têm o potencial de evoluir para qualquer tipo de tecido do corpo. No futuro, os cientistas têm a esperança de combinar essas duas técnicas, criando embriões clonados de pacientes, colhendo as células-tronco e utilizando-as para promover o crescimento de tecidos equiparáveis, que substituam órgãos lesados. Os cientistas acreditam que esse processo, conhecido como clonagem terapêutica, ofereça uma esperança a longo prazo aos pacientes que sofrem de doenças degenerativas, entre elas as cardiopatias, o mal de Parkinson e a doença de Alzheimer.

Enquanto o Congresso norte-americano votou contra a clonagem humana, em julho de 2001, a Câmara dos Lordes, no Reino Unido, aprovou uma lei permitindo a clonagem terapêutica a partir de janeiro de 2001. Agora, a HFEA pode conceder licenças para que os pesquisadores criem embriões dos quais derivem células-tronco, embora os cientistas não estejam autorizados a implantar esses embriões em mulheres para deixar que eles se transformem em pessoas.

No entanto, um embriologista italiano já quer ir mais longe, provocando a indignação internacional ao dizer que planeja aplicar aos seres humanos as técnicas empregadas na criação de Dolly. Severino Antinori diz haver iniciado testes para clonar seres humanos para casais inférteis, e afirma que duzentos casais ofereceram-se como voluntários para participar do projeto. Giuseppe Del Barone, presidente do Conselho de Medicina da Itália, ameaçou expulsá-lo do país se ele conduzir esses testes, descrevendo esse trabalho como um "estupro da natureza que vai contra a dignidade humana". Um jornal alemão apelidou Antinori de "Frankenstein italiano".

As inquietações com a interferência científica na natureza concentram-se agora no Projeto Genoma Humano e na publicação da versão inicial do "*Livro da vida*". Seu lançamento teve uma acolhida bastante positiva, mas surgiram algumas preocupações a respeito de como os dados serão utilizados. Os problemas morais espinhosos que já vêm sendo debatidos incluem a possibilidade de que o diagnóstico pré-natal leve a uma elevação dos índices de aborto e ao uso de exames genéticos pelas companhias de seguros, a fim de minimizarem seus riscos. Cinco por cento do orçamento anual do projeto são destinados ao estudo das implicações éticas, jurídicas e sociais.

Entretanto, muitos cientistas concordam com Wolpert em que os problemas éticos podem ser uma perturbação para a ciência. Eles acreditam que a repressão das pesquisas sobre células-tronco pelos Estados Unidos pode precipitar uma drenagem cerebral às avessas, levando cientistas norte-americanos a se mudarem para a Grã-Bretanha, atraídos pela maior liberdade de exercício profissional. Um eminente pesquisador, Roger Pederson, trocou seu laboratório na Califórnia por Cambridge, a fim de realizar pesquisas sobre células-tronco com financiamento do governo, citando o difícil clima político dos Estados Unidos como uma das razões para sua saída. Algumas empresas norte-americanas de biotecnologia também decidiram investir em companhias de clonagem fora do país.

No cômputo final, a "natureza" humana nunca pôde resistir ao anseio de ampliar o conhecimento humano. Mas a preocupação com os perigos da interferência na natureza também é duradoura e parece igualmente "natural". A luta entre os dois parece destinada a prosseguir, até que saibamos tudo — ou que nos destruamos na tentativa de descobrir.

É certo interferir na natureza?

Mary Warnock

Filósofa da moral, ex-diretora do Girton College, em Cambridge, e presidente da Comissão de Inquérito sobre Fecundação Humana e Embriologia, em 1982-1984

A palavra "interferência", de modo geral, é pejorativa: os que afirmam que a nova biotecnologia e suas possíveis aplicações constituem uma interferência na natureza certamente a entendem dessa maneira. Mas quando o príncipe Charles, em sua Conferência Reith de 2000, rogou que os biólogos aprendessem mais sobre a natureza, se quisessem, mas não procurassem modificá-la, seu pai e sua irmã apressaram-se a assinalar que os homens vinham alterando a natureza — interferindo nela — desde o começo da história humana. E é verdade que, se não houvessem interferido, estaríamos levando uma vida rústica, sem que nenhum de nossos prazeres e interesses sofisticados sequer fosse concebível. Embora isso seja bem compreendido (e, com efeito, certamente o é pelo príncipe Charles, que a rigor não estava pleiteando a não intervenção, mas sim o uso de técnicas agrícolas "testadas e aprovadas"), há um apelo persistente na acusação de que agora a ciência biológica foi longe demais, e de que devemos parar de interferir e deixar que a natureza siga seu curso.

Nossa ideia do que se considera natural é complexa e tem mudado ao longo dos séculos. Atualmente, ela tem pelo menos dois componentes cruciais, o romântico e o darwiniano.

O filósofo francês Jean-Jacques Rousseau começou seu romance *Émile* pela afirmação de que tudo é bom, posto que vem das mãos do autor da natureza, e tudo se degenera nas mãos do homem. Ele se referia especificamente às crianças, mas a proposição também pretendia ser geral. Desde então, passou-se a pensar na natureza como um valor intrínseco, oposto aos valores da sociedade, que constitui, portanto, uma parte crucial do ideal romântico.

No século XVIII, até Rousseau, achava-se que a natureza existia para ser aperfeiçoada. A natureza inculta e indomada era simplesmente menos aprazível do que a cultivada. O novo espírito do romantismo, ao contrário, tanto na Grã-Bretanha quanto em toda a Europa, exigiu que o mundo natural inculto fosse considerado inspirador de reverência, uma fonte da qual os homens poderiam extrair a compreensão de seu próprio ser e da qual receberiam as mais sublimes intuições estéticas. A imutabilidade e a grandeza da natureza, assim como o fato de ela ser isenta de corrupção, tinham o poder de fazer os homens voltarem a sua verdadeira identidade, permitindo-lhes descobrir seu verdadeiro lugar.

Paralelamente a essa nova sensibilidade, no entanto, já se desenvolvia a ideia de que a natureza era o objeto adequado dos estudos científicos. Carl von Linné [ou Lineu], o botânico sueco falecido em 1778, já havia estabelecido o sistema binomial da nomenclatura biológica que constitui a base da classificação moderna. E, além dos profissionais, havia inúmeros amadores que redigiam diários e observavam a natureza, entre eles Gilbert White, cuja *História natural de Selborne* foi lida com deleite por Charles Darwin quando menino. Aos poucos se enraizava a ideia de que, assim como a física newtoniana fornecia as leis que regiam o comportamento de toda a matéria, havia leis históricas do desenvolvimento que eram igualmente inelutáveis no mundo biológico. Em 1859, a publicação de *A origem das espécies*, de Darwin, forneceu uma explicação de como as espécies evoluíam, através da competição pela vida num mundo feito de escassez e de sobrevivência dos mais aptos. Quando Darwin publicou *A descendência do homem*, doze anos depois, foram lançadas as bases de um conceito de natureza humana que, até certo ponto, ainda está conosco.

Todavia, a teoria darwiniana da evolução ainda não chegava a ser explicativa, porque não estava claro para seu autor o modo como realmente se produziam as variações intraespecíficas que levavam alguns a sobreviver e outros a perecer. Para isso, tivemos que esperar pelo nascimento da genética, no século XX. Assim, agora somos darwinistas, mas, em vez de nos concentrarmos no cenário macrobiológico — o desenvolvimento e o comportamento das diferentes espécies —, nossa atenção está fixada no microbiológico — os genes do lado de dentro, que determinam o mecanismo desse desenvolvimento.

Hoje em dia, a natureza humana é ligada à natureza como um todo não apenas pelos laços da sensibilidade romântica, nem tampouco pelo desejo humano de observar e compreender o mundo natural, mas pelas leis da ciência biológica. Considera-se que os seres humanos são determinados por seus genes. Mas os genes podem ser compartilhados por todo o mundo natural, o que coloca todas as criaturas — plantas, moscas-da-fruta, homens e mulheres — numa espécie de condição universal de primos. Assim, podemos indagar se os que objetam à interferência na natureza — especialmente os que objetam à intervenção genética em sujeitos humanos — estarão simplesmente expressando seu ultraje ante o apequenamento do *status* do humano, ante seu lugar não mais especial no universo. Isso levaria os opositores a se alinharem com a Igreja nas batalhas oitocentistas entre T. H. Huxley, o "buldogue de Darwin", e os teólogos, a propósito da teoria da evolução.

Não creio que seja essa a explicação. Essa discussão foi primordialmente teológica e, embora o príncipe Charles tenha externado a ideia de que, ao manipularem os genes, os biólogos estavam invadindo áreas "que pertenciam a Deus e tão somente a Deus", isso não significa que ele estivesse falando de teologia. Sua argumentação poderia ter sido formulada em termos da natureza e apenas da natureza, sem que isso trouxesse qualquer diferença substancial. Suas palavras foram metafóricas. A discussão prosseguiu, pois os que acreditam que a interferência na natureza é um erro aceitam a maioria das premissas darwinianas. Portanto, não estão reencenando as disputas acaloradas de épocas anteriores. Sendo assim, por que essa designação emocional, "interferência"?

Creio que os que usam palavras desse tipo intuem que os dois aspectos de nossa ideia da natureza estão ameaçados. Por um lado, a ideia romântica ou estética da natureza é solapada pela ameaça da manipulação genética. No sentido de Rousseau ou de Wordsworth, a natureza é intocada pela mão humana. É selvagem, no sentido de ser parcialmente aleatória, de estar fora de um controle completo. Se as lavouras forem objeto da engenharia genética, se os animais forem levados a produzir leite o tempo todo, se as frutas forem levadas a durar todas as estações, e se os bebês forem programados para ter as feições desejadas por seus pais, o elemento de assombro (ou decepção) que faz parte de nossa reação à natureza será eliminado. Nossa própria vida se tornará antinatural.

Do mesmo modo, nossas próprias ideias darwinianas parecem estar ameaçadas. Em *Playing Safe* [*Usando de prudência*], Jonathon Porritt, ex-diretor da organização Amigos da Terra, escreveu: "As linhas demarcatórias nítidas entre organismos e espécies diferentes começam a se desfazer. Agora podemos escolher e pegar genes individuais de um organismo e introduzi-los num organismo totalmente diferente e não aparentado, cruzando todas as fronteiras biológicas em combinações que a natureza jamais poderia e jamais se disporia a juntar." As próprias leis da natureza biológica, que temos aceitado desde Darwin, parecem haver-se desgastado. Num mundo em que, como nos dizem constantemente, não há leis universais da moral, quão mais terrível é sermos privados das certezas da lei natural!

Entretanto, é importante conservarmos a cabeça fria e não nos deixarmos levar pela retórica do "natural". Realmente fazemos parte do mundo natural, embora, sendo mais inteligentes e tendo mais visão do que outros animais, tenhamos deveres particulares com ele e com nossos semelhantes. Não devemos amontoar as coisas em dicotomias prejudiciais — o geneticamente modificado ou o orgânico, os bebês nascidos com doenças incuráveis ou os bebês feitos de encomenda.

Devemos deixar que as pesquisas prossigam, para que as técnicas de modificação genética possam ser aplicadas onde fizerem bem, e, ao mesmo tempo, manter os olhos abertos para as consequências nocivas imprevistas, inclusive o enriquecimento de charlatães ou de empresas exploradoras. Se for possível mostrar, por exemplo, que a modificação genética do arroz, a fim de torná-lo mais resistente a condições climáticas adversas, fará uma grande diferença no nível nutricional dos países em que ele é a base da dieta, a simples humanidade exige que esse arroz se torne acessível. Se for possível mostrar que os transplantes de células-tronco podem efetivamente recuperar o cérebro lesado de alguém, os interesses humanitários que sempre estiveram no cerne da medicina deverão permitir que esse tratamento seja realizado. A modificação genética não será inteiramente boa nem inteiramente ruim, assim como a cirurgia ou a criação de cães e cavalos especializados não são totalmente boas nem totalmente más.

De minha parte, só consigo pensar em um desdobramento que eu certamente julgaria um erro. Suponhamos que, um dia, alguém afirmasse que, dada a possibilidade de renovar certas células específicas do corpo, talvez todas as células pudessem ser renovadas, a fim de que a própria morte fosse eliminada ou indefinidamente adiada. Isso eu consideraria um erro inimaginável. Toda a arte, toda a religião e toda a moral se constroem tendo por pano de fundo a fragilidade da vida. A vida é essencialmente efêmera. Mas talvez este seja apenas um derradeiro apelo à retórica da natureza.

Bibliografia recomendada

CROMER, Alan. *The Heretical Nature of Science*. Oxford University Press, 1995.

SHELLEY, Mary. *Frankenstein*. Signet, 2000.

WARNOCK, Mary. *An Intelligent Person's Guide to Ethics*. Duckworth, 2000.

WOLPERT, Lewis. *The Unnatural Nature of Science*. Harvard University Press, 2000.

É possível pôr fim às doenças?

Introdução de Mandy Garner

Editora de reportagens especiais do Times Higher Education Supplement

ATÉ A DÉCADA DE 1980, pelo menos o Ocidente parecia haver afugentado as doenças. O século XX estava repleto de novos tratamentos e vacinas, enquanto os bebês de proveta seguiam-se aos transplantes cardíacos, que se haviam seguido à penicilina. E então, bum, vieram os túmulos e os médicos com trajes protetores especiais, enquanto se instalava o pânico ante a ideia de uma nova doença incurável e letal — a Aids. Desde os anos 1980, saímos cambaleando do pesadelo da medicina, sob a forma de uma nova variante da CJD [doença de Creutzfeldt-Jacob], e entramos nas inovações genéticas. Embora ainda estejamos nos primórdios, o espalhafato sobre a decodificação do genoma humano e as informações sobre o trabalho com o proteoma humano prometem, dentro de algumas décadas, a cura de toda sorte de enfermidades, inclusive a doença de Alzheimer e algumas formas de câncer. O sequenciamento de várias moléstias levou ao desenvolvimento de novos medicamentos. E há também as possibilidades com que acenam a terapia baseada nas células-tronco — que talvez possa incluir a erradicação ou a redução drástica do mal de Parkinson, do diabetes e das cardiopatias, entre outras doenças —, a terapia genética e a clonagem genética.

É difícil acreditar, com todo esse discurso sobre o progresso, que a ideia moderna das doenças e infecções não tenha sequer dois séculos de idade. Embora o microscópio tenha sido inventado e os micróbios tenham sido identificados pela primeira vez no século XVII, foi somente no século XIX que os cientistas se aperceberam de que os micróbios provocavam doenças. Antes disso, havia uma multiplicidade de explicações, que iam desde a crença em que as moléstias eram um castigo de Deus, ou dos deuses, até a ideia de que elas se relacionavam com exalações pútridas ou miasmas.

Diversos cientistas prepararam o terreno para as inovadoras descobertas oitocentistas de Joseph Lister, Robert Koch e Louis Pasteur. Entre eles se incluem Edward Jenner, pioneiro da imunização, através de seu trabalho sobre a varíola, e Rudolf Virchow, fundador do conceito moderno dos processos patológicos das doenças, sob cuja orientação Koch estudou em Berlim em 1866. Mas foram o trabalho de Koch sobre a transmissão das doenças pelo sangue, suas inovações técnicas no cultivo e no rastreamento de bactérias e sua descoberta dos bacilos da tuberculose e do cólera, bem como a teoria microbiana das doenças elaborada por Pasteur e seu desenvolvimento de vacinas contra a raiva e o carbúnculo, e ainda o trabalho de Lister na prevenção de infecções durante e após as cirurgias que, em conjunto, proporcionaram as bases da medicina moderna.

No século XX, o ritmo veloz das descobertas acelerou-se. Desvendados os aspectos fundamentais das infecções, os cientistas puderam concentrar-se na etapa seguinte — preveni-las e tratá-las. Desde a descoberta da penicilina, no início do século XX, criamos um leque de antibióticos para tratar doenças, além de uma multiplicidade de vacinas para garantir que nem sequer cheguemos a adoecer. Assistimos à erradicação de doenças que matavam um imenso número de pessoas, como a varíola e a poliomielite. E vimos avanços técnicos decisivos na cirurgia para o tratamento de doenças como as cardiopatias e o câncer. O foco atual nas causas genéticas das enfermidades, iniciado com o trabalho de James Watson e Francis Crick sobre o DNA, promete um futuro com uma medicina sofisticada, feita sob medida para cada indivíduo.

Mas essa ênfase no individual não nega as influências sociais e ambientais sobre a saúde. A poluição, a explosão no uso do tabaco, a radiação, os pesticidas e os aditivos usados nos alimentos, tudo isso foi colocado sob o microscópio, e as pesquisas têm-se concentrado em sua interação com diversos fatores, inclusive genéticos. Em muitos casos, os resultados das pesquisas ainda não foram comprovados ou não são claros. Por exemplo, a asma foi ligada à poluição, mas algumas pesquisas recentes têm-se concentrado nos indícios de que ela seria causada por ambientes excessivamente limpos. E há ainda os temores dos efeitos que os alimentos geneticamente modificados podem exercer sobre a saúde.

Houve também um ressurgimento do interesse no impacto da privação social sobre a saúde, sendo a dieta precária — e os efeitos a longo prazo da pobreza da dieta materna sobre o feto — uma das grandes áreas de pesquisa. No Reino Unido, a defasagem crescente entre os muito ricos e os muito pobres, nas duas últimas décadas, as mudanças demográficas que impõem um ônus maior aos serviços de saúde, em vista do número crescente de pessoas idosas que necessitam de tratamento, e ainda a falta de investimento nos serviços de saúde, tudo isso tem criado no país alguns bolsões em que as doenças ligadas à pobreza são significativamente mais frequentes do que noutras regiões. Essas também costumam ser as áreas que tendem a sair perdendo nas chamadas "loterias do código postal" no acesso ao melhor tratamento.

No mundo inteiro, as desigualdades da saúde têm significado que, desde o século XIX, houve pouca alteração nos tipos de doenças que afetam os países em desenvolvimento, assim como relativamente poucas pesquisas sobre a maneira como as diferentes moléstias afetam os grupos populacionais mais pobres. A despeito dos avanços ocorridos no Ocidente, essencialmente as mesmas dez principais doenças infecciosas — sem incluir a Aids — respondem pelo grande ônus da doença no mundo em desenvolvimento. Por exemplo, estima-se que a malária mate pelo menos um milhão de pessoas por ano, com 90% das mortes ocorrendo na África. A tuberculose, ligada à Aids em muitos casos, mata cerca de 1,9 milhões de pessoas anualmente, quase todas nos países em desenvolvimento, onde a resistência ao tratamento tem aumentado. E as perspectivas para o futuro não são positivas.

De acordo com os Médicos Sem Fronteiras (MSF), uma organização internacional de assistência médica de emergência, a privatização crescente do desenvolvimento dos medicamentos e a incapacidade do setor público de adotar a esse respeito uma postura calcada nas necessidades têm levado ao descaso com as doenças dos pobres. Além disso, o custo do desenvolvimento vem sendo empurrado para cima pelas exigências crescentes dos consumidores ocidentais acerca de normas de testagem mais rigorosas, bem como pelas preocupações com os efeitos colaterais dos medicamentos. Existem remédios para a Aids, pelo menos, embora as legislações atuais sobre patentes e as forças de mercado os tornem excessivamente caros. Quanto a muitas outras doenças que afetam os países em desenvolvimento, poucos novos medicamentos foram desenvolvidos nos últimos anos. Até recentemente, por exemplo, a doença do sono, que afeta cerca de 500 mil pessoas, era tratada com um remédio baseado no arsênico. A organização MSF afirma que é preciso haver um projeto global de pesquisa e desenvolvimento, um financiamento confiável a longo prazo e um tratado global que obrigue as empresas farmacêuticas a reinvestirem uma percentagem de seus lucros na pesquisa sobre as moléstias negligenciadas.

Essa argumentação é não apenas ética, mas prática, uma vez que a globalização crescente significa que já não existe uma linha divisória simples entre países ricos e pobres. O Reino Unido, por exemplo, tem assistido a um aumento acentuado do número de casos de tuberculose nos últimos anos, a maioria dos quais originados nos países em desenvolvimento. As pesquisas sobre as comunidades de imigrantes, amiúde financiadas por verbas insuficientes, sugerem que a desigualdade na saúde talvez não seja o único fator atuante na relação entre a globalização e as doenças. Por exemplo, Robert Wilkinson, membro da Fundação Wellcome, constatou uma ligação entre o fato de os guzerates residentes em Londres terem níveis de vitamina D inferiores aos dos que vivem na Ásia, além de terem índices mais altos de reativação da tuberculose.

Será que a erradicação da pobreza livraria o mundo das doenças? Com certeza reduziria seu impacto, mas a riqueza e o "progresso" criam seus próprios problemas de saúde. O fato de vivermos mais levou a um aumento das doenças associadas à velhice. A dieta excessivamente rica, cheia de gorduras animais saturadas, tem trazido mais doenças cardíacas e câncer. E as coisas não parecem tender para uma melhora: dizem os pesquisadores que uma em cada três meninas de onze anos, no Reino Unido, está acima do peso, e uma em cada dez é clinicamente obesa. A isso se associam o aumento dos trabalhos sedentários e o declínio geral dos exercícios, aliados às tensões ligadas à instabilidade e ao ritmo acelerado da vida moderna, o que inclui um aumento de famílias desfeitas e a transição para um estilo de vida de ritmo ininterrupto. Embora o estresse ainda não esteja comprovado como causa de doenças, ele é reconhecido como um componente da depressão, que a Organização Mundial da Saúde prevê que se tornará a segunda maior causa do ônus global das doenças nos próximos vinte anos. Há também um consenso de que o estresse pode ser um dos fatores que minam o sistema imunológico. Aliás, a preocupação de aprimorar o sistema imunológico, seja através da dieta, seja de terapias alternativas ou outros métodos, tem sido um foco crescente dos cientistas nas últimas décadas, e a Aids introduz nesse campo uma urgência a mais.

Além disso, tal como a globalização, outras condições associadas ao desenvolvimento têm acelerado a cadeia de infecções. A urbanização, por exemplo, tem proporcionado um campo de cultivo eficaz para as cadeias de infecção, e o aquecimento global leva a temores de graves irrupções de doenças infecciosas no hemisfério norte, em virtude de mudanças nos padrões migratórios de hospedeiros de doenças, como os mosquitos.

Vez por outra, a ciência também pode criar seus próprios monstros. A prescrição exagerada de antibióticos tem levado ao temor de que se desenvolvam bactérias resistentes a eles, à medida que alguns micróbios conseguem evoluir resistindo aos efeitos dessas drogas. Essas novas "superbactérias" tornam-se mais prevalentes porque os antibióticos eliminam os concorrentes mais fracos, gerando, por sua vez, novas moléstias, como o MRSA — *Staphylococcus aureus* resistente à meticilina. As doenças já existentes também têm-se mostrado cada vez mais difíceis de tratar. O vírus que causa a Aids e o bacilo por trás da tuberculose, por exemplo, têm evoluído numa velocidade que os químicos encontram dificuldade de acompanhar. O fato de os pacientes não aderirem com rigor aos programas de tratamento também tem ajudado a aumentar as cepas resistentes à medicação.

Longe de erradicarem as doenças, as sociedades abastadas também têm assistido ao nascimento de novas moléstias misteriosas nos últimos anos, como a síndrome de fadiga crônica. Será ela uma doença psicossomática, uma nova doença ou, como acreditam alguns pacientes, uma variação de uma doença mais antiga — a poliomielite? Os sintomas incluem extrema fraqueza física e espasmos musculares dolorosos, mas, embora ela seja hoje oficialmente reconhecida como doença pelo governo [da Grã-Bretanha], alguns médicos ainda se mostram céticos. Alguns pais de pessoas afetadas têm sido acusados de maus-tratos infantis, por se recusarem a admitir que seus filhos precisam de tratamento psiquiátrico. Outra nova doença misteriosa é a síndrome da Guerra do Golfo, cuja existência ainda é questionada nos círculos médicos. Várias teorias sobre suas causas estão sendo investigadas, inclusive o coquetel de medicamentos fornecidos aos soldados que serviram na Guerra do Golfo e o papel da depleção de urânio e organofosfatos, mas ainda não se chegou a um veredicto final. E há ainda as doenças que o tempo esqueceu — carbúnculo, peste bubônica e varíola. Trata-se de doenças que julgávamos ter vencido, mas que foram conservadas para fins militares. Agora elas podem voltar a nos assolar sob a forma da guerra biológica — talvez de modo ainda mais destrutivo, uma vez que os cientistas as têm manipulado para criar supercepas. Fala-se também da produção de novos micróbios, através da engenharia genética, para utilização na guerra.

Por um lado, portanto, partimos da ignorância sobre as causas das doenças para a capacidade de manipulá-las para nossos próprios fins, ainda que não sejamos capazes de controlá-las em caráter definitivo. Ao mesmo tempo, entretanto, há uma desconfiança crescente da ciência e da medicina, proveniente de uma faixa de problemas dentre os quais se incluem a preocupação com o fato de os cientistas "brincarem de Deus", o desconhecimento de como funciona a ciência, por parte das pessoas comuns, a mudança de atitudes perante a autoridade e o impacto da encefalopatia espongiforme bovina, ou "doença da vaca louca". Isso tem resultado na renovação de um enorme interesse na medicina alternativa, com sua concentração no equilíbrio entre o corpo e a mente. Esse interesse remonta a antigas ideias sobre o tratamento das doenças, anteriores ao século XIX, além de constituir uma resposta às reações de pânico diante de pavores médicos ou de outra natureza, como as preocupações com a vacinação contra a caxumba, o sarampo e a rubéola.

Ainda assim, não há dúvida de que houve um imenso progresso em nossa compreensão das doenças e em nossa capacidade de tratá-las, embora ainda estejamos muito longe de compreender como funcionam todos os inúmeros fatores implicados nelas. Muitos cientistas já não acreditam que a ciência possa dar todas as respostas. Há uma urgente necessidade de que se reúnam acadêmicos de formação variada para buscar soluções, bem como uma urgência de que os governos reconheçam a necessidade de investimentos públicos globais para lidar com a principal causa de doenças e o maior obstáculo à erradicação delas — a pobreza.

É possível pôr fim às doenças?

John Sulston
Ex-diretor do Centro Sanger, em Hinxton, Cambridgeshire, onde chefiou a contribuição do Reino Unido para o Projeto do Genoma Humano

Pelos padrões de algumas comunidades pobres, o setor próspero do mundo já aboliu a maioria das doenças. Graças aos aperfeiçoamentos na saúde pública e nos antibióticos, no tratamento do câncer e na cirurgia cardíaca, passamos da consideração das doenças como normais a vê-las como anormais. Mas as pessoas continuam a adoecer, e não lhes traz nenhum consolo dizer que isso é anormal. Assim, muitos esforços continuam a ser envidados para lidar com esse problema.

O sequenciamento do genoma humano foi um passo à frente nesse esforço, admirável e hiperbolicamente anunciado. Igualmente importante do ponto de vista das doenças, porém, é o sequenciamento dos genomas dos patógenos (bactérias, vírus e outros parasitas) e de outros genomas animais que nos ajudem a compreender o nosso. Numa perspectiva de longo prazo, a empolgação se justifica pela importância fundamental do levantamento desses códigos. Mas, que podemos realmente esperar deles num futuro previsível?

O sequenciamento de patógenos descortinará novos alvos a serem atacados pelos medicamentos e antibióticos. Isso é importante não apenas para solucionar antigos problemas, mas também para lidar com a ameaça crescente de cepas resistentes aos antibióticos, que aparecem constantemente.

No estudo do genoma humano, a ênfase recai atualmente na análise das variações individuais do código genético e em sua comparação com a saúde e os problemas médicos dos indivíduos. A testagem genética generalizada traz consigo problemas de privacidade e direitos humanos que têm que ser abordados, mas os benefícios são enormes. A interação das variações genéticas com a dieta e com outros aspectos do estilo de vida passará a ser bem conhecida, permitindo que as pessoas recebam uma orientação exata. O diagnóstico de doenças hereditárias se tornará cada vez mais preciso e corriqueiro, à medida que se desenvolverem métodos de testagem rápidos e baratos. O mesmo acontecerá com o diagnóstico da susceptibilidade a tratamentos medicamentosos e a seus efeitos colaterais. Isso significa que, pelo menos nos casos graves, o tratamento poderá tornar-se mais eficaz, seja por contribuir para a escolha dos medicamentos existentes, seja por conceber novas drogas. Há quem pense que, nos primeiros anos, essas áreas da farmacogenômica e da farmacogenética tenderão a exercer uma influência maior que a de qualquer outra coisa na prática clínica.

O diagnóstico preciso descortina a possibilidade de uma seleção pré-natal, através de implantes seletivos ou do aborto. No futuro, isso permitirá que se evitem as doenças hereditárias graves, o que, por si só, é imensamente desejável. Mas temos que decidir sobre o que é permissível, o que é desejável e o que é anormal. A sociedade encontra-se hoje às voltas com a ética da escolha dos embriões. Por um lado, temos pessoas que afirmam que essas atividades são um erro, seja em que circunstâncias for. Por outro, já existem filhos processando pais por estes haverem permitido que eles nascessem inválidos. À medida que mais marcadores genéticos se tornarem conhecidos, será preciso traçar com clareza ainda maior as fronteiras da seleção permissível, a fim de proteger os profissionais médicos. Alguns pais desejarão que a escolha seja muito rigorosa e se estenda até mesmo a traços quantitativos, como a inteligência. Inversamente, muitas pessoas inválidas fazem campanha em prol dos direitos absolutos dos não nascidos, sob a alegação compreensível de que, na vigência de critérios mais extremos de normalidade, elas mesmas teriam sido abortadas.

Grandes esforços têm sido empenhados na terapia genética — a substituição de genes defeituosos por exemplares sadios. Isso é difícil, em função dos problemas implicados na introdução de genes sadios nas células que necessitem deles e em fazer com que funcionem de maneira correta e estável. Mas essa terapia já começa a funcionar em doenças do sistema imunológico, no qual as células são relativamente acessíveis à manipulação, e haverá muitos outros sucessos no futuro.

Atualmente, uma das moléstias mais assustadoras para nós é o câncer. Enquanto muitas outras causas de doenças foram eliminadas, essa ainda nos atinge na flor da idade. Já se obtiveram grandes avanços no tratamento, mas é razoável presumir que a análise genética detalhada dos tumores, conduzindo a um direcionamento preciso das drogas tóxicas para as células patogênicas, leve a uma onda de aperfeiçoamentos em cerca de dez anos.

O aspecto mais importante da leitura do genoma humano é que ela constitui um passo fundamental para a compreensão completa de nosso corpo. Dispor do código genético não é propriamente a solução dos problemas, porém é um recurso, um referencial para auxiliar e nortear as pesquisas sobre os sistemas orgânicos. É por isso que o código genético deve ser gratuitamente colocado à disposição de todos. As vias fisiológicas são excepcionalmente complexas, e sua compreensão requer um discernimento e experimentação que vão muito além do código em si. O acesso às instruções básicas tanto habilita quanto impõe limites à busca.

Aliás, a própria complexidade desses sistemas e de seus controles refuta as dúvidas expressadas a respeito da extensão da importância dos genes. Tais dúvidas vieram à tona depois da revelação de que nossos genes somam apenas cerca de 30 mil a 40 mil. Mas os genes têm interações múltiplas, e é a combinação de suas variantes — um número inconcebivelmente grande — que precisa ser considerada ao avaliarmos as possibilidades do corpo humano, e não apenas o número de genes isoladamente considerados.

A maior compreensão de nosso corpo suscita novas perguntas. A própria velhice pode ser uma doença — para muitos, a mais devastadora de sua vida. Mas de nada adianta o progresso no prolongamento da vida sem considerarmos sua qualidade, de modo que há um enorme interesse em examinar a senilidade em todos os seus aspectos. E o que dizer da morte? Será que ela também é uma doença? E porventura queremos aboli-la? Para mim, a resposta é: absolutamente não.

Descubro-me cada vez mais impressionado com pessoas mais jovens do que eu, e não com as de minha idade ou mais velhas, que tendem a ser vistas com um respeito exagerado quando alcançam uma certa fama. Deveria haver um sentimento de que é bom ficarmos de lado e deixarmos que uma nova geração assuma o controle. Para alguns, entretanto, a imortalidade é um sonho irresistível. Como se poderia conquistá-la?

Uma dessas linhas de pensamento reflete-se no fascínio atual pela ideia (ou, a rigor, pela prática) da clonagem humana. Mas a clonagem genética, à parte as dificuldades práticas e éticas, de modo algum constitui uma recriação do próprio sujeito como indivíduo. Clonar-se é dar origem a um gêmeo idêntico — mas um gêmeo nascido noutra época, com suas pressões e ideias próprias e, portanto, com uma nova personalidade. Mais lógica, embora ainda fantasiosa, é a ideia de escanear os processos de pensamento do indivíduo e introduzi-los num computador que controle um robô. Em princípio, a mente transferida seria muito mais parecida com uma réplica da personalidade do que um clone genético.

Caso conservemos o corpo que temos, como haveremos de consertá-lo, quando ele adoecer? Os métodos de reparo se tornarão cada vez mais sutis e perfeitos. A manipulação genética não será o único produto do Projeto Genoma Humano. As consequências da verdadeira compreensão do funcionamento de nosso corpo significarão que, dentro em breve, não haverá lacunas no espectro que vai da cirurgia à bioquímica. Todas as enfermidades serão abordadas por uma combinação de instrumentos, e os dispositivos protéticos serão cada vez mais corriqueiros, eficientes e discretos.

Mas quantos equipamentos não biológicos podemos ligar a um corpo humano, e ainda assim chamá-lo de humano? Isso não é uma brincadeira. Quando os pesquisadores de próteses houverem solucionado o problema de criar uma ligação razoavelmente estável entre o sistema nervoso e os computadores — e estamo-nos aproximando desse ponto —, certamente haverá uma demanda de vários tipos de extensão cerebral. Somos hábeis em aprender a usar instrumentos, e as experiências dos que têm implantes de cóclea ou brincam com dispositivos de realidade virtual são um indicador precoce do que está por vir. Um pouco mais de memória, talvez? Mais capacidade de processamento? Por que não? E, se assim for, talvez uma espécie de imortalidade esteja bem próxima.

Toda essa discussão se dá sobretudo pela perspectiva dos ricos. A luta interminável com os patógenos é muito mais evidente no mundo em desenvolvimento, onde eles ainda são a principal causa das doenças. A proporção de verbas de pesquisa dedicadas às doenças tropicais é diminuta. Para as empresas farmacêuticas, os produtos mais lucrativos são os destinados ao tratamento da depressão, do colesterol alto e das úlceras gástricas. Não há lucro nos medicamentos para os pobres. A menos que se possa corrigir essa situação, o mundo será não apenas injusto, mas imensamente instável. As forças de mercado, por si só, não conseguirão criar uma igualdade de participação global. Isso exige uma busca deliberada de justiça. Uma das contribuições para a pesquisa é a liberação gratuita, por parte da Fundação Wellcome e de seus associados, de sequências de genoma, o que assegura que essas informações fundamentais fiquem ao alcance de todos.

Também há sinais de crescente desigualdade nos países ricos. Todos sabem, embora isso raramente se discuta, que haverá dificuldades cada vez maiores na distribuição equitativa da assistência médica. Também nesse caso, serão necessárias decisões democráticas conscientes para que os benefícios da nova tecnologia sejam distribuídos, em vez de leiloados.

Pôr fim às doenças é um objetivo admirável. No entanto, creio que um objetivo mais urgente é distribuir, de maneira mais justa, os conhecimentos de que já dispomos. A vida continuará a melhorar, à medida que adquirirmos uma compreensão cada vez maior e continuarmos tentando consertar as coisas. Os perigos que nos esperam provêm muito mais da desigualdade que da impossibilidade de solucionar problemas médicos.

Bibliografia recomendada

ACKERNECHT, E. H. *A Short History of Medicine*. Johns Hopkins University Press, 1982.

PORTER, Roy. *The Cambridge Illustrated History of Medicine*. Cambridge University Press, 2001.

Algum dia nos livraremos da dor?

Introdução de Geoff Watts

Escritor e apresentador de programas sobre ciência e medicina

"POIS TODA A VENTURA que pode a humanidade conquistar / Não está no prazer, mas em a dor aliviar", escreveu o poeta John Dryden. Assim, decerto havemos de estar radiantes pelo fato de os últimos trezentos anos terem conferido aos mais privilegiados dentre nós uma isenção da dor que seria inimaginável no século XVII.

A ciência médica pode não haver propriamente abolido a experiência da dor, mas raramente questiona a correção de ver nisso uma meta. Contraste-se tal postura com a atitude de nossos antepassados, muitos dos quais talvez se inclinassem menos a perguntar *como* podemos abolir a dor do que se *devemos* fazê-lo.

Ao longo de quase toda a história humana, a dor foi encarada como uma retaliação divina, ou como parte da ordem natural das coisas. Suportá-la era visto como uma virtude. Numa época em que o controle da dor era limitado ou inexistente, essas atitudes eram compreensíveis: lidavam da melhor maneira possível com uma experiência que era não apenas desagradável, mas também inescapável. Com o advento do controle eficiente da dor, talvez fosse de se esperar que tais ideias desaparecessem. Não há dúvida de que elas se atenuaram, mas não sumiram por completo. O falecido Patrick Wall, o mais célebre pesquisador da dor na Grã-Bretanha, citou o papa João Paulo II: "O que expressamos com a palavra 'sofrimento' parece ser particularmente essencial à natureza do Homem. Compartilhar o sofrimento de Cristo é, ao mesmo tempo, sofrer pelo Reino de Deus (...). O sofrimento como que contém um apelo à grandeza moral e à maturidade espiritual do Homem."

Wall assinalou que o papa parecia não apenas aceitar o sofrimento, mas enaltecê-lo. E acrescentou: "Essa afirmação poderosa teve consequências práticas nos países católicos, particularmente no tratamento do câncer terminal, no qual alguns médicos hesitaram em tratar a dor e o sofrimento, pois isso poderia intrometer-se nos atos de redenção dos pacientes."

Não que seja preciso ir a países católicos, ou mesmo contar com a instigação dos padres, para encontrar médicos que reflitam sobre a probidade do alívio da dor. Na década de 1830, a introdução do clorofórmio por James Simpson, como anestésico no trabalho de parto, instigou suspeitas e até hostilidade. É possível que os temores concernentes a sua segurança fossem justificáveis, mas muitos afirmavam que a dor do parto era, de certo modo, um componente da ordem natural das coisas, e não devia ser aliviada. Os eclesiásticos entraram rigorosamente na discussão, citando o Gênesis: "Tu parirás teus filhos na dor." O debate levou mais vinte anos para ser resolvido, e o foi por prerrogativas reais, e não médicas. A rainha Vitória aceitou o clorofórmio no parto do príncipe Leopoldo — e acabou-se a história.

A ideia de que limitar a dor é antinatural se desfaz ao reconhecermos que a própria natureza desenvolveu mecanismos para restringir a dor. Vez após outra, homens feridos em combate informam não ter tido consciência de que estavam gravemente feridos, ou de que sequer tinham algum ferimento, até a cessação do conflito. Só então a dor começava.

O valor desses dispositivos para a sobrevivência é bastante claro. A dor é uma mensagem destinada a alertar o organismo de que há algo errado. Mas para um homem das cavernas fugindo de um tigre dente-de-sabre que lhe houvesse arrancado parte do braço, um sinal de dor seria irrelevante. Na verdade, seria contraproducente; a consciência exagerada da lesão simplesmente prejudicaria seus esforços de permanecer e lutar, ou de virar as costas e fugir.

O sistema de modulação da dor é sofisticado e ainda não está plenamente entendido, mas sabe-se que o corpo fabrica moléculas, chamadas endorfinas, que são os equivalentes naturais do medicamento analgésico conhecido como morfina. A descoberta das endorfinas ofereceu uma explicação para a tolerância dos soldados aos ferimentos em combate: eles produzem seus próprios analgésicos. Explicou também por que medicamentos como a morfina são analgésicos tão eficazes: eles funcionam por fazerem uso do próprio mecanismo de supressão da dor existente no corpo.

E não é só isso. Na tentativa de explicar a variabilidade das respostas individuais à dor entre uma ocasião e outra, Patrick Wall e seu colaborador Ronald Melzack, da Universidade McGill, conceberam o que denominaram "teoria do portão da dor". Enquanto alguns nervos levam sinais de dor ao cérebro, outros trazem mensagens deste. Estes últimos podem interferir nos sinais que entram e reduzi-los ou bloqueá-los — fechar o portão, para usarmos a terminologia de Melzack e Wall. Inversamente, quando o portão é mais escancarado, a consciência da dor pode acentuar-se. Foi a exploração dessa ideia que levou ao método de controle da dor conhecido como estimulação nervosa transcutânea. Um pequeno estímulo elétrico, aplicado à área correta da pele, pode ser usado para fechar artificialmente o portão.

Embora aliviar a dor seja uma das funções rotineiras do médico moderno, ela desempenhou um papel relativamente pequeno na medicina antes do Renascimento. Não que os médicos tivessem muito a oferecer, de qualquer modo, à parte a mandrágora, o meimendro e o álcool. O advento do ópio representou um grande passo para uma analgesia mais eficaz. Mas foi o século XIX que assistiu ao desenvolvimento inicial de nossas drogas mais conhecidas, entre elas a morfina, a codeína e a aspirina. Com a invenção do óxido nitroso [gás hilariante], do clorofórmio e do éter, os cirurgiões não mais precisaram equiparar a habilidade à velocidade, e os pacientes foram poupados da provação de permanecerem conscientes durante as amputações e outras cirurgias ainda mais arriscadas.

Um dos obstáculos ao controle eficaz da dor é sua subjetividade. Os médicos sabem medir a pressão sanguínea, o colesterol ou o açúcar na urina, e medicar os pacientes em consonância com isso. Quando se trata de dor, entretanto, só podem fazer perguntas aos pacientes. O que é "lancinante" para mim pode ser "leve" para você, e a tendência das equipes médicas tem sido subestimar a intensidade da dor. Um dos remédios para isso, particularmente para lidar com a dor pós-operatória, foi encontrado na analgesia controlada pelo paciente (ACP).

O paciente que utiliza essa técnica é munido de uma seringa motorizada, que libera uma pequena dose de analgésico numa veia, ao se pressionar um botão. Os que querem maior alívio simplesmente apertam o botão com mais frequência. O sistema inclui várias salvaguardas para prevenir a superdosagem acidental, e é largamente considerado um grande sucesso. A experiência demonstra que, num grande grupo de pacientes que usam a ACP, o consumo geral do medicamento mantém-se aproximadamente igual ao que seria com o uso de prescrições convencionais. O que se altera é a distribuição. Alguns pacientes tomam mais, outros menos.

O tratamento da dor também tem sido infernizado pela suposição de que ela tem que ter uma origem física. Profissionais e leigos têm-se apegado a essa visão equivocada. E os pacientes a quem se diz que sua dor está toda na cabeça tendem a interpretar essa afirmação como uma forma polida de lhes dizer que eles estão se fingindo de doentes.

A maioria das dores tem realmente uma origem física, tenha esta a forma de uma queimadura, uma infecção microbiana ou alguma outra lesão, mas isso nem sempre se dá. As aflições crônicas sem causa aparente podem começar por uma reação aguda a uma lesão física inadequadamente tratada. A lesão em si e todos os sinais observáveis de danos se curam, mas o estado doloroso instaurado no sistema nervoso central persiste. O psiquiatra Andrew Hodgkiss, do hospital St. Thomas, em Londres, afirma que a medicina deve arcar com parte da culpa pela ideia de que a dor tem que ter uma causa física.

Para ele, "a dor é uma experiência complexa vivida pelos seres humanos, enraizada em sua autobiografia, seu estado emocional e sua concentração, bem como em suas informações sensoriais. Se não houvéssemos descartado todas essas ideias e, em vez delas, buscado uma relação simples entre a doença e a dor, hoje não teríamos que lutar com a afirmação de que ela está na cabeça. É claro que a dor está na cabeça. É uma experiência vivida, uma percepção, uma emoção, é tudo isso junto. Todas as dores estão na cabeça, mesmo quando há uma enorme lesão".

A inutilidade de continuar a procurar exclusivamente uma causa física, quando não se pode encontrar nenhuma, tem implicações importantes para o tratamento. Ela levou à criação de um punhado de clínicas da dor como último recurso, clínicas estas que enfatizam não a eliminação da dor — embora continuem tentando fazê-lo —, mas ajudar os pacientes a conviver com ela. Essa abordagem baseia-se largamente na psicologia cognitiva do comportamento.

O primeiro objetivo dessas clínicas é devolver aos pacientes — muitos dos quais tornaram-se inativos por causa da dor — a força e a saúde físicas. Em seguida, há um programa de orientação prática sobre a melhor maneira de levar a vida mais normal possível, sem exacerbar a dor. E há também a ajuda psicológica mais formal. Isso raramente elimina a dor por completo, mas com certeza ajuda a maioria das pessoas a enfrentá-la de maneira mais eficaz.

Será que realmente queremos viver num mundo livre de todas as dores — tal como buscaríamos viver num mundo livre de riscos? Estamos tão viciados nestes últimos, que nos apinhamos em parques temáticos para estimular a experiência de perigo, contornamos os esforços das autoridades para nos manter em segurança, e até inventamos e praticamos passatempos desnecessários, mas verdadeiramente arriscados, desde o alpinismo até o paraquedismo. Assim, queremos realmente abolir todas as dores? O masoquista decerto não quer.

E até aqueles que não têm estômago para suportar a dor neles mesmos podem aparecer para ver outras pessoas sofrendo. A arte performática, que atingiu seu apogeu na década de 1970, tem sido estrelada por artistas que, de diversas maneiras, alvejam-se, cortam-se, trepanam-se, perfuram-se, escarificam-se e se queimam — e retêm a atenção da plateia enquanto o fazem. É claro que estamos empenhados em eliminar a dor da medicina. Mas eliminá-la por completo? Talvez não.

Algum dia nos livraremos da dor?

Ronald Melzack
Professor emérito de estudos sobre dor da Universidade McGill

"Acabem com a dor" tornou-se uma palavra de ordem para as pessoas que buscam melhor assistência para um sem-número de pacientes, que sofrem uma intensa agonia em decorrência do câncer, da artrite, de lesões nervosas ou de outras causas. A dor intensa e prolongada destrói a qualidade de vida dos que a suportam, e é urgente a necessidade de abolir esse tipo de dor.

Entretanto, primeiro devemos reconhecer uma outra espécie de dor — uma que tem aspectos positivos. Algumas dores breves e agudas, em geral sofridas após uma lesão ou uma infecção, têm um valor genuíno para a sobrevivência. São as dores que nos fazem retirar rapidamente a mão de um fogão quente, levantar o pé ao pisar em um objeto pontiagudo, ou telefonar pedindo uma ambulância quando somos tomados por um mal-estar súbito no abdômen ou no peito. Essas respostas rápidas à dor visam prevenir ou minimizar prejuízos graves para o corpo, e são importantes para aprendermos a evitar encontros futuros com objetos e situações perigosos. A intensificação da sensibilidade à dor, durante o processo de cura, também nos impede de tornarmos a nos ferir e de adiarmos a recuperação plena.

As pessoas que nascem sem capacidade de sentir dor dão um testemunho convincente de como algumas dores agudas podem ser valiosas. Muitas dessas pessoas sofrem queimaduras, contusões e lacerações extensas durante a infância, e têm dificuldade de aprender a evitar a inflicção de graves ferimentos nelas mesmas. A impossibilidade de sentir dor depois de uma ruptura do apêndice, que costuma ser acompanhada por intensa dor abdominal, quase levou à morte um desses homens; outro andou apoiado numa perna com um osso fraturado até ele se quebrar por completo. Similarmente, uma mulher sofreu inúmeros cortes e queimaduras sem senti-los, e ficou com cicatrizes de bolhas na boca por beber líquidos em temperaturas altíssimas. Sua filha tinha o mesmo problema e, aos sete anos, encostou as nádegas na grade de um aquecedor de banheiro, depois do banho, e marcou na própria pele cinco grandes barras em cruz, sem sentir dor nenhuma. Histórias como essas deixam claro que não nos convém ficar inteiramente livres da capacidade de sentir dores agudas. Elas salvam vidas.

Em contraste, a dor crônica é destrutiva e não tem nenhuma característica atenuante. Uma das formas de dor crônica está associada a doenças incuráveis, como o câncer e a artrite, que destroem os tecidos do corpo, e a diversas patologias bem definidas das funções do organismo, como as hérnias de disco na coluna vertebral ou o suprimento insuficiente de sangue para o tecido cardíaco. As tentativas de aliviar essas dores costumam funcionar. A dor do câncer, por exemplo, pode ser enormemente diminuída — às vezes, até inteiramente abolida — com doses adequadas de morfina ou outros opiáceos, muitas vezes ministrados em combinação com outras classes de medicamentos, ou até com terapias psicológicas, a fim de aumentarem e manterem sua eficácia. Entretanto, apesar dos melhores esforços de grandes hospitais, dotados de esplêndidas instalações, cerca de 5% a 10% dos pacientes cancerosos continuam a sentir níveis moderados a altos de dor. Ao se aproximar o fim, quando essas dores incessantes já não têm nenhuma utilidade, elas tornam a vida insuportável, e é sabido que levam alguns pacientes ao suicídio. Será que algum dia nos livraremos delas?

É possível. Há novas drogas em estudo e, com sorte, as dores do câncer poderão ser minimizadas pela criação de medicamentos seletivos especiais ou por outras terapias. O aumento explosivo das pesquisas no campo da dor, nos últimos anos, tanto em laboratórios quanto na clínica, levou à descoberta de duas novas classes de drogas analgésicas muito eficazes. Nunca se havia suspeitado de que elas possuíssem esse tipo de poder, pois tinham sido desenvolvidas para controlar a epilepsia e a depressão psicológica. Os medicamentos antiepilépticos costumam ser usados para controlar a dor neuropática, associada à patologia dos nervos periféricos, enquanto os antidepressivos aliviam diversos tipos de dor, mesmo em pacientes não deprimidos, de modo que sua ação analgésica distingue-se de seus efeitos sobre a depressão. Alguns medicamentos novos e potentes para o alívio da dor artrítica tornaram-se disponíveis nos últimos tempos, e há outros ainda mais potentes a caminho. É possível que as dores crônicas que se associam a grandes patologias bem definidas do corpo venham a ceder, e que estas se tornem zonas livres de dor no campo da medicina.

Infelizmente, essa perspectiva otimista não se aplica ao tipo de dor crônica que não tem causa bem definida, como as dores dos membros-fantasma. As pessoas submetidas à amputação de braços ou pernas sentem quase de imediato um "membro-fantasma", aparentemente tão real que, às vezes, elas tentam levantar-se da cama pisando no pé-fantasma, ou atender ao telefone com sua mão-fantasma. A realidade do fantasma é particularmente vívida nos 60-70% de amputados que sofrem de dores terríveis — câibras, ardência e sensações de compressão — na panturrilha, nos tornozelos e nas mãos, ou noutras áreas. A dor pode receber um breve alívio através de injeções locais de anestésico ou de alguns analgésicos administrados por via oral. Tragicamente, no entanto, sua causa é pouco entendida e ainda não se descobriu nenhum tratamento eficaz.

Os neurocirurgiões podem retirar a bolinha de neurônios emaranhados (o neuroma) que se forma no coto, com isso promovendo um alívio temporário da dor, mas ela não tarda a voltar. Depois disso, amiúde por insistência do paciente em desespero, o cirurgião pode seccionar o nervo perto de seu ponto de inserção na medula espinhal e, mais adiante, seccionar parte da própria medula, em geral sem alívio prolongado. Vez por outra, utilizam-se eletrodos no cérebro para queimar partes do tálamo ou de áreas adjacentes. Até o córtex que representa o membro ausente pode ser retirado. Nenhuma dessas operações mostrou-se eficaz por tempo suficiente para que se possa contar com elas como uma terapia confiável. Mesmo quando se retiram completamente alguns centímetros da medula espinhal, deixando um espaço para que nenhuma informação dos membros inferiores consiga chegar ao cérebro, a dor terrível (que precisa ser terrível, para que se realize essa grande cirurgia) costuma persistir nas mesmas áreas do órgão-fantasma.

Agora, a razão disso está pelo menos parcialmente clara. Quando a transmissão de informações sensoriais às células do cérebro é cortada, essas células começam a emitir disparos anormais espontâneos. Presume-se que os padrões patológicos dos impulsos nervosos gerem a percepção de dor. As drogas antiepilépticas ajudam alguns desses pacientes, mas a maioria deles continua a sofrer. Também nesse caso, estão-se desenvolvendo novas drogas e, no futuro, é possível que algumas delas funcionem. Lamentavelmente, não há razão para sermos otimistas quanto ao surgimento iminente de uma medicação capaz de controlar essa dor pavorosa e implacável.

No entanto, ao menos esses tipos de dor começam a ser mais compreendidos. Um traço marcante das dores crônicas, que incluem a maioria dos tipos de dor nas costas, cefaleias, dores faciais, dores musculoesqueléticas, dores pélvicas e viscerais, é que elas envolvem a atividade da totalidade do cérebro. Sabe-se que não apenas as áreas cerebrais que recebem e processam as informações sensoriais entram em atividade quando as pessoas sentem dor, mas também que as áreas do sistema límbico (que desempenham um papel na emoção, na motivação e no sofrimento) e as áreas cognitivas (que avaliam a situação, atribuem-lhe um sentido e anteveem a esperança ou a maldição) desempenham algum papel.

Consideremos as dores de cabeça. Duas de suas formas mais comuns são as cefaleias por tensão e a enxaqueca (vascular). Estudos rigorosos mostram que as cefaleias por tensão nem sempre estão associadas a um aumento da tensão na cabeça e nos músculos do pescoço, e as enxaquecas podem aparecer e desaparecer sem nenhuma relação clara com alterações da pressão sanguínea no sistema vascular da cabeça. Além disso, o estresse desempenha um grande papel nesses dois tipos de cefaleias, mas não de maneira previsível. Os três fatores — tensão muscular, fluxo sanguíneo e estresse — são importantes em graus variáveis, mas nenhum deles, isoladamente, é um preditor fidedigno do tipo de dor de cabeça, nem de quando ela surgirá e desaparecerá. É por isso que tratar apenas um desses aspectos raramente parece ser o bastante para fazer uma diferença substancial por um período suficientemente longo. É comum o tratamento eficaz envolver todos três.

Embora tenhamos excelentes novos medicamentos para alguns tipos de cefaleias e nossa compreensão delas tenha feito avanços consideráveis nos últimos anos, não podemos curar todas, e o sofrimento contínuo de milhões de pessoas indica que ainda teremos muito trabalho pela frente. Mas continua a haver margem para o otimismo. Agora que reconhecemos o poderoso papel do cérebro e de todas as suas contribuições — sensoriais, emocionais e cognitivas —, começamos recentemente a explorar os mecanismos cerebrais da geração de consciência e da percepção da dor e do sofrimento. Na verdade, talvez estejamos num estágio de nossa ciência que seria comparável à afirmação copernicana, no século XV, de que, contrariando o senso comum, a Terra girava em torno do Sol. A confirmação posterior desse fato elementar levou, em menos de quinhentos anos, à descoberta de nosso sistema solar e, mais tarde, à de nosso vasto universo em expansão.

Do mesmo modo, contrariando o senso comum, sabemos hoje que o cérebro é capaz de gerar dor sem que haja qualquer indício de lesão, infecção ou outra patologia. O cérebro é extraordinariamente complexo, com seus cem bilhões de neurônios e trilhões de ligações, mas com certeza o progresso científico acabará por desvendar seus segredos. Sem dúvida, há esperança de que esses segredos também venham a iluminar maneiras de eliminar as dores e sofrimentos terríveis que afligem pessoas do mundo inteiro.

Bibliografia recomendada

MELZACK, Ronald (com Patrick D. Wall). *The Challenge of Pain*. Penguin, 1999.

——. "The Tragedy of Needless Pain". *Scientific American*, vol. 262, 1990, p. 27-33.

——. "Pain and Stress: a New Perspective", *in* R. J. Gatchel e D. C. Turk (orgs.). *Psychosocial Factors in Pain*. Guildford Press, 1999, p. 89-106.

WALL, Patrick D. e Steven Rose (orgs.). *The Science of Suffering*. Weidenfeld & Nicolson, 1999.

É possível acabarmos com a fome?

Introdução de Julia Hinde

Autora de textos de ciência e educação

Na reunião da Cúpula das Nações Unidas sobre Alimentos para o Mundo, em 1996, 186 países comprometeram-se a reduzir à metade o número de pessoas subnutridas até o ano de 2015. Segundo a Organização das Nações Unidas para Alimentos e Agricultura (FAO), é improvável que essa meta seja atingida. A despeito de todos os avanços tecnológicos de nosso mundo, parecemos incapazes de alimentar a humanidade. Na África subsaariana, por exemplo, de acordo com o Instituto Internacional de Pesquisas e Políticas Alimentares (IFPRI), um terço das crianças continuam a ir para a cama esfaimadas e "têm seu desenvolvimento mental e físico comprometido pelas devastações da fome".

É claro que houve pessoas passando fome ao longo de toda a história. A mais antiga referência a isso talvez seja a história bíblica de José, na qual a fome assola o território hoje chamado de Palestina. Também faz séculos que as pessoas tentam compreender os padrões da fome. Em 1798, o clérigo e estudioso Thomas Malthus sugeriu que, enquanto a produção de alimentos crescia em progressão aritmética, a população aumentava em progressão geométrica e, com isso, ultrapassaria os meios de produção, o que restringiria inevitavelmente o crescimento populacional. Esther Boserup, escrevendo em 1965, foi mais otimista. Sugeriu que a pressão demográfica promovia inovações e aumento da produtividade, e assim, em contraste com Malthus, afirmou que a produção alimentar conseguiria equiparar-se ao ritmo do crescimento populacional.

Em seu livro de 1981, *Poverty and Famines: An Essay on Entitlement and Deprivation* [*Pobreza e surtos de fome: ensaio sobre habilitação e privação*], o economista Amartya Sen, laureado com o Prêmio Nobel, mostrou que haviam ocorrido períodos de fome na história recente, mesmo quando a oferta de alimentos não era significativamente inferior à de anos anteriores em que não houvera fome. Ele contestou a visão de que a escassez de alimentos seria a explicação mais importante da fome. Passados vinte anos, a maioria dos estudiosos concorda em que, hoje em dia, existem alimentos suficientes no plano global para alimentar toda a população de seis bilhões de habitantes do mundo, havendo superávit na produção de alimentos em muitos países. A fome tornou-se algo muito distante de um simples problema relacionado com a produção.

A revolução verde das décadas de 1960, 1970 e 1980, que envolveu a introdução de variedades de vegetais de alta produtividade, além de fertilizantes e pesticidas, assistiu a aumentos significativos da produção de algumas regiões em desenvolvimento. Os fertilizantes artificiais tinham sido introduzidos na década de 1950, mas os cientistas haviam constatado que eles faziam as variedades tradicionais de trigo crescerem tanto, que as plantas tombavam. Assessores agrícolas norte-americanos, que trabalharam no Japão depois da Segunda Guerra Mundial, identificaram variedades anãs de trigo, que foram levadas para os Estados Unidos e constituíram a base dos cruzamentos de plantas associados à revolução verde. Essas plantas, além de não tombarem, faziam um esforço menor de fotossíntese para a produção dos colmos e um esforço maior para produzir grãos. Realizou-se um programa similar de cruzamento de espécies no caso do arroz. Como resultado, o número de pessoas subnutridas caiu de um bilhão, na década de 1970, para os 800 milhões atuais, ou uma queda de 37% para 18%.

Todavia, o aumento da produtividade não se fez sentir em todas as regiões geográficas em desenvolvimento, nem se deu de maneira uniforme para todos os habitantes de cada país. A África subsaariana, por exemplo, tendeu — talvez pelo caráter distinto das lavouras e dos métodos de cultivo — a não acompanhar os avanços técnicos da revolução verde. Em consequência disso, a produção *per capita* vem caindo desde a década de 1960, associando-se à fome. Tim Dyson, professor de estudos populacionais da Escola de Economia de Londres, sugeriu que a disseminação da instabilidade política, os Estados nacionais etnicamente heterogêneos, o descaso dos governos em relação à agricultura e o crescimento populacional extremamente rápido também são responsáveis por esse fenômeno. Até dentro de uma mesma nação pode haver superávits alimentares e fome. A Índia, por exemplo, tem estoques de dezenas de milhões de toneladas de cereais, mas é a pátria de um terço da população faminta do mundo.

Essas pessoas, explica Jules Pretty, professor de meio ambiente e sociedade na Universidade de Essex, passam fome "porque são pobres". Não têm acesso aos alimentos nem aos recursos para comprá-los. O que se faz necessário, diz ele, são políticas sustentáveis corretas, favoráveis aos pobres. Uma vez que 70-75% da população faminta do mundo encontram-se em áreas rurais, diz Per Pinstrup-Andersen, diretor geral do IFPRI, a melhor abordagem é aumentar a produtividade em lavouras de pequena escala, dando aos lavradores acesso a quaisquer instrumentos de que eles necessitem. Outros enfatizam a necessidade de estratégias para aumentar o crescimento econômico e melhorar a saúde e a educação dos pobres, tanto nas áreas rurais quanto nas urbanas.

Enquanto as estratégias atuais para acabar com a fome se concentrarem nessas soluções políticas e geográficas, a ciência ainda terá um papel a desempenhar. Prevê-se que a população mundial tenha um aumento de um terço, chegando a oito bilhões de habitantes em 2030, e que isso coincida com a maior urbanização, com o envelhecimento da população em algumas áreas e com a mudança de gostos: as pessoas consumirão mais carne — com um uso menos eficiente dos cereais — à medida que aumentar a prosperidade econômica. Além disso, a escassez de água, a degradação do solo e as mudanças climáticas, possivelmente causando a desertificação, poderão afetar a capacidade de produção dos agricultores.

Anthony Trewavas, professor do Instituto de Biologia Celular e Molecular na Universidade de Edimburgo, e Christopher Leaver, da Universidade de Oxford, afirmam que, nos próximos cinquenta anos, a produção alimentar terá que ser duplicada ou triplicada nas mesmas áreas territoriais, com um suprimento decrescente de água e sem prejudicar o meio ambiente. "Se mantivermos a tecnologia nos níveis de 1993, será necessário, para alimentar a população em 2025, arar outros 800 milhões de hectares de florestas", diz Trewavas. "Mas não dispomos de imensas terras novas." Afirma ele que serão necessários outros aperfeiçoamentos na tecnologia agrícola para aumentar a produtividade das safras.

Nos últimos vinte anos, uma nova compreensão do funcionamento das células e organismos tem revolucionado a ciência dos vegetais. Enquanto o cultivo tradicional de plantas depende do cruzamento de espécies semelhantes, para produzir híbridos com as características desejadas, e é limitado pelos traços já existentes numa dada espécie e em seus parentes próximos, agora os cientistas podem selecionar um ou mais genes de uma espécie e transferi-los diretamente para outra. Podem até extrair genes de outros organismos, como as bactérias, e introduzi-los nas plantas.

Essa tecnologia permite que os cientistas tornem mais eficientes determinados processos vegetais, mediante a introdução de genes para melhorar a produtividade das safras, por exemplo. Ou eles podem introduzir genes para aumentar a resistência a pragas e patógenos, que atualmente matam 40% das lavouras, ou resistentes a pressões abióticas como o calor e a seca.

No mundo inteiro, cultivaram-se 44 milhões de hectares de produtos transgênicos no ano 2000. Essa primeira geração de transgênicos, cultivada principalmente nos Estados Unidos, mas também em quantidades significativas no Canadá, na Argentina e na China, envolveu a manipulação relativamente direta de genes isolados, para conferir resistência a herbicidas e a pragas causadas por insetos. Mas ela provocou uma enorme controvérsia na Europa, onde se considera que os consumidores pouco se beneficiam e onde há preocupações com o meio ambiente e com a saúde humana. O grupo ambientalista de pressão Greenpeace, de âmbito mundial, por exemplo, opõe-se a qualquer liberação de organismos geneticamente modificados no meio ambiente.

O balanço dos benefícios e dos riscos talvez seja muito diferente no tocante às lavouras transgênicas do mundo em desenvolvimento, nas palavras de Gordon Conway, presidente da Fundação Rockefeller, uma instituição beneficente norte-americana que, ao longo de quinze anos, investiu 100 milhões de dólares em pesquisas biotecnológicas sobre plantas. Ele conclama a uma revolução duplamente verde, "que repita os sucessos da antiga, mas de um modo que seja propício ao meio ambiente e muito mais equitativo" (a Fundação Rockefeller calcula que, dos 2,5 bilhões de dólares gastos na pesquisa e desenvolvimento biotecnológicos para a agricultura, apenas 75 milhões de dólares são despendidos no mundo em desenvolvimento). Essa nova revolução, diz Conway, deve incluir a aplicação da biotecnologia moderna "para ajudar a elevar os tetos de produtividade, produzir culturas resistentes à seca, à salinidade, às pragas e às doenças, e gerar novos produtos agrícolas de maior valor nutritivo".

Talvez a realização mais interessante da modificação genética até o momento tenha sido a introdução de genes produtores de betacaroteno — precursor da vitamina A — em grãos de arroz. O betacaroteno está presente nas folhas de arroz, mas o cultivo convencional das plantas não conseguiu introduzi-lo nos grãos. Alguns cientistas de Zurique o fizeram, usando um gene bacteriano e dois genes de narciso, e produziram um tipo de arroz — o Golden Rice — que tem o potencial de produzir betacaroteno suficiente para atender às necessidades humanas de vitamina A. Atualmente, um total anual de 150 milhões de crianças do mundo em desenvolvimento é carente de vitamina A, o que leva, em alguns casos, à cegueira permanente e até à morte.

A introdução de genes específicos, através da engenharia genética, pode conseguir em poucos anos o que levaria décadas para ser feito com as formas de cultivo tradicionais. Florence Wambugu, uma das principais biogeneticistas da África, que vem trabalhando numa solução biotecnológica para o vírus da batata doce, sugeriu que a modificação genética também poderá funcionar melhor na África do que as tecnologias da revolução verde, porque toda a tecnologia destinada a controlar os insetos está embutida nas sementes. Não há necessidade de educar os lavradores sobre o uso de fertilizantes, por exemplo. Ela se preocupa com a hipótese de que a antipatia pela modificação genética na Europa, onde não há necessidade de lavouras transgênicas para deter a fome, possa retardar sua introdução na África.

Mais uma vez, portanto, a questão torna-se política. Para Pinstrup-Andersen, o que falta não é uma compreensão de como podemos pôr fim à fome, e sim a vontade política de fazê-lo. "Os que estão no poder não têm filhos desnutridos", diz ele. "Não têm dado prioridade suficientemente alta aos alimentos."

É possível acabarmos com a fome?

Brian Heap
Vice-presidente e secretário de assuntos exteriores da Royal Society, diretor do St.Edmund's College, em Cambridge, e professor especial da Universidade de Nottingham

Os últimos cinquenta anos mostraram um verdadeiro progresso, uma vez que o ritmo da produção de alimentos superou o crescimento populacional em muitas regiões do mundo. A produção de cereais teve um crescimento aritmético, passando de um número bem inferior a 300 kg por pessoa, na década de 1950, para mais de 350 kg, na de 1980. De lá para cá, a produção mundial de grãos ficou aquém do crescimento demográfico, não em decorrência de qualquer surto repentino de crescimento populacional, nem tampouco de um teto genético no cultivo de plantas, mas, primordialmente, pelo efeito das restrições econômicas à produção por parte de grandes produtores da América do Norte, com o intuito de manter os preços dos cereais. Mas o crescimento demográfico *realmente* superou a produção de cereais na África subsaariana — a única região, desde a década de 1970, a ser torturada por grandes surtos de fome.

É possível aumentar a produção de alimentos e reduzir a desnutrição por muitos caminhos — tecnologias apropriadas, derivadas de conhecimentos já existentes e novos, aprimoramentos na educação e na condição das mulheres em relação à dos homens, inovações locais dos próprios agricultores, e políticas nacionais e internacionais que promovam o comércio, regulamentem os preços dos alimentos e as taxas de câmbio e melhorem o acesso aos mercados. Até hoje, tem sido bastante lenta a liberalização do comércio global de produtos agrícolas: as tarifas sobre produtos manufaturados caíram de 40%, em 1950, para 4% em 2001, enquanto as tarifas agrícolas mantiveram-se acima de 40%. Esses dados sombrios lembram-nos que acabar com a fome é um problema muito mais complexo do que apenas lidar com a população ou os alimentos, armadilha em que tendem a cair alguns grupos bem intencionados e voltados para um único interesse.

Mas o crescimento exponencial da população continua. Os otimistas da tecnologia assinalam que a ciência e a tecnologia transformaram a qualidade de vida de muitas pessoas, e continuarão a fazê-lo. Mas os catastrofistas advertem para os perigos da imodéstia, porque as dimensões dos desafios atuais não têm precedentes na história da humanidade.

As discussões sobre a fome polarizam as pessoas no que Vaclav Smil, da Universidade de Manitoba, chama de cornucopianos e catastrofistas. Tim Dyson, da Escola de Economia de Londres, tem uma confiança serena e otimista em que os agricultores conseguirão fazer frente ao volume da demanda, desde que não haja nenhuma calamidade imprevista. O uso de fertilizantes aumentará, as safras mundiais de cereais atingirão uma produtividade de cerca de quatro toneladas por hectare, e métodos de gestão intensivos em informações, que incluem a detecção remota através de satélites e a agricultura de precisão, melhorarão a eficiência da aplicação de nitrogênio, a qualidade do solo e o uso da água. Para a ciência, a grande pergunta é como inventar um futuro em que se consiga segurança alimentar para todos, de um modo sustentável em termos do meio ambiente.

A segurança alimentar é definida como a posse segura de recursos naturais, bens e atividades geradoras de renda, ou o acesso a eles, no intuito de neutralizar riscos, minorar choques e fazer frente a contingências. Em outras palavras, não se pretende que todos sejam agricultores de subsistência, mas todos devem possuir os meios para adquirir uma dieta satisfatória. Os agricultores de hoje produzem alimentos suficientes para alimentar todas as pessoas do mundo; no entanto, 800 milhões delas continuam inseguras em termos alimentares, dispondo de uma quantidade e qualidade insuficientes de alimentos para promover o crescimento, a atividade e a boa saúde. Se a oferta mundial de alimentos tivesse sido uniformemente distribuída em 1994, teria proporcionado uma dieta satisfatória, de aproximadamente 2.350 calorias por dia, a 6,4 bilhões de pessoas — mais do que a atual população mundial. Até hoje, a redistribuição física dos alimentos, de maneira equitativa, tem-se revelado impraticável e economicamente inviável. Ela não consegue suprir a diversidade das necessidades dietéticas e, no plano local, não gera renda suficiente para os pequenos agricultores — fatores fundamentais em qualquer combate à fome.

Os sistemas intensivos de produção e a revolução verde fizeram grandes contribuições para a alimentação da população mundial crescente, desde a Segunda Guerra Mundial. Algumas práticas, no entanto, são insustentáveis e resultam na perda da terra, através da degradação do solo, da desertificação e da urbanização, bem como em aumentos da produtividade agrícola que começaram a declinar nos países menos desenvolvidos, e na depleção irreversível da biodiversidade. Em todo o globo, apenas 0,26 hectares de terras cultivadas estão hoje disponíveis para que cada pessoa sustente a produção de alimentos e, em 2050, essa cifra ficará em torno de 0,15 hectares. A taxa de expansão de terras aráveis caiu abaixo de 0,2% por ano, e continua a declinar. Aproximadamente 40% dos alimentos mundiais requerem irrigação, e 70% da água disponível no mundo são usados na agricultura. Elevar a produção de alimentos para alimentar mais dois bilhões de pessoas implica usar a mesma quantidade de terras com quantidades reduzidas de água disponível.

Assim como o mundo não conseguiria alimentar-se atualmente com os métodos de cultivo da década de 1940, os agricultores não podem ter a expectativa de atender à maior demanda global que haverá em trinta ou quarenta anos com seus métodos atuais. Sem uma outra revolução agrícola, baseada em métodos mais sustentáveis, o destino dos povos das economias menos desenvolvidas parece particularmente sombrio. A Índia e a China têm o tríplice problema de populações crescentes, redução das reservas de água e diminuição das terras aráveis, embora a depleção da fertilidade do solo, na China, seja mais regional do que se supunha antigamente.

Poderá a biotecnologia ajudar? A história nos diz que não devemos esperar demais de uma única fonte. A segunda leva de produtos desenvolvidos pela biotecnologia poderia produzir lavouras (inclusive de legumes e frutas) submetidas à engenharia genética, a fim de gerar maior produtividade, possibilidades de armazenagem por mais tempo e melhores propriedades nutritivas. Essas lavouras poderiam ser resistentes a algumas pragas e doenças, ou fornecer produtos de alto valor, como as vacinas. É possível até que contribuam para sistemas de produção mais sustentáveis, se for possível empregar plantas transgênicas que necessitem de menos aplicações químicas, proporcionem uma tolerância maior à seca e cresçam em ambientes desfavoráveis, ou até hostis. Apenas na China, a área de culturas transgênicas teve um aumento drástico, passando de menos de 10 mil hectares, em 1998, para 700 mil hectares em 2000 (44 milhões de hectares no mundo inteiro). Com muita frequência, no entanto, a tecnologia é percebida como um brinquedo dos ricos.

Norman Borlaug, laureado com o Prêmio Nobel da Paz e pai da revolução verde, comentou a ironia de se recusar a biotecnologia aos agricultores das nações de baixa renda que têm déficits alimentares, quando são eles os que mais necessitam desses novos produtos. Borlaug recomenda que as empresas transnacionais compartilhem seus conhecimentos, através de parcerias com instituições públicas de pesquisa, abordem problemas agrícolas que hoje não têm alta prioridade nos principais mercados transnacionais, e estabeleçam estruturas concessionárias de preços em países menos desenvolvidos, a fim de beneficiar os agricultores pobres. A menos que isso aconteça, ele acredita que a fome continuará a ser, predominantemente, um sintoma do fracasso das instituições, das organizações e das políticas, e não apenas uma falha dos mercados e da produção.

Faz muito tempo que os governos dos países pobres discriminam a agricultura e se inclinam a favorecer a indústria e as cidades, e não os agricultores e a zona rural. O acesso ao mercado tem sido negado aos países menos desenvolvidos por países mais desenvolvidos, o que é agravado pelos pagamentos estatais anuais feitos ao setor agrícola por países pertencentes à Organização para a Cooperação e Desenvolvimento Econômicos (OCDE), subsídios estes que hoje ultrapassam todo o PIB da África. Para que se reverta o agravamento da pobreza, as medidas práticas urgentemente necessárias incluem: aplicar os frutos da pesquisa e desenvolvimento apropriados, reformar a posse da terra, melhorar as estradas para a comercialização dos produtos, melhorar o acesso aos mercados e implementar uma boa governança, em vez de práticas corruptas e regimes opressivos. A União Europeia adquiriu um experiência valiosa no fortalecimento de áreas desfavorecidas da Europa, e é chegada a hora, prenunciada pela reunião dos países do G8 em Gênova, em 2001, de um esforço internacional comparável na África subsaariana. Alguns projetos da Índia já demonstraram que as revoluções nas comunicações e na informática permitem que as regiões saltem de tecnologias ultrapassadas para tecnologias modernas. Superar o custo proibitivo de proteger a propriedade intelectual também é uma necessidade imperativa. Os cientistas jovens e brilhantes que voltam para casa com novas qualificações na biotecnologia vegetal devem ser incentivados a encontrar um fundo internacional centralizado, através do qual possam proteger seus direitos de propriedade intelectual. Uma iniciativa dessa monta daria um sinal importante à geração mais jovem sobre a intenção social, política e humanitária de eliminar a fome neste século.

Mais de 1,3 bilhão de pessoas vivem na pobreza absoluta, com renda *per capita* de um dólar ou menos por dia, e outros dois bilhões vivem em situação apenas marginalmente melhor. Não nos atrevemos a permitir que essa situação persista, porque acabar com a fome não é uma responsabilidade humana abstrata: é crucial para o desenvolvimento sustentável. Para que se leve a sério o desenvolvimento sustentável, será obrigatório que as nações mais desenvolvidas modifiquem seus padrões de consumo, pois, como disse o economista Amartya Sen, ganhador do Prêmio Nobel, sem mudanças não se tratará propriamente de a humanidade tentar sustentar o mundo natural, mas de a humanidade tentar sustentar a si mesma.

A resposta emergente à grande indagação da ciência é que *podemos* acabar com a fome, mas somente se existir a vontade política de adotar medidas e investimentos apropriados, paralelamente aos avanços oferecidos pela pesquisa e desenvolvimento e por tecnologias adequadas. A fome não acabará nas regiões em que há uma falta permanente de coordenação eficaz dos programas existentes, tanto de órgãos governamentais quanto de não governamentais, para não falar em novas iniciativas. O não enfrentamento desses desafios favorece a postura dos catastrofistas, porque perpetua a recusa de um direito humano fundamental — o direito a uma dieta adequada.

Bibliografia recomendada

DYSON, Tim. *Population and Food.* Routledge, 1996.

——. "World Food Trends and Prospects to 2025". *Proceedings of the National Academy of Sciences*, EUA, vol. 96, maio de 1999.

HEAP, Brian, e Jennifer Kent (orgs.). *Towards Sustainable Consumption.* The Royal Society, 2000.

LEAVER, Christopher. "Food for Thought", 28th Bawden Memorial Lecture to British Crop Protection Council Conference 2001, em <www.bcpc.org>.

LIPTON, Michael, e Richard Longhurst. *New Seeds and Poor People.* Routledge, 1989.

PINSTRUP-ANDERSEN, Per, Rajul Pandya-Lorch e Mark W. Rosegrant. "World Food Prospects, Critical Issues for the Early 21st Century", IFPRI, outubro de 1999.

PRETTY, Jules. *The Living Land.* Earthscan, Londres, 1998.

SEN, Amartya, *Pouerty and Famines: An Essay on Entitlement and Deprivation.* Oxford University Press, 1981.

——. *Transgenic Plants and World Agriculture.* Royal Society Report, julho de 2000.

SMIL, Vaclav. *Feeding the World: A Challenge for the Twenty-First Century.* MIT Press, 2001.

TREWAVAS, Anthony, e Christopher Leaver. "Opposition to GM Crops: Science or Politics?", EMBO reports, vol. 2, nº 6, 2001.

Ainda estamos evoluindo?

Introdução de Mark Buchanan
Físico e escritor científico

É TENTADOR SUPOR QUE, nesta era moderna, a espécie humana cresceu e deixou muito para trás sua história evolutiva, ligeiramente embaraçosa. E daí, se compartilhamos 98% de nosso DNA com o chimpanzé, que é nosso óbvio primo evolutivo? Com a ciência e a tecnologia modernas, porventura não entramos numa fase inteiramente nova da história? Acaso esses 98% não apontam para o passado distante, enquanto os 2% especiais — a parte que responde pelo grande cérebro humano — apontam ousadamente para o futuro? Será que o gume cortante da evolução darwiniana não foi embotado por nossa imensa capacidade de aprendizagem e adaptação?

Entre 1700 e 1900, a expectativa de vida na Grã-Bretanha deu um salto de 17 para 52 anos, sobretudo em decorrência da melhor nutrição e higiene, bem como do ar e da água potável mais limpos. Isso, é claro, foi apenas o prelúdio das proezas da ciência médica moderna. Durante o século XX, a taxa de mortalidade decorrente de doenças infecciosas nos Estados Unidos caiu à razão de muitos milhares de vezes e, em 1977, a varíola foi erradicada no mundo inteiro. Dispomos de membros artificiais, transfusões, marca-passos e transplantes de coração e, em breve, talvez venhamos a dispor de tecidos e órgãos artificiais. Os cientistas mapearam o genoma humano, assim como o de micróbios que representariam uma ameaça para nós. Como observou Barry Bloom, da Escola de

Saúde Pública de Harvard, "todos os genes de todos os patógenos humanos podem ser exibidos na tela do computador de todos os estudantes e pesquisadores". Isso, não há dúvida, multiplicará ainda mais nossa capacidade de adaptação.

Do ponto de vista biológico, os organismos evoluem através da seleção natural, tal como descrita por Charles Darwin. Os indivíduos "mais aptos" tendem a viver mais e a ter mais filhos, com isso transmitindo um número maior de seus genes à geração seguinte, enquanto os genes dos menos aptos tendem a ser eliminados. Mas e se a ciência médica atrapalhar? Em grande medida, a ciência tornou benigno um mundo rude, fortaleceu os naturalmente fracos e equilibrou "artificialmente" o campo da reprodução humana. Porventura isso significa que nós paramos de evoluir?

Não — embora os detalhes dependam do que queremos dizer com esse "nós". Na última década, os pesquisadores descobriram que aldeães tibetanos que vivem em altitudes superiores a 4 mil metros estão geneticamente adaptados para fazê-lo. Pelo menos um gene a mais ajuda suas hemácias a reterem mais oxigênio, e também parece favorecer sua capacidade reprodutora em condições de baixa oxigenação. Aproximadamente nos últimos 10 mil anos, esses tibetanos evoluíram geneticamente, a fim de se adaptarem a seu meio. Muitos devem ter morrido no caminho, por serem incapazes de se adaptar a ele. Isso não chega a surpreender. Nos últimos 25 anos, 1.173 pessoas escalaram com êxito o monte Everest. Algumas usaram oxigênio extra, enquanto outras confiaram no oxigênio disponível na atmosfera. Muitas morreram na descida subsequente, mas é significativo que a probabilidade de sobrevivência tenha sido quase três vezes maior entre aquelas que usaram oxigênio suplementar. É fácil imaginar como devem ter evoluído os tibetanos — mesmo em época muito recente.

No mundo em desenvolvimento, onde cerca de 25% de todas as mortes ainda decorrem de doenças infecciosas como a tuberculose, a pneumonia, a Aids, a malária e o sarampo, também está claro que a população continua em guerra com o meio ambiente, à medida que as defesas genéticas das pessoas entram em combate com as armas geneticamente aprimoradas de um sem-número de micróbios. Pesquisas recentes, publicadas na revista *Nature*, mostraram que na África do Sul, por exemplo, as pessoas dotadas de certos genótipos têm uma taxa de reprodução 30% superior à das demais, porque tendem a viver ligeiramente mais nos anos de seu pico reprodutivo. Esse é um caso em que não há como suspeitar de que a evolução tenha chegado ao fim.

Somente quando o "nós" refere-se ao Ocidente desenvolvido é que se torna interessante indagar se a evolução acabou. O geneticista Steve Jones, do University College de Londres, afirma que a medicina moderna basicamente retirou a seleção natural do panorama, porque as pessoas vivem mais e morrem de maneiras diferentes. Nos Estados Unidos, mais de 50% do total de mortes resultam hoje de doenças cardíacas e do câncer, os quais tendem a atacar em épocas mais avançadas da vida e depois dos anos reprodutivos. A rigor, a fração dos que morrem de doenças cardíacas quadruplicou desde 1900 — principalmente pelo fato de as pessoas já não estarem sucumbindo a doenças infecciosas. Jones afirma que, se não chegou a parar, é possível que a evolução esteja, pelo menos, ficando mais lenta.

Outros cientistas, entretanto, sugerem que não apenas ainda estamos evoluindo no Ocidente, mas que o estamos fazendo com rapidez ainda maior do que antes. O biólogo Christopher Wills, da Universidade da Califórnia em San Diego, sugere que as mudanças climáticas e outras alterações do meio ambiente, como o buraco na camada de ozônio, vêm impondo novas pressões ambientais à humanidade. Além disso, o aumento das viagens internacionais significa uma imigração crescente e a mistura de combinações de genes que estiveram muito mais isoladas durante milênios.

A antropóloga Meredith Small, da Universidade de Cornell, afirma que, na verdade, os seres humanos não modificaram em nada as regras da seleção natural. "Podemos supor que, por dispormos de cultura — e, com ela, de toda sorte de intervenções e tecnologias médicas —, estamos imunes à seleção natural", diz ela. "Mas a natureza procede como de hábito... Algumas pessoas vivem e algumas morrem, e algumas pessoas transmitem mais genes do que outras."

Portanto, segundo a definição de evolução, realmente ainda estamos evoluindo. O que talvez seja mais interessante, porém, é o modo como estamos evoluindo — e, em particular, o modo como nossa cultura e nossa ciência vêm afetando essa evolução. Quando se trabalha com as mãos, a pele fica mais grossa. Isso não é evolução, mas adaptação — e das mais simples. O labrídeo de cabeça azul, *Thalassoma bifasciatum*, é um peixe de recifes de coral que vive em grandes cardumes, quase todos compostos de fêmeas. Em qualquer momento considerado, existem apenas uns poucos machos dominantes. Quando um deles é retirado, uma das fêmeas muda de sexo e se transforma em macho, restabelecendo a proporção adequada. Mas os genes desses peixes permanecem os mesmos. Trata-se apenas de uma adaptação, de tipo bem mais sofisticado.

A cultura humana, do mesmo modo, não é armazenada nos genes — reside nas estruturas e hábitos sociais, na linguagem e nas bibliotecas, e tem que ser ensinada por uma geração à outra. A cultura, incluindo a ciência, é uma adaptação aprendida de nossa sociedade e, portanto, rigorosamente falando, não é uma consequência direta da evolução (embora seja consequência de nosso cérebro maior). O historiador E. H. Carr assinalou o grave equívoco que pode resultar de se "confundir a herança biológica, que é a fonte da evolução, com a aquisição social, que é a fonte do progresso na história". Essa aquisição pode dar-se sob a forma de riqueza financeira, aprendizagem, ou seja lá o que for. De qualquer modo, ela afeta o futuro de maneira irreversível, ao mesmo tempo em que deixa intactos os genes — pelo menos durante algum tempo.

Essa tese recebeu um toque diferente do zoólogo britânico Richard Dawkins, em *O gene egoísta* [*The Selfish Gene*], publicado em 1976. Ele elaborou a ideia dos "memes" — replicadores culturais ou "unidades de imitação", como "cantigas, ideias, frases de efeito e modismos", passados de uma pessoa para outra de maneira semelhante aos genes. Essa ideia dividiu o mundo acadêmico, levando alguns, como o filósofo Daniel Dennett e a psicóloga Susan Blackmore, a adotá-la entusiasticamente como uma influência evolutiva fundamental, enquanto outros a descartaram. O paleontologista Stephen Jay Gould descreveu-a como "uma metáfora sem sentido", enquanto o biólogo Steven Rose disse ser absurdo imaginar "a teia inteiriça da cultura sendo desagregada e transmitida entre as mentes por uma replicação semelhante à dos genes".

Mas, como quer que o faça, a cultura sem dúvida afeta a evolução biológica. Que é essa miríade de forças que faz com que algumas pessoas tenham filhos e outras não? Destrinchar as influências decerto é muito difícil, mas esses efeitos culturais têm consequências muito mais rápidas na genética da população humana do que os defeitos genéticos bastante raros que estão por trás de muitas doenças. Small assinalou que, no nível nacional, uma das consequências gerais do desenvolvimento econômico e tecnológico é a redução acentuada da taxa de natalidade. As regiões com mais altas taxas de natalidade encontram-se hoje na América Latina, na África e na Ásia, e essas populações, portanto, estão contribuindo com o grosso dos genes para o conjunto genético do futuro humano. "A cultura pode não parecer uma força 'natural'", diz Small, "mas, por fazer parte de nosso meio, ela é tão natural quanto as doenças, o clima ou os recursos alimentares."

No passado distante, é claro, com certeza as forças evolutivas favoreceram os que tinham maior capacidade mental, sabiam inventar instrumentos melhores e sabiam tomar melhores decisões. Wills afirma que, na espécie humana, há pouca razão para suspeitarmos de que isso tenha-se modificado. No entanto, diz ele, é possível que a maior capacidade intelectual tenda a se correlacionar com a consciência de problemas como a superpopulação, e leve a um decréscimo do número médio de filhos dos realmente inteligentes. Sendo assim, a evolução estaria trabalhando na direção oposta.

Para onde nos leva o futuro? O último bastião da evolução biológica é o gameta — a célula sexual. Nenhuma mutação ou outra manipulação do organismo físico é transmitida para sua prole, a menos que esteja codificada no DNA do gameta. Por quanto tempo isso continuará a ser verdade? Quando irá alguma variação da terapia genética permitir a manipulação consciente do DNA que constitui o conjunto das informações genéticas? Quando isso acontecer, e é só uma questão de tempo, estará encerrada para a espécie humana a distinção entre herança biológica e herança cultural. Mesmo então, é claro, continuaremos a evoluir.

Ainda estamos evoluindo?

Michael Ruse
Professor dos departamentos de zoologia e filosofia da Universidade de Guelph

Como percebeu e discutiu o próprio Charles Darwin, em termos meio sombrios, em seu livro *A descendência do homem*, há mais coisas na evolução do que a seleção natural. Tem que haver uma variação bruta sobre a qual a seleção possa operar. Se tudo e todos fossem idênticos, não poderia haver reprodução diferenciada, e a evolução realmente estancaria. Embora Darwin não tivesse muitas ideias sobre as causas e a natureza dessa variação — hoje achamos que ela provém da mutação, que remonta, em última instância, a modificações aleatórias do DNA —, ele percebeu que, se a seleção natural fosse detida ou relaxada, a evolução continuaria (ou talvez recomeçasse). Se novas variações entrarem constantemente nas populações de organismos, e se não houver uma seleção que os direcione ou os elimine, essas próprias variações causarão, com muita rapidez, mudanças gerais.

A grande preocupação de Darwin era que, graças à medicina moderna, muitas pessoas com variações deletérias novas ou herdadas sobrevivessem e se reproduzissem, ao passo que, anteriormente, teriam morrido na infância e não transmitiriam essas características lamentáveis. Na condição de pessoa decente e solícita, ele não queria que deixássemos de ajudar os doentes e sofredores — e, como bom libertário vitoriano, ficaria estarrecido com a ideia de que se pudesse coagir as pessoas a abrir mão da reprodução —, e assinalou que jamais permitiríamos que essas práticas nocivas persistissem com nossos animais domésticos e nossas plantas.

Penso que Darwin estava certo em sua ciência — proteger as pessoas das forças da seleção significa, simplesmente, que a evolução toma outros rumos —, mas não tenho a mesma preocupação que ele quanto às consequências. Uso betabloqueadores para tratar da pressão alta, mas hoje eles são parte tão integrante de meu ambiente quanto foram, em minha juventude, as linguiças de alto colesterol, repletas de gordura, que faziam parte do almoço escolar. Assim como a cultura humana modificou as forças da evolução, a cultura humana pode proteger-nos dos efeitos colaterais negativos dessas mudanças.

Entretanto, não é apenas isso que se tem a dizer sobre a evolução humana hoje em dia. Embora talvez seja verdade que podemos proteger-nos um pouco das forças da seleção, dificilmente se afirmaria que possamos fazê-lo por completo — mesmo no mundo desenvolvido. E a seleção natural pode ocorrer, e efetivamente ocorre com plena força, no mundo em desenvolvimento. Por exemplo, isso se evidencia entre os que sofrem de Aids na África, onde algumas pessoas simplesmente têm uma imunidade natural maior ao vírus do HIV. Os filhos delas é que sobreviverão e se reproduzirão em maior número.

Outra grande mudança evolutiva em andamento surge graças às viagens modernas e à educação, bem como à mistura social posterior. As diferenças entre as raças — diferenças de cor, tamanho e (o que é mais controvertido) qualidades como a inteligência — começam a se decompor através do acasalamento cruzado. De acordo com o recenseamento recente dos Estados Unidos, filhos de orientais e de ocidentais entregam-se cada vez mais a uniões uns com os outros. E o que mais se poderia esperar da Universidade da Califórnia em Irvine, por exemplo, onde há 30 mil jovens perspicazes, asseados, inteligentes, saudáveis e sexualmente ativos, todos longe de casa, sendo 60% deles de origem asiática e 40% de origem europeia? Se daqui a mil anos todos nos moldássemos no protótipo de Tiger Woods, que é filho de muitas raças, eu não ficaria surpreso, nem tampouco, considerando-se seu físico magnífico, sua beleza e seu encanto, muito perturbado.

Esses são o que se poderia chamar de processos evolutivos relativamente naturais — pelo menos, processos evolutivos não planejados. Desde Darwin, porém, os eugenistas sonham com a possibilidade de os seres humanos assumirem o controle da evolução e moldarem-na para fins melhores. Existem dúvidas consideráveis, é claro, quanto ao que constitui um "fim melhor". E, depois do sonho de uma raça de super-heróis na Alemanha nazista, são poucos os que hoje se dispõem abertamente a endossar o cruzamento racial deliberado. Entretanto, alguns tipos de moldagem biológica das populações vêm ocorrendo atualmente, e parecem propensos a aumentar. Considere-se a seleção sexual. Em algumas partes do mundo — notoriamente na Índia —, há uma utilização generalizada de técnicas para descobrir o sexo do feto, e abortá-lo se não for do sexo desejado. Na prática, isso significa o aborto, quase inevitavelmente, quando o feto não é do sexo masculino. No nível populacional, é fatal que isso tenha efeitos significativos na proporção entre os sexos (que normalmente é de cerca de meio a meio) e tenha grandes efeitos sociais em cascata.

O Projeto Genoma Humano, que nos deu um mapa da natureza genética da humanidade, levaria, potencialmente, a uma forma nova, rápida e dramática de evolução, mesmo que a do tipo convencional seja bastante lenta. Através da manipulação de nossa hereditariedade, seria possível, talvez, contornar os métodos convencionais de reprodução e simplesmente projetar os tipos de traços que quiséssemos para nossos sucessores. Poderíamos, no mínimo, tentar chacoalhar nossas estruturas existentes, simplesmente ampliando ou aperfeiçoando as características desejáveis já presentes. A maioria das pessoas da minha geração viverá mais do que a geração de nossos pais, por causa da nutrição melhor e de mudanças ambientais e culturais correlatas, como o abandono do fumo. Talvez também possamos almejar uma longevidade maior, com base na biologia.

No entanto, até uma coisa modesta como essa poderia ter estranhos efeitos colaterais. Se vivermos, digamos, uma média de 100 anos, em vez de uma média de 75, eu, por exemplo, esperaria que isso fosse acompanhado por um pequeno ajuste do funcionamento da região lombar da coluna. Não acolho de bom grado a perspectiva de mais 25 anos de dores nas costas. Como se haverá de remediar ou evitar isso? No mínimo, precisaríamos ser mais corpulentos — músculos maiores, estrutura esquelética mais forte — e, talvez, um pouco inclinados à frente, para que o peso não caísse diretamente sobre os ossos e articulações cruciais. Nesse caso, porém, precisaríamos de um pescoço mais longo e voltado para cima, para não termos que estar permanentemente olhando para baixo. E é provável que também conviesse encurtar as pernas e incliná-las um pouco à frente, a fim de manter o equilíbrio. Em suma, consertar as costas provavelmente nos transformaria em algo parecido com um fugitivo de *O senhor dos anéis*. Talvez, afinal, seja possível dizer algo positivo em favor de uma vida curta e ereta.

Embora ainda não tenhamos ido tão longe, a evolução — natural e planejada — certamente continua a acontecer. Mas agora passou do biológico para o cultural. Não desenvolvemos penas, mas podemos voar. Não desenvolvemos módulos cerebrais matemáticos maiores, mas podemos fazer cálculos com velocidades muito maiores do que em qualquer outra época anterior. Não temos garras nem dentes maiores, mas podemos matar aos milhões. Aí está o verdadeiro sentido da evolução humana de hoje.

À medida que fomos evoluindo, nos últimos quatro ou cinco milhões de anos, a partir de criaturas simiescas, os restos de artefatos cada vez mais sofisticados mostram com clareza que nós, seres humanos, desenvolvemos um método mais potente de mudança do que qualquer coisa oferecida pela mera biologia. No mundo físico, as mudanças começam por variações aleatórias e não direcionadas. Toda vez que se consegue alguma coisa boa ou valiosa — uma forma ou uma adaptação novas e eficientes —, ela tem que ser reproduzida a cada geração, com a possibilidade de ser simplesmente diluída pelos processos usuais da reprodução. Trata-se de um processo lento e ineficiente, na melhor das hipóteses. Com o advento da cultura — o pensamento, a fala, os artefatos, os sistemas sociais, os rituais —, uma ideia nova e vantajosa pode ser diretamente transmitida a todos os integrantes do grupo, quase de imediato, e, em seguida, outras pessoas podem trabalhar no sentido de aprimorá-la e pô-la em prática.

A resolução de problemas pode ser uma arte, uma ciência ou um ofício, e não apenas um acaso, e podemos mudar e adaptar-nos quase que a nosso critério. Suponhamos, por exemplo, que fosse vantajoso aumentar alguns centímetros na altura. A biologia, trabalhando através da seleção sobre a variação, levaria muitos anos para realizar essa mudança. A cultura pode investigar as causas, usando a inteligência em busca de soluções e, uma vez descobertas as respostas — uma injeção de hormônio ou uma dieta melhor —, as informações podem ser imediatamente transmitidas aos outros, sem nenhuma demora. É por isso que a resposta, quando se indaga se ainda estamos evoluindo, é sim. É por isso que os seres humanos, e não nossos parentes próximos, os chimpanzés, inundam a Terra.

Dito isto, a evolução biológica é matreira e conservadora. Depois de 3,75 bilhões de anos de mudanças contínuas, a natureza aprendeu que não pode se dar ao luxo de ser irresgatavelmente seduzida pelo grande avanço mais recente no processo seletivo. Não se deve presumir que a cultura domine tudo. Ao contrário, ela se sai melhor quando funciona junto com a biologia, e não contra ela. Consideremos as estranhas perversões do cristianismo na América do século XIX.

Os *shakers*[1] proibiram as relações sexuais e hoje estão reduzidos a dois ou três membros idosos, e sua seita é lembrada sobretudo por seus belos móveis. Os mórmons enfatizavam o casamento e os filhos, e hoje enchem um estado inteiro da federação, e muito mais do que isso. Nas primeiras décadas do século passado, alguns membros dos *kibutzim* decidiram que todas as crianças deveriam ser criadas pela comunidade, sem que os pais biológicos tivessem maior ou menor contato com seus próprios filhos do que com os dos outros. Não demorou para que todo mundo começasse a trapacear, a fim de roubar oportunidades de estar exclusivamente com os próprios filhos. Eles eram primatas primeiro, e depois pioneiros socialistas.

O importante é que estamos evoluindo em termos culturais, mas isso não necessariamente se traduz numa evolução biológica imediata, nem pode a evolução cultural avançar com a rapidez que lhe agrada, pelo rumo que quiser. A evolução é um processo cego e impensado, e aqueles que falam da "sabedoria dos genes" o dizem metaforicamente. É um erro concluir que qualquer interferência no que a natureza produziu seja um equívoco. Mas a seleção natural é uma força contínua e implacável, e os organismos bem sucedidos — e nós, seres humanos, certamente o somos — têm o bom funcionamento que têm porque suas partes funcionam juntas, de maneira harmoniosa. A mudança tem que ser gradual e relativamente tranquila. Há bons motivos para crer que nossa evolução continua em ação, em parte fora de nosso controle,

[1]Seita cristã que se originou na Inglaterra em 1747, e que praticava a vida comunitária e observava o celibato. (*N. da T.*)

em parte dentro dele. Qual dessas partes é qual, e se temos ou não a possibilidade de movê-las a nosso critério, é uma outra pergunta.

Bibliografia recomendada

DENNETT, Daniel. *Darwin's Dangerous Idea*. Allen Lane, 1995.

RUSE, Michael. *Monad to Man: the Concept of Progress in Evolutionary Biology*. Harvard University Press, 1997.

——. *The Darwinian Revolution: Science Red in Tooth and Claw*. University of Chicago Press, 1999.

——. *Mystery of Mysteries: Is Evolution a Social Construction?*. Harvard University Press, 2001.

WILLS, Christopher. *Children of Prometheus*. Perseus Press, 1999.

Existe vida em outros planetas?

Introdução de Geoff Watts

Escritor e divulgador de ciência e medicina

PROVAS DEFINITIVAS DE VIDA EM MARTE. Essa foi a afirmação confiante que fez, no começo de 2001, Imre Friedmann, do Centro de Pesquisas Ames, da NASA, a agência espacial norte-americana. A afirmação seguiu-se a novos estudos de um meteorito marciano conhecido como $ALH8_{4001}$. Mas nem todos compartilham a certeza do dr. Friedmann.

O que ele e seus colaboradores mostraram é que o $ALH8_{4001}$ contém cadeias de cristais de um material chamado magnetita. Algumas bactérias que vivem na Terra têm cadeias cristalinas semelhantes, as quais, por ser a magnetita levemente magnética, podem usar para se orientar na lama em que vivem. As cadeias do $ALH8_{4001}$ têm características que, segundo dizem os microbiologistas, apontam para uma origem biológica.

Quanto a esse ponto, os críticos concordam. A questão, dizem eles, é quando as cadeias entraram no meteorito. O $ALH8_{4001}$ passou os últimos 13 mil anos no local em que aterrissou na Antártida. Talvez tenha sido contaminado por bactérias terrenas durante esse período. Friedmann refuta tal hipótese. As cadeias, diz ele, estavam encerradas num material que só poderia ter vindo de Marte, e as bactérias do tipo que usa a magnetita não são encontradas na Antártida. A discussão continua.

Para quem gosta de respostas simples para perguntas diretas, essa discussão é deprimente. Se os cientistas nem sequer conseguem decidir se algum dia existiu vida tão perto de nós, em nosso próprio sistema solar, como haverão de concordar quanto a existir ou ter existido vida noutros lugares da galáxia, e além dela?

A abordagem astrobiológica seguida por Friedmann e seus colaboradores pauta-se pela investigação de indícios diretos de sistemas vivos. Mas esse não é o único caminho. A melhor alternativa é a SETI, sigla derivada de Busca de Inteligência Extraterrestre [*Search for Extra-Terrestrial Intelligence*]. O Instituto SETI pondera que, se existe vida noutros lugares, é possível que ela tenha-se tornado no mínimo tão avançada quanto a nossa. Se assim for, deve ter desenvolvido uma tecnologia de radiotransmissão. Assim como os radiodifusores da Terra transmitem os sinais do programa *The Archers*, inadvertidamente, pelo infinito distante, a civilização de outros lugares pode estar disseminando seu equivalente de nossas novelas. Assim, os pesquisadores da SETI vasculham o espectro eletromagnético à procura de sinais não aleatórios que cheguem do espaço. Até aqui, essa busca não foi recompensada.

Com tão poucos indícios, não surpreende que a questão da vida extrassolar tenha sido dominada pela teoria e pela especulação. O universo compõe-se de bilhões de galáxias. A nossa — a que chamamos afetuosamente de Via Láctea — abarca mais de 100 bilhões de estrelas. Deixando de lado qualquer afirmação religiosa de que uma divindade tenha escolhido nosso planeta específico como o único lugar adequado à vida, é possível defender, com base na pura probabilidade, a sugestão de que os seres humanos não estão sozinhos.

Em seu clássico romance de ficção científica *The Black Cloud* [*A nuvem negra*], Fred Hoyle concebeu uma inteligência que se formaria numa nuvem de gás altamente organizada. Entretanto, organismos tangíveis como nós ainda são a possibilidade mais provável. A vida terrestre baseia-se na capacidade extraordinária de os átomos de carbono se combinarem e recombinarem entre si e com outros elementos, de uma miríade de maneiras diferentes. Não são muitos os átomos que compartilham a versatilidade do carbono, de modo que não seria de admirar que a vida dependesse, inclusive, de uma química parecida com a nossa.

A vida noutros lugares também precisaria de um ambiente capaz de sustentá-la — nem quente demais nem frio demais. Assim, parece provável que os corpos mais propensos a sustentar a vida fossem objetos parecidos com a Terra: planetas sólidos e "temperados", em órbita ao redor de uma estrela. Sabemos que os planetas existem porque os vemos em nosso próprio sistema solar. E, nos últimos dez anos, mais ou menos, descobrimos indícios diretos de muitos outros.

Na verdade, agora os astrônomos afirmam ter identificado mais de cinquenta planetas orbitando outras estrelas que não o nosso Sol. A maioria deles, como Júpiter, é grande e gasosa, e provavelmente não sustentaria a vida. Entretanto, ao discursar na reunião anual da Associação Norte-Americana pelo Progresso da Ciência, em 2001, Norman Murray, da Universidade de Toronto, apresentou novos indícios da existência de um grande número de planetas sólidos e mais parecidos com a Terra em nossa galáxia.

Em sua amostra de mais de quatrocentas estrelas, Murray e seus colaboradores estimam que mais da metade delas possam ter seu equivalente da Terra. Isso não quer dizer que teria necessariamente surgido vida neles. Mas Murray dispõe-se a afirmar que a vida seria comum na galáxia.

Alguns cientistas vão muito mais longe. Acreditam ser não apenas possível, mas sumamente provável, que tenha surgido vida noutros lugares. Presumindo que o comportamento da matéria e as leis da física sejam universais, eles afirmam que a emergência de um sistema de organização molecular do tipo que chamamos vida é inevitável. Outros vão ainda mais longe: uma vez iniciado esse processo, as forças que resultaram na evolução pela seleção natural aqui na Terra produziriam, inevitavelmente, vida inteligente. Mas com que frequência?

Em 1961, com uma confiança que beirava a arrogância, o astrônomo norte-americano Frank Drake concebeu uma equação para calcular o número de civilizações tecnológicas de nossa galáxia. A equação de Drake pode ser expressa da seguinte maneira: $N = R \times fp \times ne \times fl \times fi \times fc \times L$.

N é o número que ele estava tentando calcular — o número de civilizações da galáxia que se teriam desenvolvido a ponto de serem capazes de se comunicar. *R* é o índice de formação de estrelas adequadas — adequadas, nesse caso, significa com probabilidade de formar planetas. O termo seguinte, *fp*, representa a proporção de estrelas com planetas, enquanto *ne* é o número de planetas ao redor de qualquer estrela com uma faixa de temperatura habitável. Os três fatores *f* representam as proporções dos planetas em que a vida evolui (*fl*), atinge o estágio da inteligência (*fi*) e desenvolve uma tecnologia de comunicação (*fc*). Por último, existe o *L*, que é o intervalo temporal durante o qual uma civilização inteligente pode ter esperança de sobreviver à destruição acidental por forças externas, ou à autodestruição pela má utilização de sua própria tecnologia.

A tentativa dos integrantes da SETI de encaixar números nessa equação coloca a taxa de formação estelar em cerca de vinte estrelas por ano. Com um grau crescente de arbitrariedade, eles sugerem que metade dessas estrelas formarão sistemas planetários, que o número de planetas de um dado sistema capaz de sustentar a vida é igual a um, e que, em um de cada cinco desses planetas a vida surge e evolui. Levando em conta que as baleias e os golfinhos são inteligentes, mas nunca desenvolveram nenhuma tecnologia, eles sugerem que seria de se esperar o aparecimento de tecnologia em metade dos outros mundos que sustentam a vida.

Colocando esses números na equação, temos: $N = 20 \times 0{,}5 \times 1 \times 0{,}2 \times 0{,}5 \times L$. Em outras palavras, $N = L$. Ou, trocando em miúdos, o número de civilizações na galáxia é igual ao número de anos (L) que uma civilização tecnológica avançada pode ter a esperança de durar. A única dessas civilizações em que podemos basear-nos, é claro, é a nossa, que só vem tendo um avanço tecnológico significativo há cerca de cinquenta anos. Portanto, o número de formas de vida avançada de nossa galáxia é cinquenta — no mínimo.

É claro que esse é apenas o cálculo do Instituto SETI. Fazendo uma suposição em cima de outra, a equação de Drake pode ser usada para gerar quase qualquer resultado que se deseje. Entretanto, Monica Grady, do Museu de História Natural britânico, uma autoridade em meteoritos e na comprovação de vida primitiva dentro deles, diz que os cientistas realmente levam essa equação a sério. “Penso que ela ainda tem legitimidade”, diz ela. “Ela estabelece a estrutura, a probabilidade de uma civilização extraterrestre. Fornece-nos, pelo menos, um contexto aproximativo."

Grady calcula as probabilidades de vida noutros lugares em aproximadamente 50% e, tal como outros cientistas, faz uma distinção clara entre uma forma qualquer de vida e a vida inteligente; a primeira poderia ter surgido repetidamente, sem progredir para esta última. Quanto à busca de vida *inteligente*, em particular, muitos cientistas são céticos. O astrofísico Michael Rowan-Robinson, do Imperial College, em Londres, assinala que todos os planetas têm vida finita. Mais cedo ou mais tarde, as estrelas de cujo suprimento de energia eles dependem esmaecem (o que ainda levará vários bilhões de anos para acontecer em nosso caso). Uma civilização de vida extremamente longa desenvolveria tecnologia para fazer mais ou menos o que lhe aprouvesse, de modo que reagir à morte iminente de sua estrela certamente se tornaria o projeto global número um. Tal civilização faria questão de se comunicar com um novo mundo, se não de colonizá-lo. Em outras palavras, deveríamos ter algum indício de sua presença.

"As pessoas que acreditam firmemente na existência de vida inteligente noutros lugares tendem a se mostrar inteiramente místicas nesse ponto", diz Rowan-Robinson. "Dizem coisas como: 'Ah, mas eles se escondem de nós, são capazes de se comunicar sem que o saibamos.' Isso simplesmente não me parece convincente."

Ele aceita a tese de que muitas civilizações, ao atingirem um certo ponto de desenvolvimento, tenderiam a se destruir. "Mas seria de se supor que qualquer civilização que existisse por um período realmente longo desejaria deixar algum monumento", diz ele. "Um farol que emitisse sinais dirigidos a gente como nós. É possível, é claro, que, quando se está prestes a explodir, não se tenha tempo de pensar em construir um equivalente das pirâmides! De qualquer modo, surpreende-me que não se tenha encontrado nada."

Se algum dia os cientistas descobrirem provas sólidas da existência de vida inteligente noutros lugares, isso não porá fim a sua busca, é claro. Seria apenas o começo.

Existe vida em outros planetas?

Colin Pillinger

Professor de ciências planetárias da Universidade Open e chefe do projeto Beagle 2, que faz parte da missão Expresso de Marte da Agência Espacial Europeia

Ninguém sabe se há vida em outros planetas, mas as novas informações obtidas a partir de meteoritos de Marte faz com que valha a pena darmos uma outra olhada no assunto. Certamente, fizeram com que valessem a pena todos os esforços feitos por minha equipe para obter verbas para o projeto Beagle 2[1], que irá a Marte em 2003, numa tentativa de responder a essa pergunta.

Esse assunto tem sido corrente há pelo menos duzentos anos; a primeira vez que apareceu em nossa cota diária de notícias foi na década de 1780. Mas essa primeira matéria não veio de um correspondente científico, tendo surgido, em vez disso, num laudo jurídico de um processo criminal: o advogado de defesa, num julgamento por tentativa de homicídio, resolveu defender a tese de que seu cliente era louco — e, portanto, não responsável por seus atos —, por acreditar que havia homens vivendo no Sol. (Tratava-se de um terreno perigoso, porque, na época, o astrônomo favo-

[1]A Beagle 2 foi malsucedida na aterrissagem em 2003. (*N. da E.*)

rito do rei, *Sir* William Herschel, acreditava na existência de vida no Sol e na Lua.)

O advogado nunca foi solicitado a comprovar sua tese — não pelo fato de o réu ser obviamente um homem muito perturbado (que fez greve de fome na prisão até morrer), mas porque o juiz já havia decidido que a tese da promotoria era falha. Houvera muitas testemunhas dos acontecimentos, o agressor fora desarmado no local, e a vítima visada tinha queimaduras em seu espartilho, porque a pistola estivera muito perto dela ao ser disparada. Apesar disso tudo, no entanto, o douto juiz decretou que, a menos que se apresentasse a bala disparada pela pistola, não havia prova de intenção de homicídio. Afinal, a vida de um homem estava em jogo. E o mesmo acontece com a ciência: quanto mais espalhafatosa a afirmação que se quer fazer, melhores têm que ser as provas. Felizmente, a ciência, ao contrário do Direito, tem a possibilidade de continuar procurando a bala quase indefinidamente, se necessário. Não temos que provar nossa tese da primeira vez. E, no que concerne à vida em Marte, parecemos mudar de ideia regularmente.

Em 1976, a missão Viking, lançada pela agência espacial norte-americana NASA, enviou duas espaçonaves ao planeta vermelho, com os melhores experimentos que era possível conceber, para procurar formas viáveis de vida. Em pouquíssimo tempo, os resultados começaram a ser transmitidos delas para a Terra. Alguma coisa no solo parecia estar utilizando o material radioativo mandado com a missão, como uma possível fonte nutricional para algum organismo marciano que estaria presente. A missão também levou dióxido de carbono com um átomo de carbono radioativo, e parte desse gás marcado foi "fixada" por um agente não identificado. Além disso, quando se umedeciam as amostras colhidas, desenvolvia-se uma quantidade abundante de gases, sobretudo de oxigênio. Pelo menos dois desses resultados, se não todos três, podiam ser tomados como indício de processamento biológico.

Os editores da época já deveriam estar encomendando suas reportagens e escrevendo suas manchetes, mas alguma coisa os deteve. Um novo experimento, executado pelo equipamento da nave e destinado a medir a abundância de material orgânico no solo marciano, não conseguiu detectar nada além de um punhado de moléculas simples — e até estas podiam ser atribuídas a processos de limpeza. Os cientistas da Viking viram-se diante de um dilema. Dispunham do que parecia ser uma função biológica, sem a manifestação física de sua causa. A Viking parecia haver descoberto vida sem corpo. Não houve nada a fazer senão optar por um veredicto de falta de comprovação.

Na verdade, os cientistas foram um pouco mais longe; afirmaram que Marte estava lhes pregando uma enorme peça. O meio ambiente da superfície do planeta dava sinais de ser incrivelmente oxidante, de modo que os cientistas explicaram os resultados como uma imitação da biologia pela química.

Todos tinham grande expectativa de que outras missões espaciais se seguissem rapidamente à Viking, e de que amostras obtidas em Marte logo fossem devolvidas à Terra para demonstrar ou refutar a veracidade das hipóteses formuladas em 1976. Mas não estava fadado a ser assim. O veredicto de falta de comprovação transformou-se num veredicto de inocência; a rigor, o saber convencional passou a consistir em que Marte era um meio hostil demais para ser considerado um *habitat* propício à vida.

Para alguns cientistas que examinavam outras linhas de investigação, entretanto, o processo nunca foi arquivado. Entraram em cena os meteoritos de Marte. Como uma decorrência direta da missão Viking, ficou demonstrado que já dispúnhamos de rochas vindas de Marte aqui na Terra, lançadas por gigantescos impactos sobre o planeta vermelho. Com grande esmero (cada nova informação foi fartamente questionada), revelou-se por diversas maneiras que tais rochas haviam assistido à passagem do ingrediente essencial da vida — a água — a temperaturas apropriadas para que ocorresse atividade biológica. Descobriu-se matéria orgânica, um remanescente químico da biologia, acompanhando o carbonato, um mineral depositado pela água. Na Terra, os sedimentos que contêm carbonato são rochas das quais provém o petróleo — não que isso signifique a existência de petróleo em Marte —, mas o petróleo é uma das manifestações terrestres mais óbvias de uma vigorosa biologia passada.

Pode-se mostrar que o isótopo de carbono característico da matéria orgânica e o carbonato de Marte são muito diferentes; as diferenças isotópicas entre produtos orgânicos e carbonatos de ocorrência simultânea são consideradas uma demonstração de que a atividade biológica na Terra começou há quatro bilhões de anos — em outras palavras, quase assim que o planeta se tornou suficientemente sólido para sustentar uma espécie de biologia. Por si só, isso sugere que a vida seria muito fácil de iniciar, e não, como pretendem alguns, um acaso singular que seria peculiar à Terra.

E houve ainda o caso do "fóssil marciano" — o que parecia ser um verme segmentado de dimensões nanométricas. Quer nos agrade, quer não, o fóssil marciano — que, seja ou não real, continua extremamente controvertido — instigou a busca na Terra das características mais diminutas do registro geológico. Fez os pesquisadores buscarem com atenção provas corroborativas, como a existência de biominerais — por exemplo, a magnetita.

Assim, em que pé estamos agora? Embora se possa demonstrar, em caráter definitivo, que muito do que se aprendeu sobre Marte a partir dos meteoritos ocorreu em nosso planeta vizinho no sistema solar, algumas coisas importantes não podem ser provadas. Em especial, não temos como demonstrar, de maneira inequívoca, a proveniência da matéria orgânica. É por isso que a missão Beagle 2 retornará a Marte em 2003, munida de novos experimentos.

Faremos uma busca muito mais criteriosa da bala, para usar a analogia do tribunal — do corpo que se mostrou tão esquivo para a Viking. A Beagle 2 levará um método baseado na combustão, que detecta todos os átomos de carbono, em todas as suas formas. Procuraremos matéria orgânica — fósseis químicos — abaixo da superfície, particularmente embaixo de um grande pedregulho que não se moveu desde a época em que foi depositado. Também examinaremos o interior das rochas. A premissa por trás dessa busca abaixo da superfície e em locais internos é que a matéria orgânica teria mais probabilidade de sobreviver se protegida de um meio oxidante.

O espectrômetro de massa da Beagle 2 também será capaz de buscar componentes vestigiais de natureza biológica na atmosfera. A composição da atmosfera terrestre seria incrivelmente desinteressante, não fosse pelos produtos da biologia. Toda sorte de espécies, das quais a mais conhecida talvez seja o metano, só existem ali porque a biologia as produz continuamente. O mesmo aconteceria em Marte. Se pudéssemos mostrar que a atmosfera oxidante continha moléculas reduzidas e instáveis, como o metano, que é o produto final da mais simples das reações metabólicas, poderíamos defender a tese de uma fonte biológica. Essa fonte poderia estar a mil quilômetros de distância, ou mil metros abaixo da superfície, mas ainda assim teria que existir.

Cerca de 80% da população gostariam de acreditar que realmente existe vida em outros planetas. Não gostamos de estar sozinhos. Em minha opinião, é incrivelmente arrogante supor que a humanidade seja o auge da evolução. Conquanto seja provável que não tenhamos uma resposta definitiva sobre os planetas fora do sistema solar ainda por muitos anos, vale a pena ter em mente que, na ciência, a ausência de provas não é uma prova de ausência.

Bibliografia recomendada

DRAKE, Frank, e Dava Sobel. *Is Anybody out There.* Delta, 1994.
SHOSTAK, Seth. *Sharing the Universe.* Berkeley Hills Books, 1994.

Como acabará o mundo?

Introdução de Aisling Irwin

Autor premiado de textos científicos

À ABERTURA DO SEXTO SELO, haverá um terremoto devastador, o Sol escurecerá e as estrelas cairão do céu. As montanhas estremecerão. Ao soar da quinta trombeta, gafanhotos saídos do poço abissal, com rostos humanos e caudas de escorpião, atormentarão selvagemente os infiéis. Sete flagelos causarão uma calamidade após outra, inclusive úlceras repulsivas, rios transformados em sangue e um calor tão intenso que o mundo se estorricará.

O livro bíblico do Apocalipse contém todos os ingredientes vitais para um fim de mundo que satisfaz o psiquismo humano. Muitas civilizações acreditaram que o fim será um episódio essencialmente centrado no ser humano, um evento deliberado em que o mal será punido por algum meio divino e apocalíptico, seguindo-se a redenção num novo mundo para os que a merecerem.

Essas visões da destruição continuam entre nós, mas hoje há também um novo tipo de profeta do Juízo Final que, muitas vezes, é ateu e científico. Embora haja nessa linhagem membros tão fanáticos quanto qualquer alardeador tradicional do dia do Juízo Final, há também os que são profundamente pragmáticos no que diz respeito à sua causa. Sua tese é que estamos num momento singular da história humana, porque nos vemos diante de uma multiplicidade de novas hipóteses pelas quais o mundo poderia chegar ao fim — ou o mundo inteiro, ou o mundo humano tal como o conhecemos. Esses términos nada têm a ver com a fé religiosa nem com a intervenção divina; são reais e sua probabilidade pode ser calculada, medida e, em alguns casos, evitada.

Alguns dos desfechos descritos por esses novos profetas fazem lembrar, estranhamente, certos temas antiquíssimos. Um asteroide choca-se com a Terra, trazendo um fim familiarmente cataclísmico para a raça humana. A exploração desenfreada da natureza traz a queda da humanidade, demonstrando que esta contém em si as sementes decadentes de seu próprio declínio. Mas há algo materialmente diferente em muitas das afirmações sobre o fim do mundo nos últimos cinquenta anos: a ascensão da ciência.

A ciência nos permitiu compreender melhor o mundo natural e, com isso, imaginar e prever muitos apocalipses antes impensados. Também nos facultou conceber os meios pelos quais, acidental ou deliberadamente, poderíamos dar cabo de grande parte da raça humana e, quem sabe, do planeta.

Paul Corcoran, professor adjunto da Universidade de Adelaide, afirma que essa mudança tornou-se óbvia há cerca de cinquenta anos, com a explosão da bomba atômica. "O fim estava realmente próximo, e não era preciso nenhuma crença em antigos profetas ou na intervenção de divindades para que o aceitássemos como a situação real da vida", escreveu ele em *Awaiting Apocalypse* [*À espera do Apocalipse*]. "Tratou-se de uma visão apocalíptica, subitamente reduzida a uma escolha prática e às probabilidades de erro aleatório (...) a contemplação ativa do Fim tem sido, há meio século, para todos os fins e propósitos, uma experiência racional e uma experiência intelectual e emocional comum."

O século XXI é um século crucial para a sobrevivência de nossa espécie, de acordo com Martin Rees, Astrônomo Real da Grã-Bretanha. Isso porque vimos adquirindo meios com que nos extinguirmos, mas ainda não arquitetamos um modo de nos espalharmos pela galáxia, o que aumentaria nossas probabilidades de sobrevivência, através da redução de nossa dependência de um único planeta. Os novos riscos que enfrentamos enquadram-se em diversas categorias, a mais horripilante das quais é a obliteração deliberada da humanidade pela humanidade. A guerra nuclear foi apenas a primeira possibilidade. Há quem afirme que a aniquilação global pela guerra tem mais probabilidade de resultar das armas biológicas — baratas de produzir, fáceis de esconder e assustadoramente complicadas de controlar. A Associação Mundial de Medicina, que representa cerca de oito milhões de médicos, adverte que as consequências de um ataque biológico bem sucedido, especialmente se a infecção fosse rapidamente transmissível, poderiam ultrapassar em muito as de um evento químico ou até nuclear.

Faz décadas que nos têm jurado que o fim virá nas mãos de robôs, em geral agindo sob o comando de um inventor maléfico, e que posteriormente se rebelariam e assumiriam o controle da Terra. Cientistas como Hans Moravec, um dos fundadores do departamento de robótica da Universidade Carnegie Mellon, preveem que, apesar dos atrasos, ano após ano as máquinas têm-se aproximado mais de se tornarem conscientes. Depois de se tornarem mais inteligentes do que nós, elas poderiam dominar-nos, destruir-nos ou fundir-se conosco em algum tipo de síntese pós-humana, que representaria o fim da humanidade tal como a conhecemos.

Vários dos novos perigos para o mundo fazem eco a um tema consagrado pelo tempo — o da decadência e queda acarretadas pela falência moral. A encarnação mais recente dessa ideia é a degradação ambiental. John McNeill, em *Something New Under the Sun: An Environmental History of the Twentieth Century* [*Algo novo sob o Sol: uma história ambiental do século XX*], afirma que o século XX singularizou-se pela escala em que isso se tornou possível.

A curiosidade humana é também tradicionalmente vista como um prelúdio da destruição. Os cientistas sempre conviveram com metáforas (a caixa de Pandora, Frankenstein) que esclarecem de que maneira a curiosidade inconveniente e a interferência na natureza, por mais inocentes que sejam suas motivações, poderiam destruir o mundo. As encarnações modernas dessas forças destrutivas incluem os micróbios modificados pela engenharia genética. Estes poderiam acarretar o fim do mundo através do desastre ambiental, por intermédio da criação de superplantas daninhas — possibilidade discutida por Jeremy Rifkin, economista e ativista norte-americano do meio ambiente —, ou pela utilização dessas espécies na fabricação de armas biológicas.

O fim também poderia vir como resultado de intromissões malfeitas e inúteis dos físicos. Perdendo tempo com seus aceleradores de partículas, no intuito de compreender questões físicas abstratas do universo, esses cientistas poderiam desencadear uma reação em cadeia que destruiria o mundo. Em 1983, Piet Hut e Martin Rees sugeriram, num artigo da revista *Nature*, que o Anel de Colisão de Íons Pesados Relativísticos (RHIC[1]), um acelerador de partículas situado em

[1]Sigla original de Relativistic Heavy Ion Collider. (*N. da T.*)

Long Island, em Nova York, poderia criar um buraco negro subatômico que devoraria lentamente nosso planeta. Alternativamente, o RHIC poderia criar fragmentos exóticos de matéria alterada, chamados *strangelets*, que obliterariam qualquer matéria comum que encontrassem.

Embora uma mesa-redonda convocada para examinar esses temores tenha agora rejeitado as duas hipóteses como praticamente impossíveis, dizem os críticos que isso não basta. "Totalmente impossíveis" é a única probabilidade aceitável, quando se trata da preservação da humanidade.

Outro ramo da física, a nanotecnologia, também poderia causar um fim exótico. Nos últimos dez anos, engenheiros vêm construindo minúsculas máquinas em escala atômica. Um dia, talvez consigam construir robôs microscópicos que sejam capazes de se reunir e de se replicar. Essa tecnologia, que poderia produzir benefícios como a realização de cirurgias no interior do corpo, também poderia tornar-se letal e incontrolável. De acordo com Eric Drexler, autor de *Engines of Creation* [*Máquinas de criação*], tais robôs poderiam "reduzir a biosfera a pó, em questão de dias".

Antes que demos um jeito de nos destruir, entretanto, o apocalipse pode vir do espaço sideral. Houve época em que era a onipotência divina que tornava perfeitamente críveis esses tipos de términos profundamente imprevisíveis. Agora, é nossa compreensão da vastidão dos fenômenos galácticos e da insignificância cósmica da Terra. O astrônomo Duncan Steel sugeriu, em *Rogue Asteroids and Doomsday Comets* [*Asteroides desgarrados e cometas do Juízo Final*], que poderíamos acabar sendo eliminados por um asteroide. Como alternativa, a Terra poderia ser obliterada por uma explosão de raios gama — uma explosão esporádica que produz muito mais energia do que nosso Sol. A princípio, a atmosfera terrestre conseguiria proteger-nos da maioria dos raios X e gama mortíferos da explosão. Aos poucos, entretanto, eles cozinhariam a atmosfera, num processo que destruiria a camada de ozônio. Sem a camada de ozônio, a radiação ultravioleta do Sol atingiria a superfície da Terra, eliminando o minúsculo plâncton fotossintético dos oceanos, que é o alicerce da cadeia alimentar do mundo.

Se as explosões de raios gama — que são raras — não conseguirem pegar-nos, é possível que um buraco negro desgarrado consiga fazê-lo. Os cientistas calcularam que nossa galáxia contém cerca de dez milhões de buracos negros e que, em geral, eles giram na órbita de estrelas, o que significa que nenhum tende a se aproximar de nós. No entanto, se um deles simplesmente roçasse o sistema solar, exerceria um efeito gravitacional suficiente para distorcer as órbitas planetárias. A órbita terrestre poderia tornar-se elíptica, provocando oscilações climáticas extremas, ou a Terra poderia ser ejetada do sistema solar para um fim amargo e frio no espaço sideral.

Há um outro perigo estelar cuja potência temos efetivamente testemunhado nos últimos dez anos, graças às vívidas imagens enviadas por naves espaciais. As labaredas ou erupções solares são explosões magnéticas que bombardeiam a Terra e podem perturbar o abastecimento de energia, embora, até aqui, nossa atmosfera e seu campo magnético tenham proporcionado uma boa proteção. Entretanto, há indícios de que, vez por outra, estrelas comuns, semelhantes ao Sol, podem emitir supererupções milhões de vezes mais potentes do que as usuais. Bradley Schaefer, da Universidade de Yale, descobriu indícios de que algumas estrelas semelhantes ao Sol, de aparência perfeitamente normal, podem iluminar-se de maneira rápida e maciça, e acredita que isso seja decorrente de supererupções.

Estas poderiam ser imensamente mais preocupantes se a Terra viesse a perder a proteção de seu campo magnético. Os geólogos mostraram que, a intervalos de algumas centenas de milhares de anos, esse campo magnético reduz-se a quase zero, durante um século talvez, e depois reaparece aos poucos. A última dessas reversões ocorreu há 780 mil anos, de modo que a seguinte pode estar próxima. Um dos sinais de que talvez esteja chegando é que a intensidade de nosso campo magnético sofreu um decréscimo de aproximadamente 5% no último século. Sem a proteção do campo magnético, a Terra ficaria vulnerável a tempestades de partículas, à radiação cósmica solar e a um desgaste ainda maior da camada de ozônio.

Um terror particularmente novecentista tem sido o do fim do mundo nas mãos de alienígenas. Hoje em dia, não apenas a SETI (a Busca de Inteligência Extraterrestre) vasculha o espaço à procura de sinais de vida inteligente, como também teólogos e filósofos têm preparado nossa reação moral, caso algum dia se descubram alienígenas. Os pensadores de ponta nessa matéria, fazendo uma extrapolação da era da exploração humana do globo, afirmam que o maior perigo proveniente dos alienígenas não está em eles matarem impiedosamente todos nós, mas em que podemos sofrer por atrapalhar sua pilhagem da Terra. Além disso, eles poderiam trazer doenças a que não seríamos resistentes. Por último, como foi previsto em *The Hitchhiker's Guide to the Galaxy* [*Guia do carona para a galáxia*], do falecido Douglas Adams, eles poderiam simplesmente querer extinguir-nos e a nossas casas como parte de um projeto maior, como a construção de uma passagem interestelar.

Mas pode ser, quem sabe, que a intervenção divina anteceda tudo isso. E, se não for diretamente mediada por Deus, ela poderá ficar nas mãos de alguns de seus mais devotos seguidores. O Fim — declínio, apocalipse e redenção — exerce um efeito fascinante sobre muitas pessoas e, hoje em dia, alguns pequenos cultos, como os Branch Davidians e o Heaven's Gate,[2] que querem acelerar seu advento, têm um acesso sem precedentes a métodos potentes de infligir castigos. Uma pequena prova do que eles podem fazer foi-nos dada em 1995, quando membros de uma seita religiosa soltaram o gás venenoso sarin numa estação de metrô de Tóquio, matando doze pessoas e ferindo mais de 5 mil. Desde setembro de 2001, temo-nos confrontado com o conceito de guerra santa global, uma ideia antiga que se tornou mais letal através da tecnologia moderna. Com maior acesso a armas biológicas e até a armas nucleares, é possível que cheguemos ao fim com que os seres humanos começaram.

---

[2]Seita dos Davidianos, liderada por David Koresh, sitiada por 41 dias na cidade de Waco, no Texas, em fevereiro-abril de 1993, até o desfecho final num incêndio que causou a morte de cerca de 80 pessoas. A seita Heaven's Gate (Portão dos Céus) também promoveu ideias suicidas. (*N. da T.*)

Como acabará o mundo?

John Leslie
Filósofo e membro da Royal Society do Canadá

Nossa galáxia contém muitos bilhões de estrelas parecidas com o Sol. Nossos telescópios observam detalhes de muitos outros bilhões de galáxias. Presumindo-se que a vida inteligente evolua com facilidade, por que não detectamos nenhum sinal da existência de extraterrestres? Será possível que nós, os seres humanos, sejamos os primeiros seres inteligentes a evoluir neste braço do bosque cósmico? Será que, no devido tempo, existirá um milhão de outras espécies tecnologicamente avançadas, mas que a nossa é a primeira? Isso com certeza tornaria nossa posição realmente extraordinária demais. Não seria mais sensato pensar que, sim, muitas raças inteligentes evoluíram antes de nós, mas se destruíram tão logo desenvolveram tecnologias avançadas?

Eis uma outra linha de raciocínio que parece quase exatamente idêntica a essa: será que você e eu podemos realmente estar no primeiro milionésimo de todos os *seres humanos* jamais nascidos? Acaso isso também não tornaria incrivelmente extraordinária a nossa posição? Se todos os seres humanos acreditassem estar no primeiro milionésimo, apenas um em cada milhão deles teria razão. Essa ideia ocorreu a Brandon

Carter, um cosmologista e matemático britânico, no início da década de 1980. Ela o levou ao que passou a ser chamado de "tese do dia do Juízo Final", por presumir que os seres humanos se extinguirão em muito pouco tempo.

Se olharmos simplesmente para os vários perigos com que a raça humana se confronta, sem levar em conta a ideia de Brandon Carter, em que nível devemos situar a probabilidade de que os seres humanos sobrevivam por outros milhões de anos? Num nível de uns 80%, eu responderia. Mas, e se fosse realmente alto assim? E se (como acredita a maioria dos cientistas espaciais) uma raça humana que sobrevivesse por muito mais tempo do que já sobreviveu viesse a se espalhar diretamente pela galáxia, talvez dentro de apenas 600 mil anos? Nesse caso, seria presumível que você e eu tivéssemos vivido no primeiro milionésimo de todos os seres humanos. Será que isso não soa incrível demais?

É incrível, de qualquer modo, quando se considera a alternativa inteiramente crível. Recentemente, houve uma explosão populacional. Dentre todos os seres humanos que já viveram até hoje, aproximadamente 10% estão vivos neste momento. Se este fosse um momento próximo do fim da história da população humana, nossa posição nessa história não seria nada extraordinária — pelo menos, nada tão extraordinário quanto estar no primeiro milionésimo. E porventura não há uma porção de ameaças à sobrevivência contínua de nossa espécie?

Embora este raciocínio seja controvertido, ele me parece mostrar que o "fim próximo" está, muito provavelmente, à espera da raça humana. "Próximo", nesse caso, significa próximo o bastante para que a colonização galáctica mal tenha começado. E isso bem poderia significar a aniquilação durante os próximos séculos.

Examinemos apenas três das maneiras pelas quais nossa espécie poderia extinguir-se rapidamente. Duas delas são amplamente discutidas: a extinção por uma crise de poluição e a extinção pela guerra biológica. A terceira talvez seja uma surpresa para você. Mas ela tem sido considerada em artigos em publicações de física e em *Before the Beginning* [*Antes do começo*], um livro recente de Martin Rees, o astrônomo real da Grã-Bretanha. Trata-se da extinção por um desastre na metaestabilidade do vácuo.

A crise de poluição poderia implicar muitos fatores. A camada de ozônio, que é o escudo da Terra contra a radiação ultravioleta, poderia sofrer uma grave erosão. Também poderia haver uma acumulação sistemática de substâncias químicas venenosas. O solo poderia esgotar-se, a despeito da aplicação cada vez mais maciça de fertilizantes. Os próprios fertilizantes constituiriam uma ameaça, levando a morte a rios, lagos e até oceanos. Pior ainda, a acumulação de gases do efeito estufa poderia provocar elevações desastrosas da temperatura.

No intuito de chegar ao consenso necessário para influenciar os políticos, o Painel Intergovernamental sobre Mudanças Climáticas mal tem prestado atenção às piores hipóteses. Nestas, as mudanças nocivas produziriam outras mudanças do mesmo tipo. Por exemplo, a vegetação poderia morrer pelo calor excessivo e, em seguida, ao perder sua vegetação, o solo ficaria mais quente, levando a novas mortes da vegetação e, portanto, a um aquecimento maior, e assim por diante.

Além disso, vastas quantidades de metano, um gás de estufa que já se aproxima da importância do dióxido de carbono poderiam ser liberadas pelo aquecimento da tundra e por sedimentos das plataformas continentais de oceanos em processo de aquecimento. O vapor d'água, que atualmente tende a formar nuvens que mais refletem do que aprisionam o calor, acabaria por se transformar num gás de estufa de efeitos desastrosos.

Qual seria o cenário absolutamente pior do superaquecimento produzido pela poluição? Famoso pela hipótese de que os controles e o equilíbrio naturais têm mantido nosso ambiente estável até hoje, o cientista independente James Lovelock deu-nos sua resposta no livro *Gaia*. A Terra, disse ele, poderia aquecer-se até "uma temperatura próxima à da água em ebulição".

A metaestabilidade do vácuo é um perigo muito menos conhecido do que a poluição, e talvez seja até ilusório. A ideia é que o espaço em que habitamos, "o vácuo", está longe de ser inteiramente vazio. Ele é cheio de campos escalares. Estes se caracterizam apenas pela intensidade, e não pela direcionalidade, que faz com que os campos magnéticos sejam detectáveis pelas agulhas das bússolas. Os peixes do fundo do oceano não têm como saber da pressão da água, que é a mesma onde quer que eles nadem. Similarmente, os seres humanos poderiam não ter consciência dos campos escalares, cujas intensidades se manteriam idênticas até onde nossos telescópios são capazes de fazer sondagens. Mas, caso existam, como pensa a maioria dos físicos, eles determinam as propriedades de todos os átomos. Alterando qualquer desses campos, essas propriedades se modificariam. Sendo eles mudados de um modo que reduzisse sua energia potencial, a alteração se espalharia com enorme violência. A redução da energia potencial é o que acontece com uma bola depois que ela é quicada para fora de um buraco, numa encosta de montanha em que se tenha acomodado "metaestavelmente". A bola passa a fazer o que quiser. Rola ladeira abaixo. Graças aos físicos que investigam densidades energéticas muito altas, também o espaço à nossa volta poderia passar a fazer o que quisesse, por ser arrancado de sua condição metaestável.

Continuamos lamentavelmente ignorantes no que concerne à física das altíssimas densidades energéticas. Se a metaestabilidade do vácuo se manifesta aqui, é possível que um dia os físicos criem a suprema catástrofe ambiental. Eles poderiam produzir uma bolha minúscula, que se expandiria imediatamente, quase à velocidade da luz, primeiro destruindo nosso planeta, depois o sistema solar, depois todas as estrelas de nossa galáxia, depois todas as galáxias vizinhas, e assim por diante.

Esse processo não poderia iniciar-se amanhã, nem durante a próxima década. Os experimentadores teriam que ir além das densidades energéticas sabidamente seguras, que são as atingidas pela colisão de raios cósmicos. No momento, nossos aceleradores de partículas ficam, talvez, milhões de vezes abaixo dessas energias. Mas, em seu livro *Dreams of a Final Theory* [*Sonhos de uma teoria última*], Steven Weinberg fala em usar poderosos raios laser para acelerar partículas carregadas isoladas até a energia de Planck — que é mais ou menos equivalente, explica ele, à "energia química de um tanque de gasolina cheio num automóvel". Nem mesmo os raios cósmicos em colisão armazenam nada que se assemelhe a essa quantidade de energia.

É possível que os campos escalares sejam inteiramente fictícios. Talvez existam, mas sejam totalmente estáveis, como uma bola no fundo de um vale. Se eles existirem, no entanto, e forem apenas metaestáveis, nem mesmo o começo da colonização da galáxia garantiria a sobrevivência da raça humana. Imagine as pessoas em suas naves espaciais, felizes a se cumprimentar por estarem a uma distância segura de uma Terra devastada pela poluição. Nesse momento, elas veriam a bolha em expansão. Segundos depois, ela as alcançaria.

A física desse campo é tão difícil, que talvez somente experimentos reais pudessem provar que não existem riscos. Numa divisão de um livro intitulada "Apocalipse Prematuro?", Martin Rees escreveu que, "certamente, convém exortar à cautela (se não impô-la)". De minha parte, sou totalmente a favor da imposição.

A causa mais provável da extinção humana prematura, entretanto, parece-me ser a guerra biológica, e não a metaestabilidade do vácuo ou a poluição — embora a tentação de entrar em guerra certamente pudesse ser aumentada por um ambiente poluído e em ruínas. Até aqui, as nações mais devastadas, em termos ambientais, têm sido as menos capazes de recorrer à força, por estarem demasiadamente empobrecidas. Mas os micróbios poderiam transformar-se na bomba atômica dos pobres. Embora as lavouras e o gado pudessem constituir-se em alvos, o risco principal da extinção humana proviria de micróbios destinados a atacar seres humanos. Uma só garrafa, repleta de gotas minúsculas, é hoje capaz de gerar vírus em quantidades que anteriormente só poderiam provir de grandes fábricas. E os avanços da engenharia genética facilitaram a concepção de organismos extremamente letais.

Os programas de vacinação de uma nação agressora, ou outras medidas destinadas a protegê-la, poderiam falhar, ou então uma nação que perdesse uma guerra poderia dispor-se a correr o terrível risco de matar todo o mundo. Uma organização terrorista poderia ameaçar acabar com todos os seres humanos, e efetivamente cumprir sua ameaça, quando suas exigências fossem recusadas. Experimentos que datam de 1948 mostram que um pequeno número de aviões que distribuísse uma doença como a varíola, sob a forma de aerossol, poderia infectar quase todas as pessoas da Grã-Bretanha.

O fim do mundo também pode ocorrer por acidente. Recentemente, uma varicela de camundongos, geneticamente modificada, matou todos os camundongos infectados, sem uma única exceção. Ela fora criada por pesquisadores australianos — por engano!

Bibliografia recomendada

CORCORAN, Paul. *Awaiting Apocalypse.* Macmillan, 2000.

LESLIE, John. *The End of the World: The Science and Ethics of Human Extinction.* Routledge, 1996.

McNEILL, J. R. *Something New Under the Sun: An Environmental History of the Twentieth Century.* Penguin, 2001.

STEEL, Duncan. *Rogue Asteroids and Doomsday Comets.* John Wiley & Sons, 1997.

O que significa a vida?

Introdução de Jon Turney

Chefe do Departamento de Ciência e Estudos Tecnológicos do University College de Londres

E ASSIM, AÍ ESTÁ VOCÊ, um pobre ser dividido, atirado no mundo, e que tem na morte o seu principal acontecimento futuro. Que sentido há nisso, exatamente? A maioria das respostas parece implicar algum tipo de história. Logo, o importante é quem conta a história, quem são os protagonistas, e se ela tem uma moral.

A mensagem proveniente da ciência durante grande parte do século XX, e que foi a deixa para muito da angústia existencial, foi que a moral consistia em que não havia moral. Ela começou pela reação — ou reação exagerada — do filósofo analítico britânico Bertrand Russell à notícia da futura morte do universo por aquecimento, que o levou a enunciar, em alto e bom som, que "somente sobre a sólida base de um inflexível desespero pode a habitação da alma erigir-se em segurança, de agora em diante". Passados sessenta anos, o biólogo molecular Jacques Monod deu um cunho de visão científica à insistência do filósofo Jean-Paul Sartre em que o universo era indiferente aos objetivos humanos. Monod retratou a vida como produto do "puro acaso, absolutamente livre, mas cega". Portanto, a resposta típica a um pedido de informações sobre o sentido da vida tem sido "eu não partiria daí".

Ultimamente, porém, tem havido um ressurgimento das tentativas de atribuir sentido às histórias científicas, e até de criar uma curiosa espécie de religião secular, baseada no relato épico da história do universo. Enquanto o pós-modernismo supostamente dissolvia as narrativas grandiosas, a ciência montou as peças da narrativa mais grandiosa de todas, que abarca mais de quinze bilhões de anos e continua a se estender. E é uma narrativa em que a vida desempenha o papel principal.

Mas por que alguém haveria de supor que a ciência tem algo a dizer sobre o que significa a vida, para começo de conversa? As origens dessa ideia estão profundamente arraigadas na história dos modos ocidentais de dar sentido ao mundo. A tradição judaico-cristã subscreveu um cosmo fixo e hierarquizado, ordenado da maneira como o filósofo norte-americano Arthur Lovejoy o descreveu em *A grande cadeia do ser*. Deus estava no topo, mas, no âmbito terrestre, os seres humanos dominavam tudo o mais. E, é claro, alguns humanos dominavam outros.

Assim como nossas lutas modernas para repensar os pressupostos referentes à raça, ao sexo e à classe social ainda são marcados por essa tradição, o mesmo ocorre com nossas atitudes perante a ecologia e o meio ambiente natural. Na década de 1970, o historiador e crítico cultural Theodore Roszak atribuiu parte do mal-estar moderno ao que chamou de dessacralização da natureza, expressão usada por ele para designar o deslocamento de Deus para um reino separado. Roszak identificou isso com a ascensão do teísmo cristão. Se o universo era a simples matéria em movimento — ainda que Deus continuasse a ser o Primeiro Motor — e se as outras criaturas eram máquinas animais cartesianas, os seres humanos poderiam, basicamente, fazer o que lhes aprouvesse —

com o restante da criação, se não necessariamente uns com os outros. Roszak sugeriu que, quando Deus sai do panorama, perde-se todo o comedimento, donde os horrores do século XX.

O que agradava aos seres humanos assumiu um foco mais voltado para a Terra com o advento da modernidade. Talvez ainda houvesse um paraíso celeste a que chegar, mas o progresso material também era digno de que se lutasse por ele. E, como afirmou o biólogo Steven Rose, com o advento da teoria evolutiva, o progresso passou a se afigurar um princípio do mundo natural, além de uma possibilidade social. O filósofo Michael Ruse documentou em detalhe como até os teóricos evolutivos, que dizem não ser progressistas, continuam a ter dificuldade de prescindir da ideia de que, de algum modo, a evolução caminha para cima e para a frente. Ela sempre foi, segundo Ruse, "uma religião secular".

E. O. Wilson, pioneiro norte-americano da sociobiologia, que encontra explicações biológicas para o comportamento social, afirmou que a evolução explicava por que os seres humanos necessitam da religião e proporcionava a melhor religião a ser obtida no mundo secular. No fim dos anos 1970, em *On Human Nature* [*Sobre a natureza humana*], disse ele que o materialismo científico "apresenta a mente humana com uma mitologia alternativa que, até aqui, tem sempre derrotado a religião tradicional, ponto por ponto, nas áreas de conflito. Sua forma narrativa é a epopeia, a evolução do universo a partir do *big bang*". Vinte anos depois, em *Consilience*, ele voltou à ideia de que "as pessoas precisam de uma narrativa sagrada. (...) Se a narrativa sagrada não pode ter a forma de uma cosmologia religiosa, ela é retirada da história material da espécie humana".

Alguns escritores seguiram a deixa de Wilson e tentaram apresentar a história do universo, e especialmente a história da vida, em termos religiosos. Para a bióloga Ursula Goodenough, em sua meditação sobre o significado de sua disciplina, em *The Sacred Depths of Nature* [*As profundezas sagradas da natureza*]. "[o] *big bang*, a formação das estrelas e planetas, o advento da consciência humana e a evolução das culturas daí resultante, esta é a história, a única história que tem o potencial de nos unir, pois sucede que ela é verdadeira".

Outros cientistas invocaram as teorias da complexidade e da auto-organização, atualmente em voga, para sugerir que, na expressão do biólogo teórico Stuart Kauffman, estamos "à vontade no universo". Em seu livro popular que leva esse título [*At Home in the Universe*], ele argumenta que muitas coisas que costumávamos ver como tremendamente improváveis são, na verdade, resultados esperáveis de regras relativamente simples. E isso, acredita ele, é um desvio radical do papel histórico da ciência como ameaça a nossa autoestima. Copérnico empurrou-nos com uma cotovelada para fora do centro do universo. Darwin mostrou que a evolução era um jogo de dados, glorificado ao longo de bilhões de anos. Freud chegou até a nos convencer de que pouco sabíamos sobre nossos próprios pensamentos. Mas a mensagem de Kauffman opõe-se à visão moderna de que estamos sentados num canto escuro de um universo imenso, como produto final de uma história de seleção natural que, na expressão de Monod, não equivale a nada além de "um acaso apanhado em pleno voo".

O pensamento científico atual parece apoiar mais a epopeia da evolução do que a versão menos estritamente darwiniana de Kauffman para as origens da ordem. Em *Green Space, Green Time: The Way of Science* [*Espaço imaturo, tempo imaturo: o estilo da ciência*], outra entusiasta da evolução que é companheira de Ursula Goodenough, a autora científica e ativista ambiental norte-americana Connie Barlow, propõe rituais que celebram "o desfile da vida" e as maravilhas de um universo em evolução. Ela está em busca de uma grande história que lhe permita promover os valores ecológicos necessários, em sua opinião, para superar a crise global do meio ambiente. E, embora se inspire em Wilson, ela também retira ideias de biólogos como Lynne Margulis, cujo estudo do "microcosmo" das bactérias convenceu-a de que a cooperação, e não a competição, é o motor da evolução. James Lovelock, cofundador da teoria de Gaia com Margulis — teoria que sugere que a Terra inteira funciona como um único sistema autorregulador —, é comumente retratado por esses narradores da história do universo como um santo secular. Embora Lovelock seja sabidamente indeciso quanto ao lugar da humanidade no grande esquema das coisas, ele é transbordante de sentimentos calorosos em relação ao planeta, enraizados em sua visão científica. "Vejo-me olhando para a própria Terra como um local de culto, que tem a totalidade da vida como sua congregação", escreve ele. "Para mim, essa é uma razão suficiente para fazer todo o possível para manter o planeta sadio."

Se olharmos para a ciência contemporânea com a mente aberta para as maravilhas, será fácil percebermos como os proponentes desse novo naturalismo religioso são entusiasmados. Mas eles têm um problema. Podemos deslumbrar-nos com o alcance da epopeia evolutiva, sentir nossa interligação com todas as formas de vida (nesse aspecto, os vários projetos sobre o genoma dão sua contribuição, mostrando o quanto temos em comum com as outras criaturas) e lutar pela continuidade, mas somos colocados como espectadores sofisticados. Nosso papel, como seres conscientes, é desdobrar a história e celebrá-la, preservar o que pudermos, e valorizar a biodiversidade por ela mesma. O futuro nos acena com oportunidades infinitas de darmos testemunho e... bem, só isso.

Outros veem os seres humanos no centro do palco, como aqueles que são inteligentes o bastante para acelerar o próximo salto evolutivo. O futurista californiano Gregory Stock, por exemplo, em seu livro popular *Metaman* [*O meta-homem*], diz quase exatamente a mesma coisa que Barlow: "Hoje conhecemos as linhas gerais de uma história tão rica da vida e do cosmo, que ela pode servir como um poderoso mito moderno para orientar nossa vida e nossa visão do mundo." Mas sua visão do futuro é bem diferente. Estamos à beira de uma nova transição evolutiva, portanto, vamos a ela. O superorganismo global, que é uma fusão da tecnologia, da cultura e da biosfera, já tem contornos visíveis, e nosso destino imediato é ajudá-lo a surgir. O projeto iluminista está vivo e firme, e se realizará através de uma síntese grandiosa da tecnologia da informação, da biotecnologia e dos sistemas globais. A transcendência ainda está nas cartas, mas é uma transcendência para materialistas.

Portanto, essas duas escolas de pensamento rejeitaram as respostas pessimistas à indagação sobre o que significa a vida.

Basicamente, elas veem Jacques Monod como uma curiosidade da década de 1970. Dispõem de respostas para a conclusão do físico teórico Steven Weinberg, em *The First Three Minutes* [*Os primeiros três minutos*], de que, "quanto mais compreensível parece o universo, mais ele também parece sem sentido". Para eles, o universo é um projeto auto-organizador para a evolução da complexidade. Mas e se a pergunta for: qual é o sentido de uma vida humana, ou mesmo de todas as vidas humanas, no contexto desse grande desdobramento? O fato de haver respostas tão radicalmente diferentes sugere que elas estão longe de ser deduções óbvias da ciência. Como de praxe, a história, por mais firmemente enraizada que esteja na melhor ciência que existe, não vem com uma moral pronta. Esta tem que ser fornecida no processo de contá-la.

O que significa a vida?

Steven Rose
Professor de biologia da Universidade Open e professor adjunto de física do Gresham College

O que significa a vida? Bem, depende da pessoa a quem você perguntar. Tanto as grandes religiões quanto a filosofia secular sempre estiveram mais do que dispostas a fornecer respostas: levar uma vida virtuosa, a fim de cumprir a vontade de Deus e como preparação para o outro mundo, ou fazer parte do ciclo de renascimentos que conduzem finalmente ao Nirvana, por exemplo. Viver para servir à sociedade, para gozar a vida hedonisticamente, ou para aceitá-la com estoicismo, responderiam os humanistas não religiosos de várias tendências. Ou talvez a vida seja cheia de som e fúria, que não significam nada, como insistia o desesperado Macbeth.

Como seria inevitável, todas essas respostas clássicas interpretam a pergunta como relacionada com a vida humana. Tradicionalmente, desde René Descartes, no século XVII, os não humanos foram encarados com simples máquinas cuja vida não significava nada; somente os seres humanos, dotados de alma, poderiam ter uma vida dotada de propósitos.

No século XIX, dois discursos biológicos transformadores revolucionaram tanto as perguntas quanto as respostas. Primeiro, a fisiologia materialista, no estilo da Europa continental, simplesmente abandonou o "significa" como não tendo nada a ver com a ciência. A teleologia, o propósito, o sentido das coisas, tudo isso era tabu, uma vez que parecia introduzir sub-repticiamente uma espécie de misticismo ou teísmo pela porta dos fundos. Em vez disso, a tarefa consistia em nos concentrarmos numa questão aparentemente mais simples, porém, em última instância, igualmente problemática: que é a vida? Depois disso, na Inglaterra, a teoria evolutiva de Charles Darwin sugeriu que a vida "significava" alguma coisa tanto para os animais quanto para os seres humanos, que os animais não existiam meramente para atender às necessidades da humanidade, mas tinham propósitos — teleonomias — próprios.

Os textos escolares de biologia da minha juventude adotavam a abordagem dos fisiologistas, e listavam uma série de características de todos os organismos vivos. Estas variavam, mas tendiam a incluir o metabolismo, o crescimento, a reparação, a irritabilidade (ou seja, a capacidade de responder adaptativamente aos estímulos ambientais), a homeostase ou autorregulação e, é claro, a reprodução. Na década de 1950, seguindo o físico austríaco Erwin Schrödinger (mas, na verdade, com implicações que remontavam ao reverendo William Paley e a sua tese nascida da Providência, em favor da existência de Deus), os físicos sugeriram que as criaturas vivas caracterizavam-se pela organização, pela entropia. Sua ideia era que todos somos máquinas neguentrópicas, que resistem à tendência universal para a desordem.

Essas listas de características suscitam alguns problemas. Por exemplo, será que os vírus, incapazes de reprodução independente fora de um hospedeiro celular, são seres vivos ou não? Esses problemas de definição costumavam parecer que tinham uma importância mais abstrata do que prática, mas se tornaram objeto de debates apaixonados — e dispendiosos — sobre a perspectiva de vida em Marte, que têm atormentado as diversas missões espaciais enviadas para detectar sua presença. Como se poderia reconhecê-la, caso ela fosse encontrada, a menos que se tratasse de pequenos alienígenas verdes com antenas no alto de cabeças humanoides? E, ao chegarmos ao mundo da "vida artificial" dos entusiastas do computador, a temperatura sobe muitos outros graus. Podem essas características definidoras da vida encarnar-se ("enmaquinar-se") na química do silício, em vez da química do carbono? O biólogo autodidata Steve Grand provocou um rebuliço mundial ao criar um jogo de computador chamado *Creatures*, que simula a vida de criaturas chamadas *norns*. Estas existem apenas na tela do computador, mas, nesse ambiente, podem "nascer", reproduzir-se e "morrer", e podem reagir a seu meio ambiente, inclusive a outros *norns*. Contudo, será possível dizer que elas estão vivas? Certamente, nenhuma sonda da Nasa seria capaz de apanhá-las.

A fisiologia, interessada nos mecanismos imediatos, nada mais tem a dizer sobre a questão do significado. Na verdade, ela é quase arrogante em sua recusa preciosista a ter qualquer coisa a ver com essa questão. Em vez disso, pautou-se por uma ciência que já esteve na moda, a cibernética — comunicação da informação —, para fazer a quadratura do círculo da teleologia, higienizado por receber, em lugar desse, o nome de teleonomia. Ao invés de buscar um propósito no mundo, poderíamos pelo menos caracterizar as criaturas vivas como seres que exibem um comportamento direcionado para metas. Nossa ação deliberada não é maior nem menor que a de um termostato que regula a temperatura de um aposento em torno de uma meta ou de um ponto prefixado.

A afirmação refortalecida do propósito da vida tem ficado sobretudo a cargo dos neodarwinianos (ou fundamentalistas darwinianos), cujo fervor religioso em torno dessa questão não admite dissidências. Por trás dos processos imediatos da fisiologia vem o que os fundamentalistas chamam de explicações "últimas". Observe-se o toque bíblico, que está longe de ser acidental. Para eles, a finalidade, o *télos* da vida, é a reprodução, a disseminação dos genes do indivíduo — isto é, de pedaços de DNA, semelhantes ou idênticos, em sua sequência, a pedaços do DNA do próprio indivíduo — na geração seguinte. Os organismos — os corpos que contêm esses fragmentos de DNA — são meros veículos designados pelo DNA para realizar sua meta reprodutiva. Como diz o biólogo evolutivo britânico Richard Dawkins, com sua eloquência costumeira, "o DNA do elefante é um programa gigantesco, que diz 'duplique-me', pela via indireta de primeiro construir um elefante". Segundo essa visão, o organismo é um mero veículo, o robô desajeitado criado pelos genes com o objetivo de permitir que eles se repliquem. Assim, na medida em que o próprio organismo tem um propósito, este consiste em contribuir para esse processo, produzindo o maior número possível de descendentes capazes de sobreviver e de, por sua vez, reproduzirem-se (propriedade conhecida como aptidão).

Ou então, visto que qualquer organismo tem sequências de DNA em comum com as de seus parentes próximos, o propósito é ajudar os irmãos ou primos a se reproduzirem (é a aptidão inclusiva).

Isso tem a virtude da coerência e da simplicidade. Oferece uma visão de mundo coerente — uma resposta para todas as perguntas possíveis. Nesta era sem Deus, passou a servir a fins religiosos, como observaram o biólogo Brian Goodwin e a socióloga Dorothy Nelkin. O ACG e o T do DNA substituem o Jeová de minha criação judaica ortodoxa. Isso até nos permite falar de uma ética da evolução — a afirmação de que é possível derivar princípios éticos dos mecanismos evolutivos, e portanto, em última instância, do DNA. Assim como o evangelho cristão faz a afirmação enigmática de que "no começo era o Verbo", esse fundamentalismo do DNA situa a origem da vida na emergência do predecessor do DNA moderno, um replicador puro e simples, saído de uma sopa alfabética abiótica.

Rejeito essa afirmação da origem e da finalidade da vida, insistindo em que as galinhas vêm antes dos ovos. Fora da rede metabólica celular em que está inserido, o DNA não se replica nem tem qualquer significado funcional. Dar vida ao DNA requer o metabolismo, a energia e a estrutura celular — numa palavra, a organização. Vale a pena assinalar que a discussão a respeito de os meteoritos de Marte conterem ou não organismos vivos girou em torno de saber se as microestruturas observadas neles eram delimitadas pelas membranas lipídicas características que todas as células vivas possuem.

Colocar as galinhas — as células e organismos — antes dos ovos — o DNA — também nos faz lembrar outra característica fundamental de todos os organismos vivos. Embora os manuais de fisiologia continuem a falar de homeostase, usando a imagem do termostato num aposento, a vida é, por natureza, não estática, mas dinâmica. Os componentes de nosso corpo encontram-se num estado de fluxo contínuo, sintetizando-se e decompondo-se a cada segundo de todos os dias. A estase é a morte. Isso levou o grande bioquímico Frederick Gowland Hopkins a definir a vida como "a expressão de um equilíbrio dinâmico específico, que prevalece num sistema polifásico". Todos nascemos, desenvolvemo-nos, envelhecemos e morremos. Cada um de nós, seres humanos, e, a rigor, toda e qualquer outra criatura viva, existe numa trajetória — ou linha de vida — única, no tempo e no espaço.

É esse conceito dinâmico de desenvolvimento, ou de uma linha de vida — um conceito que devolve ao organismo, e não ao gene, o lugar central no palco da vida — que constitui a base de minha resposta alternativa à questão do "significado". Isso porque os organismos não são a mera expressão de um programa ou uma planta que se desdobra a partir de seus genes, sendo estes modulados por contingências ambientais. Ao contrário, os organismos se constroem — criam suas próprias trajetórias — a partir da matéria-prima fornecida por seus genes e por seus múltiplos níveis de meio ambiente, desde o celular até o social. Esse processo de autoconstrução é designado por diversos nomes. A filósofa Susan Oyama fala em "ontogênese da informação" e em "teoria de sistemas de desenvolvimento". Os biólogos Humberto Maturana e o falecido Francisco Varela cunharam o termo "autopoiese" para designar esse processo de autoconstrução.

Como quer que o chamemos, o processo proporciona outra maneira de abordarmos a questão do que possa significar a vida — um caminho que transcende os antigos determinismos e a estudada postura de rejeição da fisiologia. A vida significa ser e transformar-se; vivemos num estado de transformação constante. O bebê recém-nascido suga; passados alguns meses, desenvolve dentes e mastiga. Mastigar não é uma simples sucção em ponto maior; implica músculos diferentes e processos neurais diferentes. Portanto, o bebê precisa, simultaneamente, ser um sugador competente e se tornar um mastigador competente. Ser e tornar-se, regulados por complexos sistemas auto-organizadores de controle em múltiplos níveis de organização. Nesse sentido, todos os organismos constroem seu próprio futuro, embora em circunstâncias independentes de sua escolha. Conquanto isso possa ser o que significam *todas* as formas de vida, trata-se de algo esmagadoramente verdadeiro com respeito aos seres humanos, com nossos cérebros volumosos e nossa organização social, e com um sentido, por mais parcial que seja, de nossas complexas histórias biossociais. São essas capacidades que nos permitem vislumbrar, ainda que no espelho mais obscuro, o que pode vir a ser. E, dentro dessas exigências limitadas, surge a liberdade de escolher, de agir e de construir não apenas em direção a nosso próprio futuro, mas ao de toda a humanidade e ao das economias planetárias em que estamos inseridos.

Bibliografia recomendada

BARLOW, Connie. *Green Space, Green Time: The Way of Science*. Copernicus, 1997.

GOODENOUGH, Ursula. *The Sacred Depths of Nature*. Oxford University Press, 1998.

MONOD, Jacques. *Chance and Necessity: An Essay on the Natural Philosophy of Modern Biology*. Vintage, 1972.

ROSE, Steven, *Lifelines: Biology, Freedom, Determinism*. Penguin, 1998.

——. e Hilary Rose (orgs.). *Alas Poor Darwin: Arguments against Evolutionary Psychology*. Jonathan Cape, 2000.

TURNEY, Jon. "Telling the Facts of Life: Cosmology and the Epic of Evolution", *Science as Culture*, 10(2), 2001, p. 225-247.

WEINBERG, Steven. *The First Three Minutes: A Modern View of the Origin of the Universe*. Basic Books, 1993.

Índice remissivo

Este livro foi impresso nas oficinas da
Distribuidora Record de Serviços de Imprensa S.A.
Rua Argentina, 171 – Rio de Janeiro, RJ
para a Editora José Olympio Ltda.
em junho de 2010

*

78º aniversário desta Casa de livros, fundada em 29.11.1931